빼앗긴 **이명박 5년의 기록**

그레샴 법칙의 나라

빼앗긴 **이명박 5년의 기록**

그레샴 법칙의 나라

오홍근 지음

이담
Books

오홍근, 나는 그를 사랑합니다. 그는 나의 자랑스러운 제자입니다. 내 삶의 고비마다 아픔도 기쁨도 함께해 준 고마운 제자입니다. 지금으로부터 52년 전인 1960년 봄, 젊은 학생들이 자유와 민주주의를 위해 피 흘리던 그때, 오홍근은 내가 담임했던 고3 까까머리 소년이었습니다. 저명한 시인 신석정 선생님의 사랑을 받던 문학 소년이기도 했습니다.

언제나 착한 눈으로 원고지를 들고 뛰어다니던 그 순하디 순한 모습이 눈에 선합니다. 그가 대학 생활을 막 시작했을 즈음, 5·16의 군화발이 탱크를 앞세우고 민주주의의 새싹을 짓뭉갰습니다. 내가 오홍근의 착한 눈에서 분노의 빛을 본 것은 그 무렵부터였습니다. 군사통치의 긴긴 터널 속에서 나도 인간적 양심과 교육자적 지성을 모두 총칼 아래 차압당한 채, "광주 5·18은 빨갱이의 폭동"이라고까지 나팔 불어야 했던 참담하고 부끄럽기 그지없던 시절이었습니다.

1988년 여름, 기자 오홍근은 <월간중앙>에 군사문화는 청산되어야 한다는, 당시로서는 참으로 하기 힘든 '바른 소리'를 썼다가 '국가 공권력'의 칼을 맞았습니다. 현역 군인들이 그의 다리를 식칼로 도륙 냈습니다. 그 한 해 전인 1987년 겨울, 이른바 6공 탄생 과정에서 나는 아들이 '민주'와 '정의'를 외치다, 경찰 '백골단'이라는 이름의 '공권력'으로부터 쇠파이프로 얻어맞아 불구가 되는 참혹한 일을 당했습니다. 아들은 그 이후 두 다리로 땅을 밟아보지 못 했습니다. 바로 그 일 때문에도 오홍근의 피습은 내게 충격적이고 심장 터지는 아픔이었습니다.

그렇게 정의의 붓을 들고 총칼과 맞서던 오홍근이 지금 다시 인터넷 신문 <프레시안>에 칼럼을 쓰면서, 그 글들을 모아 한 권의 책을 엮었습니다. 그의 착하던 눈빛이, 그리고 분노에 이글거리던 눈빛이, 이제는 얼음장처럼 차가운 눈빛으로 '빼앗긴 이명박 정권의 5년'을 논고하고 있습니다. 맞습니다. MB정권의 5년은 옳지 않은 것(악화)이

사진 곽태형

고3담임 양동식 선생님(왼쪽)과 저자

올바른 것(양화)을 몰아낸 그레샴 법칙의 나라였습니다. 이 귀한 책의 한 구석을 옛 고3 담임선생에게 내 준 오홍근의 깊은 속마음이 고맙습니다. 내 40여년 교편생활, 별 자취도 남기지 못하고 퇴장했지만, 그래도 오홍근 같은 제자가 있어서 나는 삶에서 의미를 찾을 수 있고 보람을 느낍니다.

오홍근은 나이 70인 지금도 옳고 그름이 분명한, 그러면서도 가슴이 뜨거운 기자입니다. 오홍근이 그런 제자이므로 나는 행복합니다. 나는 비록 초라하지만 오홍근의 담임선생이었음이 자랑스럽습니다. 오홍근 그를 사랑합니다.

양 동 식

1부·아 아, 헌법 제1조

01 | 대한민국은 민주공화국 맞나

─아 아, 헌법 제1조

가령 '100원어치의 은이 함유된 100원짜리 동전'이 통용되는 세상에 '50원어치만의 은이 섞인 100원짜리 동전'이 추가로 유통되기 시작한다면 어찌 될까. 사람들은 '50원어치 은이 녹아든 동전'만을 쓰고, 전에 사용되던 '품질 좋은 동전'은 자기 집 장롱 속에 감추기 시작할 것이다. 16세기 영국의 경제 전문가 토마스 그레샴은 이 같은 화폐 유통 행태가 하나의 법칙에 따라 이뤄진다고 지적했다. "악화는 양화를 구축한다(Bad money drives out good)"는 그레샴 법칙은 이렇게 탄생한다. 그로부터 사람들은 세상살이에서 경제적인 현상과 관계가 없더라도 일반적으로 옳지 않은 것이 올바른 것을 밀쳐 내거나 좋은 일이 맥을 못 추는 상황이 나타날 때마다, 이를 그레샴 법칙 현상이라 일컫기 시작했다.

지금 이 나라는 그런 그레샴 법칙이 횡행하는 나라가 되었다. 많은 사람들이 지적했듯이 언론이 멱살 잡혀 질질 끌려다니면서 민주주의는 파탄 났고, 부유층과 대기업만 살기 편해지면서 서민 경제는 그지없이 옹색스러워졌으며, 관리해야 할 대상을, 타도하거나 굴복받을 대상으로 몰아가면서 남북관계는 불안한 상황과 손해를 자초하고 있다.

정치와 국민 사이는 물론 정부와 국민 사이에서도 신뢰는 무너져 밀려나고 있으며, 4대강 사업에서 보듯 대다수의 건강한 목소리는 소수집단의 눈 부라림에 잦아들고 만다. 최근의 개각과 청문회의 '후보' 사퇴파동이나 민간인 사찰사건 처리과정에서 우리가 절절히 느끼듯이 예측 불가능하고 절대로 공정하지도 않은, 그래서 한없이 당혹스러운 일들이 꼬리를 무는 중이다. 단언컨대 그것은 이명박 정권이 들어서면서 두드러지게 나타나고 있다. 그런데도 대통령은 '국격(國格)'을 말하면서 "촛불시위자들이 반성하지 않는다"고 일갈도 한다. "공정한 사회를 만들자"고 목청도 돋운다. 자기는 '바담 풍(風)' 하면서 국민들에게는 '바람 풍' 하라는 것이다. 사실은 이게 다 국민을 졸(卒)로 보는 데서 빚어지는 현상들이다.

필자는 한때 현역군인들로부터 칼부림 테러까지 당하면서 바르지 않은 세상에 대고 싫은 소리를 질러댔으나, 어쩌다 정치판에 발을 담근 죄로 한동안 입을 다물어왔다. 그러나 세상 돌아가는 꼴을 보면서 말을 하고 싶은 욕망을 더 이상 억누를 수가 없게 되었다. 1년여쯤 전에 정치판과도 담을 쌓았다. 경건한 마음으로 감히 붓을 들고자 한다.

하나의 나라가 세워지고 그 나라가 정상적으로 운영되어 가는 데 반드시 지켜야 할 가장 큰 약속은 헌법이다. 무수한 법률과 규범들도 이 헌법정신의 범위를 벗어날 수는 없다. 그 헌법 중에서도 나라의 으뜸이 되는 가치를 담아놓은 게 바로 헌법 제1조다. 오늘 필자가 말하고 싶은 게 바로 그 헌법 제1조 이야기다.

이 나라 헌법 제1조는 ① '대한민국은 민주공화국이다', ② '대한민국의 주권은 국민에게 있고 모든 권력은 국민으로부터 나온다' 등 2

개항으로 되어 있다. 이 중 ②항은 유신헌법에서 '대한민국의 주권은 국민에게 있고 국민은 그 대표자나 국민투표에 의하여 주권을 행사한다'는 아리송한 조항으로 바뀌는 시련을 겪지만 건국 이래 2개항 모두 현행대로의 모습을 유지해왔다.

최근 들어 이 헌법 제1조의 2개항을 놓고 "이 나라가 헌법 제1조의 조항에 맞게 굴러가는 나라 맞나"라는 의구심을 표현하는 사람들이 늘고 있다. "대한민국이 민주공화국 맞는가, 맞다면 집회 및 결사의 자유, 표현의 자유, 언론의 자유, 사상과 양심의 자유는 보장돼 있는가" 하는 외침도 들리고, "이 나라 모든 권력은 국민으로부터 나오는 것 맞는가, 청와대나 영포회로부터 나오는 것 아닌가" 하는 자조 섞인 목소리도 들린다. 특히 민주주의의 요체인 언론자유문제를 놓고는 할 말 있는 사람들이 너무나도 많아 보인다. 이명박 정권이 들어선 이후 그만큼 '한 일'이 많기 때문이라 했다.

혜성처럼 등장한 최시중 씨를 중심으로 이 정권은 방송과 인터넷, 신문까지 거의 전 방위로 멱살을 틀어쥐었다. TV의 종편채널 허가를 놓고 조중동 등 보수신문사주들은 방송통신위원회의 눈치 살피기에 여념이 없다. 그 사주들은 기자들에게 가 있어야 할 언론자유를 몰수해둔 지 이미 오래다.

방송장악은 이제 새로운 이야기도 아니다. 임기가 시퍼렇게 남아 있는 KBS 정연주 사장을 몰아내기 위해 불법을 저지르는 데 서슴지 않았고(배임죄로 고발된 형사사건에서 정연주는 무죄를 선고받았고, '정연주 해고를 취소하라'는 판결도 나왔다), MBC 사장 축출, YTN 길들이기에 성공했으며, 싫은 소리 한다고 MBC TV 메인 뉴스의 신경민 앵커도 생니 뽑듯 끌어내렸다. 쓴 소리 전문 진중권 교수도 대학 강의를 박탈당했고, 가수 윤도현, 개그맨 김제동도 다 그렇고 그런 이유로 일거리를 빼앗겼음을 모르는 사람은 거의 없다.

악화에 의해 양화가 구축된 사례는 최근 MBC <PD수첩> 사건에서 또 한 번 극명한 모습을 보였다. '4대강 수심 6m의 비밀'이 "허위사실"이라고, "그래서 방송돼서는 안 된다"고 국토해양부가 낸 방송금지 가처분 신청을 법원이 기각했는데도, 오히려 MBC 내부에서 사장이 방송을 금지토록 한 이 희한한 사건은, 비록 격렬한 여론에 떠밀려 회사 측이 프로그램을 방송하게는 했어도(일부 가위질된 내용이었다), 민주공화국을 표방하고 있는 이 나라 헌법 제1조가 이 정권 들어, 얼마나 심하게 몸살을 앓고 있는지 웅변해주고 있다. 당초 예정일이었던 8월 17일 <PD수첩>을 방송 못 하도록 한 MBC 사장이 어느 얼굴을 떠올리면서, 그 같은 결정을 내렸을까를 점치는 일은 그리 어려운 일이 아니다.

2009년 9월 7일 이명박 대통령은 KBS 이사들에게 임명장을 수여하면서, "방송을 장악하려 한다는 일부 주장이 있지만 사실이 아니다"고 말한다. 국민을 향해 입을 열 때 정치인은 거짓을 말할 수 있다고 쳐도, 한 나라의 대통령은 진실을 말하는 게 지엄한 도리다. 거짓말은 안 된다. 거짓말을 할 일을 해서도 안 된다.

헌법 제1조 2항을 놓고도 우리는 그런 '억장 무너짐'을 느낀다. 참으로 이 나라의 모든 권력은 국민으로부터 나오고 있는가. 많은 사례는 다 제쳐두고 민간인 사찰사건 하나만을 놓고 보아도 우리는 소름이 돋는 심정을 금할 수 없다. 이건 차라리 으스스한 한 편의 007첩보 영화다.

국무총리실 내부에서조차 '공직윤리지원관실'이란 기구가 총리실에 설치된 것을 그동안 모르는 사람이 많았다고 했다. 법규에 소관업무로 명시되지도 않은 민간인 사찰을 밥 먹듯 했다고 했다. 한 중소기업인이 이 사찰망에 걸려들어, 자신이 100만 명도 넘게 조회한 인터넷 동영상 하나를 옮겨온 것이 잘못인지 아닌지도 모르는 채 회사를 빼앗기고, 그도 모자라 살이 떨리는 공포감 속에서, 일본까지 도망쳐 자살까지 생각했다고 했다. 한나라당 남경필 의원을 비롯한 몇몇 국회의원들도 대통령의 형인 이상득 의원에게 싫은 소리를 했다 해서, 공직윤리지원관실 등의 불법 뒷조사를 당했다고 했다.

이 무시무시한 임무를 수행한 이인규 공직윤리지원관은 이사관급으로, 국무총리실 박영준 차장(차관급) 휘하이며, 장관급인 직속상관 국무총리실장도 박 씨와 이 씨 등이 무얼 하는지 몰랐다고 했다. 박영준 씨는 오랫동안 이상득 의원의 보좌관을 역임한 인연으로 실세가 되었으며, 박 씨를 포함해 이명박 대통령을 비롯한 이상득 의원 등이 모두 영일과 포항 출신 공직자 모임인 영포목우회의 멤버들이라고 했다.

어처구니없는 일은 '사찰'보도가 터져 여론이 들끓기 시작했는데도, 조사나 수사가 시작될 기미가 보이지 않은 점이었다. 며칠 지나서 대통령의 "조사하라"는 지시가 떨어져서야 검찰은 움직였으나, 이인규 공직윤리지원관 윗선은 처음부터 수사대상에서 제외되었다. 일개 이사관급인 이인규 씨는 누구의 지시로 누구의 힘을 믿고 왜 그런 불법을 저질렀을까. "조사하라"는 대통령의 명령이 있었는데도, 알 수 없는 이유로 검찰은 손도 대지 못했다. 법에도 없는 그런 무소불위의 권력을 공직윤리지원관의 손에 쥐어준 그 사람들은 누구일까, 그것이 알고 싶다.

해방 이후 이 나라 현대사의 대부분은 민주주의를 쟁취하기 위한 피와 땀으로 얼룩져 있다. 많은 사람들이 목숨도 잃었다. 바로 헌법 제1조를 지켜내기 위해 온갖 희생을 감수하며 싸운 고된 여정이었다. 그 헌법 제1조가 다시 수난의 수렁으로 빠져드는 그레샴 법칙의 나라를 우리는 지금 목격하고 있다.

2008년 촛불시위 때 미국의 시사 주간지 타임은 이명박 대통령에 대해, '군부권위주의가 정치권을 호령하고 문어발식 재벌이 경제를 장악하던 시대가, 바로 이명박을 만들어내고 성공시킨 세계'라고 지적하면서, '현대건설 사장과 서울시장 재임시절 지시와 명령에 익숙한 지도력을 보여줬다'고 상기시킨 바 있다.

최근 경제지표가 좋아졌다는 자화자찬이 들린다. 부유층과 대기업의 이야기일 뿐이라는 반론이 뒤를 잇는다. 이 대목에서 우리가 귀기울여야 할 이야기가 있다. 바로 요새 서점가에서 선풍을 일으키고 있는 '정의란 무엇인가'의 저자 마이클 샌델 하버드대 교수의 충고다. 그는 우리나라 방문길에 "도덕적 가치에 대한 논의 없이 경영하고 관리하려 드는 정치 아래서는 그 어떤 민주주의 사회도 존속할 수 없다"고 단언한다.

헌법 제1조대로 이 나라는 민주공화국이어야 한다. 이 나라의 주권은 국민에게 있어야 하고 모든 권력은 국민으로부터 나와야 한다.

2010. 08. 31.

02 | 공정사회,
대통령이
본보이면 된다

– '공정' 강조기간?

- 작년까지만 해도 필기시험 성적순으로 신입생을 뽑던 서울대학교가 올해는 수험생 키가 큰 순서대로 합격자를 선발하기로 입시요강을 바꿨다. 학업성적이 나빠 대학에 가기 힘든 총장의 고3 딸이 키가 크기 때문에 이 같은 입시요강 변경작업이 쥐도 새도 모르게 이루어졌고, 키가 큰 총장 딸은 그런 시험을 거쳐 당당하게도 자랑스러운 서울대 배지를 달았다. -

좀 황당하지만 유명환 전 외교통상부장관의 비극을 짤막하게 요약하자면 이런 이야기가 된다.

군사작전을 방불케 하는 '특채작전'이 일사불란하게 이뤄졌다고 했다. 응시대상에서 해외통상업무와 연관성이 있는 국제변호사나 '관련학사 경력 4년인 자'는 빼고 유 장관 딸의 자격인 '석사 취득 후 2년인 자'를 끼워 넣었다. 영어성적도 토플(TOEFL) 등은 밀쳐 내고 장관 딸이 성적표를 제출할 예정인 텝스(TEPS)로 한정했으며, 영어성적표 준비시간을 벌어주기 위해 보통 시험 공고 후 10여 일 정도인 원서접수기간을 재공고 후 26일이 지나서야 마감했다. 장관 딸이 특채에 응시한 사실을 아는 사람은 시험위원이 될 수 없는데도 외교부 공무원 2명은 5명의 면접위원 중 내부위원으로 참여해 면접심사회의에서 "외교부 근무 경험자를 우대해야 한다(유 장관 딸은 근무 경력이 있다)"고 역설, 유리한 결과를 위해 분투했다.

이들의 작전은 채점과정에서 절정을 이룬다. 외부 시험위원 3명은 이번 특채에서 탈락한 2등의 응시생에게 더 높은 점수를 주었으나, 내부 시험위원인 2명의 공무원은 유 장관 딸에게 19점씩(20점 만점) 주고 2등 응시생에게는 17점과 12점만을 주는 바람에, 유명환 외교부 장관의 딸은 여유 있게 합격의 영예를 차지하게 된다.

'일자리 하나'에 눈 부릅뜨며 바늘귀만 한 기회라도 거머쥐기 위해 몸부림치고 있는 이 땅의 젊은이들에게 이번 사태가 안겨준 절망과 분노의 크기는 얼마만 할까. 그들에게 '공정한 사회'란 슬로건은 어떤 모습으로 비쳐지고 있을까.

유 장관 딸 파동이 어제 오늘 생겨난 새로운 유형의 비리가 아닌 것은 다 알고 있다. 문제는 그 같은 '불공정(不公正)'이 특히 이 정권 들어 갖가지 형태로 사회전반에 만연되면서 체질화되고 있다는 사실이다.

지난번 총리·장관 청문회에서 우리는 이 정권의 이른바 상류지도층 인사들이 바로 '체질화된 불공정'의 진원지임을 똑똑히 보았다. 필수과목 학점 취득하듯이 위장전입을 일삼고, 투기에 탈세까지 외눈 하나 깜짝하지 않고 능수능란하게 해치우는 것을 똑똑히 보았다. 그레샴 법칙이 온통 판을 치고 있는 사실을 똑똑히 보았다. 얼마나 '불공정'이 심각했으면 대통령이 공정한 사회를 만들자는 깃발을 들어 올렸을까. 겉보기에는 유명환 전 장관 사례가 지극히 적은 한 분야에서의 일처럼 느껴지지만 그것은 빙산의 일각일 뿐이라는 데 이론이 없어 보인다.

심각한 일은 드러난 '불공정'에 대한 사후 처리방식이다. 위장전입은 엄연한 주민등록법 위반인데도 "자녀교육 때문이라면 봐준다"고 했다. 대통령도 그랬기 때문에(한두 차례가 아니었다) 그런 편법이 등장한 것으로 보이지만, 모든 '불공정'이 죄의식도 없이 그런 식으로 처리돼서는 법치(法治)를 한다는 나라에서 있을 수 없는 일이다.

유명환 전 장관은 딸의 사태가 터지자 "특혜 의혹을 야기할 수 있다는 점을 '간과(看過)'한 데 대해 송구스럽게 생각한다"고 했다. 그야말로 별 죄의식 없이 그냥 그 정도 선에서 어물쩍 넘어가는 처리방식을 택하려 했던 것 같다. '간과'란 말의 사전적 의미는 '깊이 관심을 두지 않고 대강 보아 넘김'이다. '불공정한 일'을 그렇게 대강 보아 넘겼다는 이야기다.

대통령도 '간과'와 비슷한 뜻인 '불찰(不察)'이란 말을 쓰면서 '불공정'으로 빚어진 '곤경'을 넘긴 적이 있다. 한나라당 대통령 후보이던 2007년 11월에 그랬다. 자신의 빌딩을 관리하는 회사에 아들과 딸을 '건물 관리인'으로 허위등재하고 8,800만 원의 급여를 준 사실이 드러나 '탈세'와 '횡령'이 거론되었다. 그때 이명박 후보는 "본인의 불찰이다. 꼼꼼히 챙기지 못해 죄송스럽게 생각한다"고 했다. '불찰'은 '조심해서 잘 살피지 아니한 탓으로 생긴 잘못'이다.

문자 그대로 해석한다면 대통령이나 유 전 장관은 "자신들이 저지른 '불공정'은 '간과'나 '불찰'일 뿐 고의성은 없었다"는 뜻이 된다. 그러나 두 사람의 '불공정'을 곰곰이 따져보면서 필자는 지금도 "적어도 본인들은 아니라 할지라도 분명히 고의는 있었다"고 확신한다.

따라서 그것은 범죄일 수도 있다.

특히 대통령의 딸은 세계적인 명성의 줄리아드 음대 출신인 것으로 전해지고 있다. '줄리아드 출신의 건물 관리인'에게 '불찰'로 월급이 나갔다는 사실을 믿을 사람이 도대체 어디 있겠는가. 건물 관리인 급여가 나가고 있을 때 대통령은 서울시장이었다. '불공정'은 말끔히 정리하고 넘어가는 게 '공정'이다. 그게 바로 요즘 '강조기간'이 설정된 것처럼 보이는 '공정한 사회'로 가는 길이다.

바야흐로 온 나라가 '공정'이란 화두로 요란하다. "균등한 기회를 주는 게 공정사회"라는 뻔한 목소리도 들리고 "이명박 대통령의 경우처럼 개천에서 용이 나는 게 공정한 사회"라는 청와대 참모의 주장도 들린다. '공정사회' 용도의 전면적인 감사원 감사가 시작된다는 보도도 있다.

분명히 해둬야 할 게 있다. 말하는 쪽은 '공정'이고 듣는 쪽은 '불공정'이라는 '불공정한 선입견'이 있는 듯하다. 웃기는 말씀이다. 지금부터라도 '공정한 사회'에 대한 분명한 인식과 각오를 새롭게 하고 덤벼야 한다는 소리다.

이명박 대통령은 9월 5일 김태호 씨와 유명환 전 장관의 사태와 관련, "보통 때 같으면 오래된 관습이라고 통과될 수 있는 문제일지 모른다. 하지만 공정사회를 기준으로 보면 용납할 수 없는 사안"이라고 말한다. 청와대 영빈관에서 열린 장차관 워크숍에서였다. 대통령의 말을 찬찬히 들여다보면 혹시 대통령이 '체질화된 불공정'을, '공정 강조기간'이나 문제되는 '보통 때'의 '관습'쯤으로 보고 있는 건 아닌지 의심이 든다. '공정사회'에 대한 대통령의 인식에 회의를 갖게 된다는 이야기다.

'공정사회'는 따지고 보면 '강조기간'이 따로 설정돼서는 안 되는 명제다. 적당히 '불공정'하다가 어느 시점부터 일정기간 바짝 힘을 들여 '공정'해야 하는 그런 명제가 아니다. 애당초부터 끝없이 공정해야 한다. 그게 진짜로 '공정한 사회'다.

이 나라에서 그런 '공정한 사회'를 이루는 아주 쉬운 방법이 있다. 바로 대통령이 솔선해서 공정의 본을 보이면 된다.

정책에서 그렇게 하고 인사에서 그렇게 하면 된다. 예컨대 대통령 스스로 "운하는 하지 않겠다"고 두 번이나 약속한 4대강 사업도 이쯤 해서 '개인적인 욕심'을 털어내고 국민들을 안심시키는 게 좋다. 그게 '공정'한 거다. 지금의 4대강 사업이 정부의 주장대로 홍수예방과 맑은 물 공급 등 수자원문제 때문에 이뤄지는 게 아니라는 사실은 이미 드러나 있다. 그 두 가지 이유 때문이라고 믿는 사람도 별로 없다.

또 하나, 대통령 주변의 청소가 필요하다. 한나라당 내부에서도 나오고 있는 소리다. 이 정도 선에서 '형님 문제'도 고민을 끝내는 게 '공정'이다. 그렇게 윗물에서 맑은 물이 흘러내리면 아랫물이 흐려질 이유가 어디 있겠는가. 바로 그게 '공정' 아닌가.

2010. 09. 10.

03 | 만신창이 된 검찰,
견제받아야 살아난다

― 검찰의 '권세'와 '저울'

　　權이란 한자의 훈독(訓讀: 한자의 뜻을 새기어 읽음)은 '권세 권'이다. 권세는 권력과 세력이다. 그러나 옥편에 보면 그 뜻 말고도 權에는 우리의 관심을 끄는 또 다른 훈독이 있다. 바로 '저울질할(稱錘 칭추) 권'과 '평할(平) 권'이란 훈독이다. 權이란 한자의 참뜻과 정신을 이야기해주는 대목이다 싶어 흥미롭다. 원래 추(錘)의 무게와 달고자 하는 사물의 무게가 균형을 이루도록 하는 게 저울의 기능이다. 권세(權)는 그렇게 형평성 있게, 공정성 있게, 절제해가며 쓰라는 선인들의 가르침이 분명하다.

　　서울 서초동 대법원과 당주동 변호사회관 앞에 서 있는 여신상도 오른손에 저울을 들고 있다. 고대 로마시대 정의의 여신인 유스티티아 조각상으로, 변호사회관 앞 여신상은 헝겊으로 두 눈을 가린 상태다. 죄와 벌의 무게를 달 때 편견과 사사로움을 원천적으로 차단하기 위해서 눈을 가렸다고 했다. '권세'도 '저울'처럼 그렇게 치우침이 없고, 편견과 사사로움이 없어야 한다는 점에서, 동양의 '權'과 서양의

'정의의 저울'은 기본 정신을 같이 한다고 본다.

검찰은 '權'의 사용을 임무로 하는 기관이다. 그 조직이 최근 자주 국민들의 주목을 받는 이유를 생각해본다. '권세(權)'를 쓰면서 '저울질(權)'은 균형 있게 하고 있는가, 오남용은 없는가. 안타깝게도 이 나라 검찰은 '권세'의 '저울질'에 고장이 붙은 것처럼 보인다. 균형, 형평, 공정, 이런 것들은 이미 우리 검찰과는 어울리지 않는 언어처럼 보인다. 고의적이고 자의적인 '저울질' 오남용 사례도 엿보인다.

사례가 너무나 많다. 당장 요 며칠 전 국회에서 말썽이 된 '그랜저 검사' 사건만 해도 그렇다. 부장검사가 후배 검사에게 잘 아는 건설업자의 관련사건을 청탁하고, 대신 그랜저 승용차를 선물로 받았다는 사건이다. 2009년 1월, 그랜저 승용차 살 돈을 받고, 3월에 뇌물 받은 그 사실을 고발당한 뒤, 5월에 그 돈을 돌려줬다고 했다.

문제는 이 고발사건을 담당한 서울 중앙지검 형사1부가 1년 넘게 수사한 끝에 지난 7월 그 부장검사(현재 퇴임 후 변호사 개업 중)를 무혐의 처분하면서 불거졌다. 돈은 빌린 것일 뿐이고, 돌려줬다고 했다. 검찰의 이야기다. 대가성이 없다고도 했다. 때문에 "재수사할 생각이 없다"는 게 국회에서 검찰이 밝힌 입장이었다.

그러나 대법원의 판례는 다르다. 뇌물죄와 관련해 공무원의 직무에 관한 청탁이 없어도, 나중에 돈을 돌려줬어도, 뇌물의 의사 등을 인정해 처벌하는 게 옳다는 이야기다. 요컨대 검찰의 '저울질(權)'에 이상이 생긴 것이다. 기소 여부를 독점해 결정할 수 있는 '권세(權)'를 잘못 쓴 것이다. 제 식구를 감싸기 위해 자의적으로 '저울질'을 잘못한 것이다.

일반 공무원들은 불과 몇십만 원어치 접대를 받고도 기소된 사례가 수두룩하다. 문제의 고발사건을 맡아 '그랜저 검사'에게 무혐의 결정을 내린 담당부장검사는 지금 전국 검찰 직원들의 비위를 밝혀내 처벌하는 법무부 감찰담당관으로 재직하고 있다고 했다.

검찰의 제 식구 감싸기는 특히 특검 때마다 얼굴을 내밀고 기승을 부린다. 특검에 파견된 검사들이 그런다고 했다. 때문에 삼성특검에서는 단 한 명의 검찰간부도 기소되지 않았다. '스폰서' 특검에서는 조사대상 100여 명의 전·현직 검사 가운데 겨우 4명만 기소하고 수사를 끝냈다. 차라리 '면죄부 특검'이었다.

검찰청법 제4조는 <검사는 ① 공익의 대표자로서……, ② 국민 전체에 대한 봉사자로서 정치적 중립을 지키고 권한을 남용하지 않는다>고 되어 있다. 그러나 이 조항이 제대로 지켜지고 있다고 믿는 사람은 별로 없다. 특히 정치적 중립문제에서는 할 말들이 너무나 많다.

암울했던 시절 이른바 시국사건에서는 노상 그랬다. 쉬운 예 하나만 들어본다. 1986년 부천서 성고문 사건 때였다. 권 모 양에 대한 문 모 형사의 성고문 사실을 확인하고도 검찰은 당시 안기부의 압력에 굴복해 가해자인 문 형사를 기소유예 처분해버렸다. 성고문 피해자는 감옥으로 가고, 가해자는 백주대로를 활보했다. 거짓말 같지만 검찰이 그랬다.

가까운 사례도 있다. 민간인 사찰사건에서 검찰이 어찌했는지를 모르는 사람은 거의 없다. 조사받아야 할 사람이 검찰의 수사진행 내용을 보고받고 있다는 주장까지 나온 사건이었다. 대통령의 친형 이상득 의원과 박영준 당시 국무총리실 차장(현재 지식경제부 차관) 이야기다. 검찰이 범접할 수 없는 정치적 힘과 '몸보신' 때문에 그랬을 것이다.

"성공한 쿠데타는 처벌할 수 없다"는 이유로 전두환·노태우 씨가 불기소 처분된 것은 1995년 7월 18일이었다. 검찰이 그랬다. 그로부터 4개월 보름만인 12월 3일 군 형법상 반란수괴 등 혐의로 전두환 씨를 구속수감(노태우 씨는 11월 16일 수뢰 혐의 구속)한 것도 검찰이었다. 정치적으로 어떤 움직임이 있었고 무슨 이야기가 오갔건 하나의 사건을 놓고 검찰은 서로 다른 두 가지의 조치를 했다.

전두환 씨 구속수감 닷새 뒤인 12월 8일 국내 한 일간지에 다음과 같은 기사가 실린다. <서울지검에 12·12 및 5·18 특별수사본부가 전격적으로 구성된 직후 한 검사가 자조적으로 "우리는 개다. 물라면 물고 물지 말라면 안 문다"고 말했다>

"여러분은 누구든지 잡아넣을 수 있고 어느 사건이든지 수사 못할게 없다." 법무연수원에서 이런 교육을 받은 검사들이 적지 않다고 했다. 자긍심을 심어주기 위한 교육이었겠으나 이야말로 '저울질(權)' 오남용을 부추기는 소리다. 그런 교육 받았다고 해서 수사에 특별한 솜씨를 보이는 것 같지도 않다. 한명숙 씨 사건 수사에서도 그랬다. 멋대로 기소해놓고 무죄가 선고돼도 책임졌다는 소리 별로 들리지 않는다. 그저 과도한 엘리트의식과 함께 패거리 문화가 있을 뿐이다.

이 땅의 검사들은 두 부류가 있다고 이야기들 한다. '성골'검사와 '월급쟁이'검사라 했다. '성골' 20%와 '월급쟁이' 80%라는 사람도 있으나, '성골 5%에 월급쟁이 95%'라는 주장이 더 설득력이 있어 보인다. '성골'은 주로 고위직과 특수·공안·기획부서에서 근무하는 이른바 엘리트들이다. 95%의 '월급쟁이'는 한 달 평균 200여 건의 사건에 매달려야 하는 격무에 시달리는 것으로 알려졌다.

따라서 5%의 '성골' 울타리 안에 들어가기 위해, 그 울타리 안에서 밀려나지 않기 위해, 검사들은 필사적인 노력을 할 수 밖에 없게 돼 있다. 여기서 필연적으로 등장하는 게 정치권의 영향력이다. 여당실세들에게 줄을 대고, 때로는 야당 실세에, 일부 언론인에게까지 손길을 뻗는다 했다. 바로 이 대목 때문에 줄을 대야 할 '실세'의 약점까지 남몰래 손에 쥐어두고자 하는 고차원 방정식이 등장한다는 이야기도 들린다.

사실은 이게 다 '거리낌 없이 고의적'이고 '거리낌 없이 자의적일 수 있는' 기득권을 지켜내기 위해 벌어지는 일들이다. "'주인'인 청와대가 인사권을 갖고 기득권도 제어하지만, '주인'이 힘 빠지면 검찰은 곧바로 문다. 그게 바로 노무현 전 대통령 사건이다." 이런 부도덕한 집단으로 매도되고 있는 게 오늘날 이 나라 검찰의 위상이다.

"한국 검찰만큼 견제받지 않는 권력을 휘두르는 조직이 없다"는 얘기도 있다. 그런데도 검찰 개혁을 함부로 말하면 검찰과 척진다고, 그래서 정치권조차 그런 소리 꺼린다고 했다. 허나 약이 되는 얘기는 하는 게 좋다.

검찰이 눈앞의 기득권 때문에 '권세와 저울' 두 가지를 골고루 다 갖추기 어렵다면 아예 제도적으로 뒷받침해줄 필요가 있다. 바로 견제장치다. 따지고 보면 허구한 날 욕이나 먹고 가슴 펴지 못하는 검찰에게도 그게 오히려 당당해지는 장치일 수 있다. 다른 선진국에서도 다 그렇게 한다.

가까운 예로 일본은 1948년 이래 유권자 가운데 뽑은 주민들로 임기 6개월의 '지역 검찰 심사회'를 구성해오고 있다. 검찰의 기소독점을 견제하는 게 임무다. 최근 정치자금 의혹을 받고 있는 오자와 전 자민당 간사장을 검찰이 불기소 처분했으나 그 결정이 뒤집혔다. '검찰심사회'가 그랬다. 이런 게 건강한 '문민견제'다.

견제받지 않는 권력은 탈이 나게 돼 있다. 검찰 권력이 적절히 견제받도록, 그래서 균형감각을 찾아 당당해지도록 도와줄 필요가 있다. 만신창이가 돼가는 검찰은 그렇게 살아나야 한다. 구해내야 한다.

2010. 10. 18.

04 | 이용훈 대법원장·
신영철 대법관,
대답을 듣고 싶다

− 법 축에도 못 끼는 '법'

　　　　　전기통신기본법 47조 1항에 대한 헌법재판소의 위
헌결정은 표현의 자유를 억눌러보고자 했던 이명박 정권의 시도가
분명한 잘못이었음을 확인해주는 의미를 담고 있다. '표현의 자유는
어떤 구실로도 제한해서는 안 되는 헌법적 가치'임을 각인시켜 주었
다. 촛불시위 때 혼쭐이 난 MB정권은 그간 어떻게 해서든지 그 '쪽팔
림'을 '만회'해보려 기를 썼던 게 사실이다. 50년간 잠자고 있던 전기
통신기본법 조항을 전가의 보도처럼 꺼내 든 것이나, "촛불시위자들
이 반성하지 않는다"고 MB가 악을 쓴 것이나 다 궤를 같이 한다.

　일부에서는 이번 결정을 놓고, "공익 침해가 어떤 경우인지 분명하
지 않으므로, 명확히 규정해야 한다는 취지일 뿐, 인터넷상 허위사실
유포가 처벌대상이 아니라고 판단한 것은 아니다"고 말한다. 그러나
다른 의견들이 더 많다. "지금도 허위사실 유포로 인한 폐해는 정도가
심하면 처벌받는다"고 했다. "선거 때 허위사실 유포는 선거법으로 처
벌하고, 다른 사람 명예를 훼손하면 형법상 명예훼손죄에 해당된다"

고 지적했다.

"국민의 주장이 허위라면 국가는 아니라고 하면서 진실을 밝히는 것으로 대응하면 된다"고 했다. "정부가 공공연히 '허위사실'을 발표까지 한 사례도 있지 않느냐"고 물었다. 아닌 게 아니라 연평도 사태 때도 그런 적이 여러 번 있었다. 헌재의 이번 결정으로, 헌법소원을 낸 인터넷 논객 미네르바는 물론, 촛불시위·천안함·연평도 사태의 '유언비어' 관련자들이 모두 범죄 누명을 벗게 되었다.

그중에서도 촛불시위는, △ 2009년 9월 집회 및 시위에 관한 법률 (집시법)의 야간옥외 집회금지 조항이 헌법 불합치 결정을 받은 데 이어, △ 정부가 촛불시위의 도화선이 되었다고 단정한 MBC <PD수첩> 관련자들이 항소심에서도 무죄를 선고받았고, △ 이번에 전기통신기본법 조항까지 위헌결정이 나옴으로써, 그야말로 '죄 하나도 없는 집회'였음이 최종적으로 확인되었다. MB정권의 잘못을 준엄하게 꾸짖은 수백만 국민들의 '추호도 거리낄 것 없는 당당한 함성'이었음이 입증되었다.

헌법재판소의 이번 결정이 나오자 많은 사람들이 궁금해 하면서 머리에 떠올리는 한 사람이 있다. 신영철 대법관이다. 그는 아직도 있다. 아직도 대법관이다. 그가 세인들의 주목을 받고 있는 이유가 있다. 특히 촛불집회재판에 대해 그가 보여준 집요함 때문이다. 이번에 위헌결정이 난 전기통신기본법 47조 1항에 대해서도 그는 지대한 관심을 나타냈었다. 바로 촛불시위 관련자들의 재판 때문에 그랬다.

그가 그쪽에 손을 뻗친 것은 서울중앙지방법원장으로 근무할 때였다. 촛불시위의 거대한 물결과 맞물려 끝 무렵에 이른바 '촛불 범법자'들이 기소돼 재판에 회부되면서였다. 그가 희한한 일을 하기 시작했다. 촛불시위관련 재판을 보수성향이 강한 것으로 알려진 특정 부장판사에게 몰아주는 것이었다. 통상 재판은 컴퓨터에 의한 무작위 배정방식에 따라 담당판사가 결정되는 게 관례였다. 그게 지켜지지 않았다. 결국 '소리'가 났다. 판사들 여럿이 법원장실로 몰려갔다. 그리고 나서야 원래의 무작위 배정방식으로 재판이 배당되기 시작했다.

재판 진행 중 한 '촛불 피고인'이 "집시법 10조 야간옥외집회 금지 조항에 대한 위헌 심판을 헌법재판소에 제청해 달라"고 담당 판사에게 신청했다. 밤이라고 옥외집회를 금지하는 것은 헌법 제21조의 '집회·결사에 대한 허가금지' 조항에 정면으로 위배된다는 지적이었다. 재판 도중 어떤 법조항에 대한 위헌심판을 헌재에 제청하고 안 하고는, 전적으로 담당판사가 결정하게 되어 있다.

그 때문인 듯하다. 신영철 당시 법원장은 휘하의 형사 단독판사들이 모인 자리에서 두 개의 법조항에 대한 "위헌심판을 헌재에 제청하지 말아 달라"고 부탁한다. 당시 위헌제청신청이 들어와 있는 집시법 10조와 (이번에 위헌결정이 난) 전기통신기본법 47조 1항이었다. 위헌심판제청신청을 받아들여 헌재에까지 넘기지 말고, 그냥 판사 손에서 기각해 끝내달라는 이야기였다.

신 당시 법원장이 '기각'을 부탁한 데는 까닭이 있었다. 일단 어떤 법 조항의 위헌 여부 심판이 헌재에 제청되면, 같은 법조항 위반 혐의로 기소돼 법정에 선 다른 피고인들에 대한 재판도, 헌재의 위헌 여부 결정이 나올 때까지 정지되는 게 관례이기 때문이었다. 정부로서는 모든 촛불시위와 관련 '괴담'들이 하루속히 유죄판결을 받아 처벌되어야 하는데도, 그게 늦어지므로 애를 태울 수밖에 없었다.

아마 신 당시 법원장도 그렇게 정부 편에 서서 애를 태운 것 같다. 촛불시위는 절대로 용납될 수 없다는 '시국관'을 가졌는지도 모른다. 그 뿐만도 아닌 것 같다. 어쨌든 "집시법 10조에 대한 위헌 심판을 헌재에 제청해달라"는 신청을 받은 판사는 신 법원장의 '부탁'에도 불구하고, 단호하게 위헌심판을 헌재에 제청했다. 그게 옳은 길이라고 판단한 것으로 보인다.

이때부터 신영철 당시 법원장은 눈물겨운 작업을 이어간다. 그는 2008년 10월 14일 서울 중앙지방법원 형사 단독부 판사들에게 이메일을 보낸다. 집시법 10조에 대한 위헌심판이 제청돼, 헌재의 결정이 아직 나오지 않은 상태이지만, 결론이 내려질 때까지 기다릴 게 아니라고 했다. 현행 집시법 조항을 그대로 적용해 재판을 진행하는 게 바람직하다고 했다.

훗날 이게 '재판 개입'이라며 문제가 되었다. 신 대법관은 "사법부 내의 일상적인 행정으로서, 후배 판사들에게 '조언' 내지 '당부'를 했을 뿐"이라고 변명했다. 그러나 보기에 따라서는 헌재의 위헌 결정이 나서 유죄판결을 내릴 수 없는 상태가 되기 전에, 서둘러 현행법대로 징역이나 벌금형을 선고하라는 '독려'처럼 보일 수 있는 대목이었다.

판사들이 움직이지 않자 신 당시 법원장은 2008년 11월 6일과 11월 24일 이메일을 두 번 더 보낸다. "통상적으로 (현행법에 따라) 처리하는 것이 어떠냐 하는 것이 저의 소박한 생각입니다." "결정이 미뤄지게 되어 저 자신 실망을 많이 하였습니다." "현행법에 따라 결론을 내주십사고 다시 한 번 당부드립니다." 신 대법관은 이 역시 단순한 '조언'이었다고 했다.

그러나 짚고 넘어가야 할 게 있다. 법원 조직법상 지방법원장은 단독판사들의 직속상관이자 근무평정을 하는 일정부분의 인사권자다. 그 인사권자가 특정사건의 재판진행과 관련한 자신의 의견을 담은 이메일을 여러 차례 보냈다. 그것을 받아보며 휘하의 단독판사들은 '조언'으로 느꼈을까, '압박'으로 느꼈을까.

이 나라 헌법 제103조는 '법관은 헌법과 법률에 의하여 그 양심에 따라 독립하여 심판한다'고 명시하고 있다. 사법부의 독립과 함께, 법관이 지녀야 할 잣대와 자세를 엄숙하게 새겨주는 헌법조항이다. 특히 법관은 법에 따르되, 자신의 양심에 따라 '외압받지 말고' 심판하라는 이야기다. 2008년 이 나라 서울 중앙지방법원의 형사 단독판사들은 외부압력을 배격하라는 헌법정신을 철저히 지켜낸 훌륭한 법관들이었던 것으로 보인다.

그러나 그들의 상관이면서 역시 법관인 신영철 당시 서울 중앙지방법원장은 헌법정신을 제대로 지키지 않았음이 분명하다. '촛불' 재판을 특정법관에게 몰아주었다. 피고인의 위헌제청 신청을 기각하라고 판사들에게 외압을 행사했다(그는 당시 집시법과 전기통신기본법 조항에 문제가 있음을 사전에 알고 있었던 것 같다). 현행법 조항에 따라 재판을 서두르라고 했다.

요컨대 '헌법과 법률'을 지키지 않았다. '양심'에 따른 것 같지도 않다. '독립'하여 판단한 것 같지도 않다. 게다가 그는 단독판사들의 '독립'까지도 흔들어댔다. 결론적으로 솔선해 '위헌'하면서 '위헌'을 강요한 꼴이 되었다. 그 신영철 서울 중앙지방법원장이 2009년 1월 이용훈 대법원장의 추천을 받아 2월 18일 대통령으로부터 대법관 임명장을 받는다. 뒤이어 '촛불시위 재판 외압행사'가 말썽으로 불거진 것은 필연처럼 보인다.

판사들의 집단 의사표시가 나왔다. 법원노조도 그의 사퇴를 요구했다. '신 대법관 사태가 보여준 법원개혁의 올바른 방향'이란 대토론회까지 열렸다. 대법원은 현직 법관 6명만으로 진상조사단을 꾸렸다. 외부인사는 한 명도 없었다. 그래도 그는 어느새 대법원 윤리위원회에 회부된 최초의 대법관이 되어 있었다. 결국 사태는 대법원장의

'엄중 경고'로 매듭지어졌다. 2009년 6월 5일이었다.

그러나 문제는 대법원장의 '엄중 경고'라는 '최종 조치'가 내려진 이후에 발생한다. 새로운 상황이 터져 나왔다. 대법원장의 '최종 조치' 3개월 뒤인 2009년 9월 집시법 조항에 대한 헌재의 헌법불합치 결정이 나왔다. 그리고 2010년 12월 전기통신기본법 조항이 위헌판정을 받았다. 그가 "현행법을 적용해 재판을 진행해달라"고 그토록 간곡히 당부하던 그 '현행법' 조항 두 개가 모두 법 축에도 못 끼는 '법'인 것으로 드러나 버렸다. 말하자면 법 축에도 못 끼는 '법'을 적용해 재판 빨리 끝내라고 독촉한 사실이 뒤늦게 밝혀진 것이다.

궁금한 게 있다. 2008년 신영철 서울 중앙지방법원장은 무엇 때문에 촛불시위 재판에 그토록 끈질기게 팔을 걷고 나섰을까. 그의 행적을 알고 있었던 이용훈 대법원장은 왜 그런 그를 대법관으로 추천했을까. 헌법정신을 어겨가면서까지 재판에 외압을 행사한 그를 이용훈 대법원장은 왜 '엄중 경고'하는 데 그쳤을까. 헌재의 결정으로 사후에 새로운 상황이 불거졌는데 대법원장의 '최종 조치'는 바뀌어야 하는 게 아닐까.

그것이 알고 싶다. 이용훈 대법원장과 신영철 대법관의 대답을 듣고 싶다. 사법부는 인권과 민주주의 최후의 보루여야 하기 때문에 그렇다.

2011. 01. 07.

05 | 대통령의 '방귀 뀌고 성내기'

– '정동기 사태'의 가해자와 피해자

아닌 게 아니라 억울하게도 됐다. 감사원장 후보자로 내정됐다 자진 사퇴한 정동기 씨의 이야기다. 그의 주장대로라면 그는 철저한 '피해자'다. 사퇴회견에서 그는 사법시험에 합격한 이래 35년간, 심청사달(心淸事達: 마음이 맑으면 모든 일이 잘 이루어진다)이란 좌우명 아래, 원칙과 정도를 따라 살아왔다고 했다.

항상 겸손한 자세로 자기관리 철저히 해왔다, 지탄받을 일 하지 않았다, 아끼고 저축해왔다, 부동산도 현재 살고 있는 집 외에는 평생 땅 한 평 소유해본 적 없다고 했다. 이 대목에서 그는 하고 싶은 다른 말이 있었을 것이다. MB정권 고위직들이 청문회장마다 꼬리표를 달고 나오는 "위장전입과 투기문제까지도 나는 해당사항 없다"고 외쳐대고 싶었을 것이다. 그럼에도 불구하고 사퇴를 했으니 얼마나 분했겠는가.

그는 "사퇴하라"고 한 안상수 대표 등 한나라당 최고위원들과 야당 측을 '가해자'로 단정한 듯하다. 그래서였을까, 그의 회견은 검사의 준엄한 논고처럼 이어졌다. "청문회 없이 사퇴를 요구하는 것은 재판 없이 사형선고를 하는 것"이라고 했다. "청문 절차를 정치행위로 봉쇄한 것은 살아 있는 법을 정치로 폐지한 것"이라 했다. "법치주의에 커다란 오점이 될 것"이라고 목소리를 높였다. 그는 문상할 때나 하는 검정 넥타이를 매고 회견장에 나왔다. '조종(弔鐘) 울린 법치주의를 애도한다'는 나름대로의 뜻이었을 것이다. 사퇴회견을 마친 뒤 정부법무공단 이사장 퇴임식에 가면서, 그는 빨간 넥타이를 맨다.

그는 자신이 결백하고 옳다는 확신에 차 있는 듯하다. 그러나 정 씨에게는 오해가 있어 보인다. 정 씨가 결백하지 않다거나 옳지 않다는 이야기가 아니다. 딱히 그에게 허물이 있다고 말할 계제도 아니다. "도곡동 땅 실소유주가 이명박 후보라고 볼 증거가 없다"고 2007년 대검 차장 때 그가 내린 결론이나, 청와대 정무수석 때 민간인 불법사찰 내용을 보고받은 적 없고, 관련이 없다는 그의 주장도 아직은 진실인지 아닌지 알 수 없다. 따라서 지금은 시빗거리가 아닐 수도 있다.

또 4,600만 원이던 로펌의 월급이 대통령직 인수위원회 간사되었다고 1억 1,000만 원으로 2배 이상 뛴 것도, 자기들 정하기 나름이라고 치부해버리면 그뿐일 수 있다. 그러나 감사원과 감사원장의 자리문제는 다르다. 정부의 다른 부처 장관과는 근본적으로 다르다. 정 씨는 그 점을 오해하고 있는 것 같다.

감사원법 제2조는 감사원의 '지위'를 규정하는 조항이다. '감사원은 대통령에 소속하되 직무에 관하여는 독립의 지위를 가진다'는 ① 항과, 감사원 소속 공무원의 임면, 조직 및 예산의 편성에 있어서는 '감사원의 독립성이 최대한 존중되어야' 한다는 ②항으로 되어 있다. 감사원의 독립에 대한 강도 높은 주문이다.

정부 모든 부처는 주요 업무를 수시로 대통령에게 보고하고 지침도 받는다. 당연한 이야기다. 그러나 감사원은 다르다. '감사결과 중요하다고 인정되는 사항에 관하여 수시로 대통령에게 보고하도록' 되어 있으나, 그 '수시 보고' 내용은 사전에 감사위원회의 의결을 거치도록 감사원법에 규정돼 있다. 바로 감사원 업무의 '공정성과 독립성'에 무게를 실어주는 또 다른 대목이다.

따라서 감사원의 수장은 '독립성'이 담보되는 인물이어야 한다는 엄숙한 전제가 등장한다. 이회창 자유선진당 대표는 아주 적절한 비유를 한다. 일반회사에서 고용사장이 자기 심복을 감사로 심어놓고, 회사의 방만한 운영을 눈감게 한다면 회사는 망하게 된다고 했다. 2003년 노무현 정부 때, 감사원장으로 내정됐던 윤 아무개 후보자가 낙마한 것도 '독립성'이 문제가 되었다. 대통령직 인수위원을 역임했다는 단 하나의 이유 때문이었다. 대통령의 '측근'이기 때문에 청문회를 통과하지 못했다고 했다.

정동기 씨는 대검차장 때, 도곡동 땅과 관련해 이명박 대통령 후보에게 (그게 진실이었다 치더라도) '고마운 일'을 해준 사람이다. MB의 대통령직 인수위원회 간사를 했다. 이어 청와대 민정수석도 지냈다. 측근 중의 측근일 수밖에 없다. '독립성' 측면에서 볼 때, 정 씨는 애당초 MB정부의 감사원장이 될 수 없는 인물이었다. 정 씨는 그 점을 잘못 알고 있었던 것 같다. 그저 자기 자신만 결백하고 옳으면, 게다가 위장전입조차 없는 자신이야말로 아무 문제가 없다고 확신한 듯하다.

우물 안에서 본 세상이 전부인 것으로 착각한 것처럼 보인다. 그야말로 나무만 보고 숲을 못 본 '피해자'다. 그가 오해한 것이 맞다면, 그가 단정한 '가해자'도 고쳐 생각해야 한다. 대통령 측근이 감사원장이 되어서는 안 된다는 원론적인 문제를 제기한 쪽보다는, 저간의 사정을 다 알면서도 무리를 해가며, 측근을 그 자리에 앉히려 한 임명권자에게 문제가 있다고 보는 게 옳다. 그렇다. 따지고 보면 그쪽이 '가해자'다. 바로 대통령이 '가해자'다.

'독립성' 확보라는 감사원의 본질을 중요치 않다고 본 게 틀림없다. 대통령이 감사원장으로 낙점만 하면, 국회의 임명동의 절차는 문제될 게 없다고 생각한 것으로 보인다. 한나라당 국회의원 170명을, 자기 뜻대로 움직이는 사설 거수기 부대쯤으로 알고 있는지도 모른다. 감사원을 대통령이 장악해 의도대로 몰고 가려면, 측근을 원장 자리에 앉히는 게 최선이라고 생각했을 것이다.

실제로 감사원은 전임 감사원장(김황식 현 국무총리) 시절, 4대강 사업 등의 감사결과 중 70%를, 감사원법에 명시된 '감사위원회의 의결' 절차를 거치지 않고 대통령에게 '수시 보고'했다. 국회의 국정감사에서 나온 이야기다. 심지어 이 '수시 보고' 가운데는 감사위원회의 의결은 말할 것도 없고, 감사반원들이 현장에서 돌아와 정식 보고서를 작성하기도 전에 이뤄진 것도 여러 건 있다고 했다.

대통령이 "절차 밟아 보고하라" 했을 리 없고, 감사위원들이 알고 있는 상태에서 '수시 보고서' 들고 청와대로 뛰었을 리도 없다. 국정의 중요한 통로가 공로(公路) 대신 법을 어긴 사로(私路)로 이뤄지고 있었다는 의미를 지닌다. 말하자면 이게 '정동기 씨 파동'과도 관련되는 '대통령의 감사원에 대한 견해'라 할 수 있다. '정동기 씨 파동' 이후 요 며칠 사이, 청와대 쪽에서 담 넘어오는 '말'들이 주목을 받고 있다.

한나라당 최고위원들이 문제를 제기하지 않았으면, 청문회 통과는 문제없었을 것이라는 이야기다. 그런 논리로 '가해자'인 대통령이 '피해자'라 여기고 있다는 것이다. 그런 서운함 때문에, 1월 26일로 예정된 한나라당 지도부의 청와대 초청만찬이 무기 연기됐다. '대통령의 뒤통수를 때린' 가해자 안상수 대표에 대한 성토가, 끊임없이 이어진다고 했다. 관련해서 "대통령은 여러 사람이 아닌 단 한 사람에게만 감정이 있다"는 소리도 들린다.

아무리 생각해봐도 그건 '방귀 뀌고 성내기'이다. 그런 생각을 하면서 후임 감사원장을 물색 중이라면, 이건 보통 일이 아니다. MB정권은 너무나도 터무니없다. 알면서도 그러는지 모른다. 그건 오만이고 오기다.

인사 말고도 외교, 안보, 4대강, 종편, 물가, 전세, 모두가 불안이나 부실의 딱지를 붙이고 대로를 활보하고 있는 게 요즈음이다. 불법사찰은 또 그것대로 숨죽이고 엎드려 있다가 잠망경처럼 고개를 들고 사방을 살피는 것 같다. 구제역에 이르러서는 이 정권의 국정수행능력을 의심하지 않을 수 없다. "파묻어야 할 것은 소·돼지가 아니다"는 절규도 들린다. MB정권은 매사를 구제역 다루듯 한다. 그게 걱정이다. 국민만 '피해자'로 남게 될 것이기 때문이다.

2011. 01. 18.

06 | 걸리버의 '희한한 나라 한국' 여행기

- "짐승 나라가 그립다"

내가 그간 돌아다니며 쓴 '별난 나라'들의 이야기 '걸리버 여행기(원제: 세계의 몇몇 먼 나라에의 레뮤엘 걸리버의 여행기)'를 순수 동화로 아는 사람들이 생각보다 훨씬 많은 것을 알고 놀란 적이 있다. 최근 개봉된 영화 <걸리버 여행기>도 키 작은 사람들의 나라인 릴리파트 소인국 기행에, 브로브딩나그 거인국 기행 내용만을 약간 보태 동화처럼 꾸며져 있다.

그러나 소인국과 거인국 이야기는 모두 4부로 된 내 여행기의 1부와 2부로, 전체 소설의 절반 정도에 불과하다. 아마도 키가 15cm 정도의 난쟁이 나라나, 한 사람의 발걸음 폭이 9m에 이르는 거인들의 이야기가 어린이들의 꿈을 자극하는 내용이어서, 동화 취급을 받는 것 같다. 그러나 나의 여행기는 처절할 정도로 신랄하게 현실을 비판하는 풍자소설이다. 1부 소인국과 2부 거인국에 이어 3부는 날아다니는 섬나라의 이야기이고, 4부는 말이 사람을 사육하는 말의 나라 여행기다.

특히 4부는 추악하고 음흉하며 사악한 인간, 그 짐승만도 못한 인간들이 인간보다 훨씬 양질인 말의 지배를 받는 나라의 이야기다. 그 때문인지 오랫동안 많은 나라에서 나의 여행기를 동화로 각색해 펴내면서도, 이 4부는 신성모독 등을 이유로 삭제해왔다. 인간들의 마음에 들지 않았기 때문이었을 것이다. 그러나 사실 나는 말이 사람을 지배하는 그 훌륭한 나라에서 언제까지나 살고 싶다는 생각을 하며, 행복해했었다.

짐승일망정 말을 존경했다. 인간을 경멸했다. 따라서 내 여행기의 핵심부분은 4부에 있다. 인간이 얼마나 부정직하고, 위선과 가식에 사로잡혀 있으며, 탐욕스러운가를 지적해내고 싶었다. 내가 이번에 한국을 찾은 것도 바로 그런 이유 때문이다. 그동안 내가 '별난 나라'들에 가게 된 것은 해적이나 풍랑을 만나는 등의 돌발사고로 그럴 수밖에 없었던, 내 의지와는 상관없는 여행이었다.

그러나 이번 한국여행은 아시아의 동북쪽에 최근 '별난 나라'가 생겨났다는 이야기를 여러 사람으로부터 듣고, 내 스스로 찾아 나선 여행이었음을 먼저 밝혀둔다. 한마디로 한국은 희한한 나라였다. 지금까지 여행기에 나오는 나라들은 사람의 세계였건 짐승의 세계였건, 몇몇 수준에서 다소의 차이가 있긴 했으나, 대체로 한 부류의 주민들이 있었다. 그러나 한국은 달랐다. 내 보기에는 확연했다.

살아가는 행태가 다른 두 부류, 부유층과 서민층이 각각 자기 색채를 더욱 짙게 하면서 뚜렷이 구분되는 양상을 보이고 있었다. 대통령이 부유층 쪽에 서서 그렇게 구별해놓았다고 말하는 의견들이 많았다. 부유층과 대기업은 고환율정책으로 뒤를 밀어주며 세금까지 깎아주면서도, 서민층은 거의 철저히 외면하는 모습을 내가 봐도 느낄 수 있었다. 실제로 저소득층의 세금 부담으로 간주되는 간접세가 지난해

국세수입의 52%를 넘어섰다.

이명박 정권이 들어서기 전해인 2007년엔 47% 남짓으로 직접세 비율보다 낮았으나, 3년 만에 5% 가까이 높아졌다고 했다. 내가 갔을 때도 구제역과 전세대란에 물가고까지 겹쳐 서민들은 죽을 지경이었다. 국회에서 여당이 예산안을 날치기 처리하면서도 서민들의 민생복지 예산을 무 자르듯 잘라버렸다 해서 분통을 터뜨리고 있었다. 부자들은 맹렬하게 더 부자 되고, 서민들은 더 가난해지고 있었다.

내가 말의 나라에 있을 때 주인 말로부터 들은 이야기가 생각났다. "여기 인간 다섯 명이 있고 그들에게 50마리 분쯤 되는 짐승의 고기를 던져준다고 치자. 인간들은 사이좋게 나눠먹기는커녕 자기가 전부를 독차지하려고 싸움만 하더라. 그래서 사람들에게 먹이를 줄 때는 언제나 감시하는 말을 옆에 세워두고 서로 싸우지 못하게 한단다." 그러나 한국에는 상대가 되지 않을 정도로 힘과 식성이 강한 적은 수의 인간그룹이 있었다. 그래서 부익부 빈익빈이라고도 하고 양극화가 심해졌다고도 했다.

물론 정부가 정책을 그쪽으로 몰고 가면서 빚어지는 현상이었다. 일부에서 경제 대통령이라는 이야기도 들려왔으나, 내가 알기로도 전세난리 일으키고, 물가 밀어 올리는 경제 대통령은 없다. 웬만한 나라라면 시간이 흐를수록 민주화나 인권, 환경, 국가안보, 살림살이 등에서 형편이 나아지는 법인데 이 나라는 이해하기 힘든 대목이 적지 않았다. 대체적으로 거꾸로였다. 대한민국이란 나라를 5년 동안 통째로 전세 내 사설(私設)네트워크를 구축해 놓고, 자기들만의 배타적 이익을 추구하면서 거꾸로 가는 통치를 하는 것 같았다.

특히 대통령은 시계바늘을 거꾸로 돌리는 특별한 기술을 지닌 것처럼 보였다. 지금은 유명을 달리한 김대중 전 대통령이 생전에 "이 정권 잘못하고 있다"면서 지적한 세 가지가 회자되고 있었다. 모두 거꾸로 가는 것들이었다. 민주주의 파탄, 남북관계 파탄, 서민경제 파탄의 세 가지였다. 남북관계와 서민경제의 파탄으로 서민들이 얼마나 불안하고 힘든지는 더 말할 나위도 없다고들 했다.

이명박 정권에는 서민들을 몹시 기분 나쁘게 하는 심대한 도덕적 흠결이 풍토로 자리 잡고 있는 것 같았다. 대통령이 솔선한 위장전입과 '군복 착용 경력 없음' 말고도, 청문회에서 줄줄이 보았듯이, 부동산 투기와 탈세에, 심지어 탈영에 이르기까지, 반(反) 서민적 딱지가 너무 많은 측근들의 이마에 붙어 나돌아다닌다. 이런 흠결이 민주주의 시계를 아무 죄의식 없이 거꾸로 돌려놓은 것 아니냐고 말하는 사람들도 있다. 어쨌든 우리 눈에도 시계는 너무 많이 거꾸로 돌아가 있는 것으로 보인다.

종편채널이라는 낚싯밥으로 이른바 보수 신문들은 이미 오래전부터 코가 꿰어 있었다. "이미 언론이 아니다"는 소리까지 들린다. "이명박 대통령만큼 조중동의 보호를 받는 대통령은 일찍이 없었다"는 극우 인사의 평가도 나왔다. 방송 쪽은 폭력배가 생트집 잡아 매질하듯이 평정했다. 억지로 죄를 뒤집어 씌워 KBS 사장을 끌어내렸으나, 형사재판은 무죄 났고, 민사재판은 해고취소로 판결났다.

'인간'들이 벌인 일이었다. 내가 말의 나라에 있을 때 깊이 깨달은 게 있다. "모자라는 인간은 이성(理性)을 나쁜 일에만 쓴다." 허나 어쩌겠는가. 해고는 이미 기정사실이 되어버렸다. 1980년 전두환 쿠데타로 정권을 탈취한 신군부에서 허 아무개가 "정치는 선전"이라 했다는 기록을 본 적 있다. 지금 이명박 정권은 아무 거칠 것 없이 진실과는 상관없는 '선전'을 멋대로 해대는 정치를 하고 있다. 방송과 이른바 보수 신문들이 함께하는 '선전정치'다.

아랍에미리트(UAE) 원자력발전수주 선전은 대표적인 사례로 꼽힌다고 했다. 기록을 보면 2009년 12월 27일 한국의 이명박 대통령과 UAE의 칼리파 대통령이 지켜보는 가운데 한국전력 사장과 UAE 원자력 공사사장이 원전 수주에 합의하는 서명을 한다. 한국 언론들은 '건국 이래 최대의 해외 프로젝트 수주', '47조 원(400억 달러) 잭팟' 운운하며 이명박 대통령 선전에 열을 올렸다. 그러나 사실은 달랐다. 실제 수주액은 185억 달러였다. 그나마 그중 100억 달러는 한국이 빚을 조달해 UAE에 28년간 대출해주는 조건이었다.

그러면서 특전사 병력도 파병해주고 원전 완공 후 60년 가동도 보장하도록 되어 있었다. 프랑스는 이 원전의 공개 입찰에서 한국이 제시한 액수의 2배인 360억 달러를 써 냈다고 했다. 한국의 185억 달러는 그야말로 '비지떡' 수주라는 소리다. 지난 50년간 핵 산업계에서 30~40년짜리 원자로의 평균 수명은 23년 정도였다. UAE와 약속한 60년에서 보장되지 못하는 나머지 기간이 생긴다면, 그 책임은 어찌 되는 것인지 걱정들이 많다.

게다가 UAE는 한국보다 국가 신용등급이 2단계나 높아서, 한국이 비싼 이자 내는 돈 빌려다가, 싼 이자 받고 UAE에 빌려줘야 하는 손해까지 감수해야 한다는 이야기도 들린다. 이런 이야기는 국내에서는 쉬쉬해 알 수 없고, 해외에서 조금씩 흘러 들어온다 했다. 그래서 지금 한국은 국제적으로 '봉' 노릇을 하고 있다는 의혹이 넘쳐나는 중이다. 그런데도 2009년 12월 한국 언론들은 'MB표 세일즈 외교의 결정판'이라고 난리를 쳤다는 것이다.

'선전'이 전혀 여과되지 않은 채 한국 국민들의 품을 파고드는 게 내 눈에도 희한하게만 보였다. 언론이 장악돼 가능한 것 같았다. 한국은 전 세계에서 인터넷 접속률이 가장 높은 IT강국이라고 말들 한다.

그런데도 이 나라 방송통신위원회는 인터넷을 심의하는 칼자루를 마구 휘두르고 있다. 최시중 씨가 지휘한다고 했다. 급기야 최근 법원이 인터넷 심의는 불법이라며 위헌심판을 제청했다. 때 맞춰 유엔 의사표현의 자유 특별 보고관이 2008년 이후 한국의 표현의 자유가 위축됐다는 보고서를 썼다. 2008년은 이 정권이 들어선 해다.

한국의 대통령은 정직하지 못한 것 같다. 북한산에서 촛불시위를 바라보며 반성하고 소통을 다짐했다는데, 전혀 그런 사람 같지 않았다. 방송 장악하려 한 적 없다고 큰소리쳤다는 기록도 있다. '세종시 약속' 어겼고, '과학벨트 약속'도 헌신짝처럼 버렸다. '동남권 공항'은 두 군데에 각각 주겠다고 약속한 것으로 밝혀졌다. 이런 게 다 공정치 못한 일들인데도 말은 달리했다.

엊그제도 그랬다. "공정사회는 정권을 초월해 실행돼야 한다"고 역설하는 TV뉴스를 보았다. 그러나 한국 사람들은 의문이 많다. 민간인 불법사찰사건의 배후를 수사하지 않는 것은 공정한가. 한반도 대운하 않겠다고 두 번이나 약속하고도, 사실상의 운하 삽질 계속하는 것은 공정한가. 주로 '형님'이나 영포라인·동지상고 주변으로 힘과 대형 공사들이 몰려드는 것은 공정한가.

그리고 인간보다 짐승을 더 사랑하는 여행객인 나 걸리버의 입장에서도 묻고 싶은 게 있다. 한 해 겨우 20억 원어치의 육류 수출이 보장되는 구제역 청정국 지위를 확보하기 위해, 백신접종을 거부한 채, 수조 원의 예산을 쏟아 부으며, 300만 마리 넘는 짐승을 잔인무도하게 생매장하고, 고기와 우유관련 제품의 파동에 환경대란까지 부른 것은 공정한가. 자기들은 결코 공정하지 않으면서, 서민들에게는 공정하라고 거듭 다그치는 것은 공정한가. 짐승나라가 그립다.

2011. 02. 21.

07 | 못된 짓 골라하는 게 공정사회인가

– '극우'가 '파견'한 북한 특수부대

필자가 '그' 광주에 들어간 것은 그해 5월 20일이었다. 그러니까 정확하게 31년 전 바로 오늘이다. 취재기자였다. 출장명령을 받고 서울을 출발한 것은 전날인 19일이었으나, 계엄군들이 광주로 접근하는 길을 모두 다 막고 있어 들어갈 수가 없었다. 외부 세력의 합세를 막기 위해서였다. 광주 주변을 이리저리 돌며 꼬박 하루를 허비한 끝에, 영광 쪽 좁은 길을 어찌어찌해서 광주로 스며들 수 있었다.

도시는 어느새 상처투성이였다. 백주대로에서 속옷만 입은 채 벗겨진 수십 명의 젊은 남녀가, 공수부대원들로부터 곤봉세례를 받고 피가 튀기는 모습이 보였다. 숨어서 보았다. 목숨을 잃은 사람도 나왔다. 김경철이라는 젊은이가 전날 숨졌다고 했다. 그는 말을 하지도 듣지도 못하는 농아라고 했다. 그런 그가 무엇을 얼마나 잘못했는지 몰라도, 공용터미널 근처에서 붙잡혀가 공수부대원들로부터 맞아죽었다.

겉으로는 구호도 외치고 돌도 던져보지만, 원천적으로 시민들은 공수부대의 상대가 되지 못했다. 계엄군은 곤봉으로 피터지게 머리를 패고 대검으로 찌르고 있었다. 온몸이 분노로 타오르고 있었으나, 필자 보기에 시민들은 공포에 질려, 속으로 파르르 떠는 새 새끼처럼 가냘파 보였다. 이윽고 날이 어두워지면서, 수백 대의 차량이 전조등을 켜고 경적을 울리며 금남로를 가득 메우는 차량시위를 벌였다. 일순간 도시는 부글부글 끓어오르기 시작했다. 제대로 보도하지 않는다고 방송국이 불길에 싸이고, 필경 계엄군의 조준사격이 시작되었다. 그렇게 광주의 5월은 피에 흠뻑 젖어들기 시작했다.

최미애 씨의 기막힌 사연을 들은 것은 그 무렵 김준태 시인으로부터였다. 최 씨는 5월 21일 중흥동 셋집 앞에서 남편을 기다리며 서 있다가, 계엄군의 총에 맞아 숨진 24세의 가정주부였다. 남편은 전남고교 영어교사였고, 김준태 시인은 같은 학교에서 독일어를 가르치는 동료교사였다. 낮 1시쯤이었다. 시내 쪽에서 무섭게 총소리가 이어져 들렸다. 최 씨는 학교에 가본다며 나간 남편이 걱정되었다. 집 앞에서서 남편이 돌아오는 길목을 가슴조이며 응시하고 있었다.

그녀는 둘째 아이를 가진 임신 8개월의 만삭이었다. 계엄군들이 학생차림의 한 젊은이의 다리를 잡고 질질 끌며 그녀 앞을 지나갔다. 누군가 "놓고 가라"고 소리를 질렀다. 몇 발의 총소리가 났다. 최 씨가 쓰러졌다. 이웃에 사는 최 씨의 친정어머니가 달려갔을 때 딸은 이미 숨을 거둔 뒤였다. 뱃속에서 태아가 몸부림치듯 발길질을 하고 있었다고 했다. 그날은 부처님 오신 날이었다.

따로 찍어놓은 영정사진이 없어 면사포를 쓴 결혼식 사진을 오려서 썼다. 상여나 영구차도 구할 수 없었다. 가족들은 동네 연탄배달 리어카를 빌려 밤새껏 비눗물로 씻어낸 뒤, 가마니를 깔고 그 위에 관을 싣고 가 묻었다. 김준태 시인은 자초지종을 이야기하면서, 극도의 분노가 차올랐을 때 사람이 그러하듯이, 말을 심하게 더듬고 있었다.

최미애 씨는 지금 묘지번호 135번으로 망월동에 묻혀 있다. <여보! 당신은 천사였소/천국에서 다시 만납시다> 남편이 쓴 묘비명이다. 최 씨가 집 앞에서 기다린 건 민주주의가 아니었다. 자유나 인권 같은 거창한 것이 아니었다. 그녀가 기다린 건 그저 사랑하는 남편이었다. 가장 소중한 사람이 가족들 곁의 '안전권'으로 귀환하는 것을 기다렸을 뿐이다. 그런 민초(民草)들의 소박한 삶을 지켜줘야 할 공권력이 오히려 살인을 했다. 불법으로 탈취한 권력을 내놓지 않으려고, 발버둥치며 저지른 용서받지 못할 범죄였다.

그때 광주에서 가장 괴로웠던 것은 '내가 기자'라는 사실이었다. 기사 한 줄 보도할 수 없는 '거세된', '무정란' 기자였다. 마음 놓고 취재수첩에 메모도 못했다. "보도할 수 있습니까?" 악에 받친 시민들의 핀잔에 고개를 들 수가 없었다. 상무관에 시신은 즐비했고 통곡은 하늘에 사무쳤다. 금남로 가로수치고 총탄자국 없는 나무는 없었다. 시민군들의 차량이 멈춰서면 시민들은 주먹밥과 목축일 물바가지를 들고 달려갔다. 기자인 것도 잊고 필자는 손등으로 눈물을 닦으며 시내를 뛰어다니기만 했다. 지금도 부끄럽기만 하다.

그 5월을 놓고 강인한 시인(당시 사레지오고 교사)은 이렇게 울었다. <……/유리창 밖에 죽음이 서성이는/오월의 전라도 광주/아카시아 향기가 저주처럼 풍기는/철길엔 열차가 끊어지고/시외전화도 끊겼습니다. 아 아, 형님/보고 싶은 누님/여기는 지도에 없는 섬입니다./허공에 떠 있는 섬입니다./……/햇볕만이 침묵으로 타는 학교둘레/돌담에 기대어/장미는 핏방울로 툭툭 피어나도 좋습니까,/아닙니다, 아닙니다, 아닙니다./이것은 꿈입니다. 아득한/석기시대 야만의 꿈입니다.> —「이것은 꿈입니다」중에서

'석기시대 야만의 꿈' 같은 일이 요즘 벌어지고 있다. "광주에서 살인자들은 한국군이 아니라 북한이 파견한 600명의 특수부대"라는 소리가 들린다. 일부 극우단체들이 5·18 기록물의 유네스코 세계기록유산 등재를 반대하는 청원서를 통해 주장한 내용이라 했다. 이미 작년 11월 유네스코 본부에 직접 찾아가 그 청원서를 제출했다고 했다. 다음 주에 최종 결정될 등재 여부에 우려할 만한 영향을 줄 수 있다는 이야기도 나온다. 그들 단체는 광주학살을 자행한 전두환 신군부에 대해서도 "더 이상 살인 정권이라 불러서도 안 되고 그들의 훼손된 명예도 회복돼야 한다"고 목청을 높인다고 했다.

진실을 근거로 하더라도, 유네스코의 눈에 5·18 기록물들이 세계기록유산으로 등재되기에는 적절치 않다거나, 자기들 기준으로 볼때, 함량미달이라고 판단할 수도 있다. 그래서 등재되지 않을 수도 있다. 그러나 등재 여부와 진실의 훼손 여부는 별개의 문제다. 광주에서의 '민주화운동'과 '계엄군의 만행'은 이미 움직일 수 없는 역사적 사실이 되어 있다. 그 5월에 기자로 광주에 있었던 필자도 똑똑히 보았다.

그때 필자가 보고 들은 '사람 죽이던 계엄군들'이 바로 북한군 특수부대원들이었다는 이야기다. 또 달리 말하자면 북한 특수부대원이 600명이나 광주에 침투했는데도 전두환 신군부는 그 살육만행을 몰랐고, 임무를 마치고 북으로 되돌아가는 것까지 방치했다는 이야기가 된다. 그도 아니라면, 그 북한 특수부대는 이 정권의 극우단체들이 불순한 목적을 달성하기 위해 31년 전 과거로 '파견'한 게 분명하다.

진상이 드러난 사건을 놓고 배경이나 성격에 대해 견해와 해석을 달리할 수는 있다. 그러나 그럴 만한 사유도 없이, 사건 자체의 진위를 뒤집고자 하는 것은 곤란하다. 진실이 뒤바뀌는 것은 안 된다. 무엇이 그들 단체로 하여금 한이 맺혀 북한 특수부대까지 끌어들이게 했는지 지금은 어림할 수가 없다. 어찌 보면 일고의 가치도 없다 할 수도 있으나, 짐작이 가는 흐름은 있다.

MB는 벌써 3년째 5·18 기념식을 외면하고 있다. 5·18에 '이론'을 단 것은 이 정권 들어서면서부터였다. 보훈처가 주관한 지난해 5·18 기념식에서 '임을 위한 행진곡'을 못 부르게 했다. 진실·화해를 위한 과거사정리위원장은 5·18을 '민중반란'이라 했다. 600명이나 되는 북한의 특수부대 이야기는 전두환 정권 때도, 노태우 정권 때도, 문민정부·국민의 정부·참여정부 어느 정권에서도 나온 적이 없다.

이번에 '일'을 벌인 일부 단체는 이명박 정부로부터 활동자금까지 지원받고 있다고 했다. 그 단체의 신년 교례회에 이재오 특임장관 등 MB의 측근들이 참석해 '좌우 타령'을 했다는 소리도 들린다. 최근 일부 네티즌들 사이에는 누가 보냈는지 모르는 '전두환 대통령 팔순 잔치 참관기'가 배달되고 있다. 필자도 받았다. "5·18에 대한 평가는 친북좌파들에게 맡길 것이 아니라 먼 훗날 역사가 평가해야 한다"는 이야기도 적혀 있다.

이 정권 들어 '보수 우파'를 자처하는 사람들에 의한 수상한 일들이 꼬리를 물고 있다. 어느 구석엔가 '연출자'도 숨어 있는 것 같다. 못된 짓이 횡행하는 사회는 공정사회가 아니다. 이것은 좌우의 문제도 보수진보의 문제도 아니다. 진실과 거짓의 문제이고 옳고 그름의 문제이다.

2011. 05. 20.

08 | 검찰·조중동·청와대……
新삼권분립시대

– 잘못 굴러가는 나라

삼권분립이란 다 알다시피 국가의 권력을 입법·사법·행정의 3권(三權)으로 나눠 서로 견제하게 함으로써, 권력의 남용을 막고, 국민의 권리와 자유를 보장하는 국가 조직의 원리다. 요컨대 3권이 서로 견제하고 균형을 이루도록 하는 정치 제도다. 불행하게도 이 나라 현대사는 그 삼권분립이 너무 많이 삐걱거린 역사다. 한쪽의 힘이 너무 거대해서 상호 간에 전혀 견제되지 않았고, 때문에 균형도 이루지 못했다.

뒤늦게나마 국민의 정부와 참여정부 10년 동안 틀을 갖췄으나, 이명박 정권이 들어서면서 삼권분립은 말짱 도루묵이 되었다(MB정권은 국민의 정부와 참여정부 10년을 오히려 '잃어버린 10년'이라 한다). '형님'의 막강한 힘과 '영포라인'의 사조직까지 가세하면서, 청와대의 권력은 범접할 수 없는 욱일승천(旭日昇天)의 형국을 이루고 있다. 그 기세 때문일까. 법원 쪽에서는 일부 법관들이 정권 편들기를 했다 하여 국민의 신뢰와 '저울'의 고장 문제가 제기되고 있는 상태다.

국회가 삼권분립의 한 축으로서의 기능을 상실한 지는 오래다. 이 나라 삼권분립은 바야흐로 한없이 비틀거리는 중이다. 국회는 특히 검찰 '앞에만 서면 왜인지 작아지는' 모습을 보이면서, 위상을 스스로 깎아내렸다. 어제 오늘의 이야기가 아니다. 절정을 이룬 것은 지난 6월의 사법개혁특별위원회(사개특위)의 좌절이다. 여야 의원들이 대검 중앙수사부의 폐지에 합의했으나, 검찰이 필사적으로 반대하고 나서면서 좌절은 시작되었다.

중수부 폐지에 대한 검찰의 저항은 실로 상상을 초월했다. "상륙작전 중인 해병대 사령부를 해체할 수 없다"면서, '저축은행 수사'를 멈추는 '파업'을 벌이기도 했다. "수사로 말하겠다"는 협박성 성명까지 발표했다(그때 일각에서는 "그렇지, 국회가 검찰의 사냥터 아니던가" 하는 탄식도 나왔다). 사개특위의 여야 의원들이 합의한 중수부 폐지안이 백지화된 것은 청와대 때문이었다.

대통령의 "반대" 한마디로, '폐지'에 합의했던 여당의원들이 재빨리 '폐지반대'로 돌아섰다. 그렇게 우리 사회의 오랜 숙원이던 사법개혁은 물거품이 되었다. 국회는 자기 권위를 지켜내지 못했다. 켕기는 것이 있었는지도 모른다. 경찰에 대한 검찰의 수사 지휘권 행사 문제를 놓고, 그 요건을 '법무장관령'으로 정하도록 합의한 정부 쪽 방안을, 국회가 '대통령령'으로 정하도록 바꾼 것은, 그나마 작을망정 자기 목소리를 낸 대목이었다. 허나 검찰은 그 대목에서도 반발했다. "합의 위반"이라고 고함을 질러댔다.

대통령이 그러지 말라 했는데도 김준규 검찰총장은 사표를 던졌다. "합의가 깨지면 얼마나 큰 결과가 초래되는지 알아야 한다"는 그냥 듣기에 거북스러운 소리도 나왔다. 검찰은 역시 '겁나는' 조직이었다. MB는 왜 그런 검찰의 손을 들어줬을까. 대통령 산하의 정부기관인 검찰이 그렇게까지 '별난' 반응을 보인 데는, 대통령도 제어하기 힘든 '까닭'이 있을 것이라고 생각하는 사람들까지 있다. 저축은행 사건에 청와대 핵심참모가 관련돼 있어, 서로 타협한 것이 아니냐는 이야기도 나왔다.

'알아서는 안 될' 것까지 검찰이 다 알고 있기 때문에 빚어진 사태라는 견해를 말하는 사람도 있다. 여야 합의대로 중수부가 폐지되고, 대신 '공직자비리수사처'라도 생겨서 검찰청을 압수수색하면, '민간인 불법사찰'이건 'BBK'건 관련자료 다 나오게 돼 있다고 핏대를 올리는 사람까지 보였다. 청와대가 검찰의 뜻을 거스르기 힘들었을 것이란 해석이다. 그 힘센 검찰이 지난 5일 또 한 번 막강한 힘을 과시했다.

'저축은행 비리 의혹 진상규명을 위한 국회 국정 조사' 특위가 기관 보고의 증인으로 채택한 검찰 간부들이 국회 출석을 거부했다. 검찰총장 직무대행인 대검 차장과 대검 중수부장 등 6명에게 동행명령장까지 발부됐으나 그들은 끝내 나오지 않았다. "수사 중인 사항이어서 형사소추에 영향을 줄 수 있다"는 것이 출석거부의 이유였다. 그러나 여당 의원인 특위 위원장은 "불출석은 입법부에 대한 도전"이라 규정하고, 6명을 '국회에서의 증언 감정에 관한 법률 위반' 혐의로 '검찰'에 고발했다.

이 소식을 접한 한나라당 원내대표와 민주당 원내대표는 이미 활동을 종료한 '사법제도 개혁 특별위원회'를 다시 구성하기로 전격 합의했다. '중수부 폐지'를 다시 논의하겠다고 했다. 대한민국 국회, 어쩌다 이 지경에 이르렀는지 참으로 애처롭다. 한상대 신임 검찰총장의 '별난' 취임사도 예사롭지 않은 최근의 검찰 모습과 궤를 같이 한다. 그는 위장전입과 병역문제 등의 논란으로 인사청문회의 경과보고서조차 채택되지 않았으나 임명장을 받았다.

엊그제 그의 취임사 가운데 눈길을 끄는 것은 단연 '종북 좌파세력과의 전쟁 선포'다. 이 나라 어느 법조문에도 '종북 좌파'란 말은 없다. 그저 MB정부를 비판하는 견제 언론과 진보세력을, '종북 세력'으로 매도해온 보수언론의 주장과 같은 맥락인 것으로 보인다. 그러나 국법 질서를 어긴 공안사범은 실정법에 따라 처벌하면 된다. 처벌 대상도 못 되는 부류를 '종북'이라며 분위기 잡고 겁주는 것은 온당한 일이 아니다. 지금까지 범법 공안사범이 아무 처벌도 받지 않고 있었다면 그 역시 문제다. 검찰에 책임이 있다는 이야기다. '전쟁 선포'의 진짜 의도를 밝히라는 이야기다.

새로운 삼권분립의 시대를 이야기하는 사람들이 있다. 국회·법원·정부를 대체하며, 새롭게 등장한 힘센 권력기관을 일컫는 말이다. 그 첫 번째 자리에 검찰이 있다. 검찰은 삼권분립의 한 축이 되기에 전혀 손색이 없는 모습으로 떠올랐다. 누구도 함부로 어쩌지 못하는 힘을 갖추고, 견제하면서 균형을 이루어냈다. 청와대가, MB가 그렇게 만들어놓았다.

검찰 외에 MB가 만든 또 하나의 '새로운 축'이 조중동(조선·중앙·동아일보)이다. 조중동은 종편채널이 확실해질 때까지만 해도 최시중 방통위원장 말을 잘 듣는 '순한 양'이었다. 그러나 모든 것이 기정사실로 굳어지고, 첫 방송일이 가까워오면서, 서서히 MB정권과도 견제와 균형을 이루는 모습을 갖춰가고 있다.

그들의 힘은 '보도할 가치가 있는' 뉴스를 마음대로 골라잡고, 원하는 방향으로 여론을 가공·조작할 수 있는 기능과 권리를 쥐고 있다는 점이다. 물론 객관적으로 뉴스 밸류가 있는 것도 자기들 필요에 따라 자의적으로 깔아뭉개거나, 확대 보도할 수 있는 권한도 갖고 있다. 그러나 결코 무시해서는 안 되는 게 있다. 국민들의 알 권리를 소중하게 받드는 소명의식을 외면해서는 안 될 일이다. 옳고 그름에 대한 분명한 잣대를 지녀야 한다.

신영철 대법관은 촛불시위 관련자들(헌법재판소의 잇단 결정으로 그들에게는 아무 죄도 없는 것으로 결판났다)에게 유죄 판결을 내리도록 휘하 판사들에게 외압을 행사한 법관이다. 그가 서울중앙법원장으로 있을 때 그랬다. MB정권 편들기 위해 그랬다. 그가 2009년 대법관이 된 후, 이용훈 대법원장이 그를 '엄중 경고'로 솜방망이 처벌하자 전국의 판사들이 들고 일어났다. 그때 조중동만은 '신 대법관 구하기'에 나선다.

세 신문 모두 사설을 썼다. 그중 한 사설 제목이 '사법부는 권력만이 아니라 여론 압력에서도 독립해야'였다. 저쪽 '여론압력'은 받아들이지 말고, 이 '여론압력'을 받아들이라는 이야기였다. 4대강의 문제나 사법제도 개혁 문제도 그들 손에 가면 MB정권에 유리하게 포장된다. 그렇게 정권과 상부상조해왔다. 한두 가지가 아니다.

바야흐로 '검찰'과 '조중동'과 '청와대'가 서로 팽팽하게 새로운 삼권분립의 시대를 열고 있다. '견제'와 '균형'의 모양새도 갖췄다. 그 주변을 뱅뱅 돌면서 '재벌'도 한 다리 끼어들려 한다는 이야기도 있다. 세월이 하수상하면 별 해괴한 일이 다 일어나게 되어 있다. 나라가 정상적으로 굴러가지 않고 있다는 이야기다. 가슴이 콱 막히는 이 답답함을 가눌 길 없다.

바른 민주주의 하는 대통령, 한눈팔지 않는 국회, 법과 양심에 따라 독립하여 판단하는 법원, 중립 지키며 권한 남용 않는 검찰, 사명감 지켜가는 공기(公器)-언론, 지금이야말로 이런 말들의 제 좌표를 확실하게 찾아줘야 할 때다.

2011. 08. 16.

09 | 소통 막는 건 먹통 정권의 말기 현상

- "놀고들 자빠졌네"

맨 정신으로 이 나라의 이 시대를 살아가기 힘겨워 하는 사람들이 너무 많아 보인다. 한두 사람도 아니고, 절대다수 국민들의 속을 박박 긁어놓는 'MB의 세상'에서, '백성 노릇' 하기가 너무나도 고되다고들 말한다. 100마디의 불평이나 꾸짖음보다도, 참다 참다 단말마(斷末魔)의 비명 같은 외마디 욕설을 내지르면서, 울화통을 삭혀내는 현상들도 그래서 생기는 것 같다. 그런 식의 카타르시스가 필요한 세상이 되었다.

그 때문일 것이다. 속가슴에 농축되어 있다가 용수철처럼 튀어나오는 소리, "지랄하고 자빠졌네"라는 욕설이 요즘 유행이다. 한 지상파 TV의 사극에서, 세종임금이 한글 창제를 결사반대하는 중신과 사대부들을 향해 쏘아댄 욕이다.

세종은 백성을 무한히도 사랑한 임금이었다. 소통을 매우 소중하게 생각한 군왕이었다. 읽고 쓰기 쉬운 한글을 만들어, 왕과 사대부와 백성들이 힘 안 들이고도 소통하는 수단으로 삼고자 몸을 던진 학자요,

현인(賢人)이었다.

실제로 세종이 그렇게 욕을 했는지는 확인되지 않았으나, '한자'와 '소통'을 자기들만의 기득권으로 끌어안고 있는 상류층 인사들의 모습이, 그에게는 '지랄'하고 있는 것처럼 보이기도 했을 것이다. 그런 세종대왕이 살아서 최근의 중앙선거관리위원회 사이버 테러사건을 보았다면 어떤 반응이었을까. 아마도 천인공노할 초대형 소통방해사건으로 지목했을 것이다. 서슴없이 "지랄하고 자빠졌네"라 쏘아붙였을 것이다.

민주국가에서는 상상도 할 수 없는 야비한 범죄였다. 축구시합은 상암동 월드컵 경기장에서 열리게 되어 있었다. 시합에 참여해야 할 관계자들도 모르게 경기장소가 효창구장으로 바뀌었다. 장소변경 안내문이 붙어 있어야 할 게시판은 누군가 먹칠을 하고, 알아볼 수 없게 아예 휘장으로 가린 뒤 못질을 해버렸다. 당사자들의 경기 참여를 원천봉쇄한 것이다. 10·26 서울시장 보궐선거에서 그런 식으로 투표장소를 바꾸고, 컴퓨터를 공격해 마비시킴으로써, 바뀐 투표소를 알아볼 수 없게 한 짓거리가 이번 사건이다.

물론 선거공보에 변경된 투표장소가 기재돼 있다 하나, 요즘 선거공보 보고 투표소 찾아가는 사람 별로 없다. 대개 전에 하던 데 찾아서 간다. 특히 컴퓨터를 통해 장소 알아본 뒤 투표소 찾아 나서는 젊은 층이 골탕을 먹었다. 따라서 이번 사건은 야권후보에 우호적인 젊은 층의 눈을 가린 사건이다. 소통을 막아 투표 못 하게 한 사건이다. 여당후보를 당선시키기 위해서였다고 했다.

투표소는 야당 성향이 강한 강북지역에서 더 많이 바뀌었다. 서울시 전체 투표소 가운데, 15% 정도인 332곳이 8·24 무상급식 투표소 있던 곳에서 자리를 옮겼다. 그중에서도 서대문구는 48%, 금천구는

43%나 되었다. 선관위는 그 많은 투표소가 장소를 바꾼 이유를 딱 부러지게 설명하지 못하고 있다. 그렇게 '투표소 변경'에서 수상한 냄새가 나더니, 디도스 공격을 놓고 '짐작한 수순'대로, '북한 소행'이라는 한 '보수신문'의 보도가 나왔다. 그러나 그쯤해서 어딘가 '잘못된 듯'하다.

어쩌다 한 국회의원의 9급비서가 꼬리를 잡혔다. 작전은 이렇게 전개된 듯하다. 우선 겉보기에도 국제무대에서 벌어지는 무슨 007 영화를 방불케 한다. 청와대 인사와 국회의장·이 국회의원·저 국회의원의 비서들이 서울의 호화 룸살롱에서 밤을 새우는 술판을 벌이고, (심부름꾼인) 27세의 9급비서가 (누군가의 지령을 받아) 필리핀에 가 있는 행동책에게 임무를 전달하면, 국제전화로 다시 서울의 대원들에게 사이버 공격명령이 하달되어 작전이 개시되는 등, 전 과정이 번쩍이고 드라마틱하기 그지없는 양상이었다.

선관위 공격에는 좀비PC가 1,500~20,000대는 동원됐을 것이고, 그 비용만도 결코 적지 않았으리라는 전문가들의 증언도 나왔다. 그리고는 이 나라 경찰 사이버테러 대응센터의 수사결과가 발표되었다. '한 국회의원의 27세 된 9급비서가 저지른 단독범행'이라는 결론을 내놓았다. 그걸 믿으라는 이야기였다. 그러나 아무리 생각해봐도 그럴 수는 없다. 우선 이번 사건이 터지면서 벌어졌던, 한나라당의 '난리법석 과정'을 짧게나마 살펴볼 필요가 있다.

이번 사건이 지난해의 지방선거에 이은 몇 차례의 국회의원 재보선, 8·24 무상급식 투표와 10·26 서울시장 보궐선거 등 계속된 패배를 거치면서, 지도부에 대한 누적된 불만에 불을 댕긴 직접적인 불쏘시개가 된 것만은 맞는 이야기로 보인다. 그러나 아무리 그렇다 해도, 경찰의 수사결과가 발표되기도 전에 한나라당에서는 이미 지도부 책임론이 불거져 나왔다. 당 차원에서 관련이 있는 사건이고, 당도 파악하고 있다는 인상이 너무나 짙게 풍겨 나왔다.

혁명적으로 쇄신하는 모습이 필요하다며 재창당과 당의 해체 이야기도 나왔고, 최고위원들이 줄줄이 사표를 쓰기도 했다. 필경 당 대표가 사퇴함으로써, 한나라당을 와해 직전까지 몰고 간 사건이었다. 다른 기관도 아닌 한나라당 정권의 경찰이 수사를 진행 중인 때, 한나라당에서 그런 일들이 벌어졌었다. 경찰과 아무런 교감도 없이, 그토록 철저하게 한나라당이 공포 속으로 빠져들었다고 믿는 사람은 거의 없다.

전적으로 대통령과 당 대표에 대한 미움 때문에 그랬다고 볼 수도 없게 돼 있다. 울고 싶은데 뺨 때려준 사건이라면, 뺨 때린 사람이 적어도 9급비서보다는 좀 더 '거물'이어야 맞다는 이야기다. 최고위원 가운데 한 명도 그동안 공공연히, 9급비서 혼자의 범행은 아닌 것으로 본다고 말해왔다. 그런데도 '단독범행'이라는 대미(大尾)를 장식하는 화룡점정(畵龍點睛)의 코멘트는 나왔다.

한나라당의 사무총장이 주요 당직자 회의에서 "일부 보좌진의 그릇된 판단과 행동으로 전체 보좌진의 사기가 꺾여서는 안 된다"며 "윤리의식을 가져달라"고 했다. '그릇된 판단과 행동을 한 것은 일부 보좌진'이라는 이야기였다. 사실상 '윗선이 없는' '단독범행'임을 기정사실화 했다. 경찰이 '단독범행'임을 발표하고, 당 차원에서 기정사실로 못 박음으로써 아귀가 맞아들어 갔다. 정권차원에서, '단독범행'이라는 무리수를 감행할 수밖에 없다는 결론을 내렸는지도 모른다.

그러나 누가 믿겠는가. 그것은 소통의 먹통을 의미한다. 필자도 고약한 소리 좀 해야겠다. 그야말로 "놀고들 자빠졌네"다. 소통을 막는 것은 먹통정권의 말기 현상이다.

연장선상에서 방송통신위원회가 요즘 계속해서 '눈부시게' '놀고'

있다. 개인 간의 소통 내용까지 들여다보는 온라인 여론 장악방안을 놓고, 이 궁리 저 궁리하던 그 위원회가 드디어 일을 냈다. 지난 7일 SNS와 모바일 애플리케이션의 심의를 담당하는 '뉴 미디어 정보심의 팀'을 신설하고 업무를 시작했다. SNS 심의는 현재 헌법재판소에서 위헌 여부를 판단하는 중인데도 그랬다. 한나라당에서조차 우려의 목소리가 나왔다.

당의 디지털위원장이 '권한남용과 시대역행'을 말했다. "방송통신위원회는 더 이상의 과대망상에서 벗어나야 한다"고 목소리를 높였다. 오죽하면 미국 국무부 정례브리핑에서도 "한국정부의 트위터나 페이스북 검열에 대한 미국정부의 입장은 무엇인가" 하는 월스트리트저널 기자의 질문이 나왔다. 국무부 대변인은 "우리는 표현의 자유가 인터넷에서도 적용돼야 한다고 믿는다"고 했다. 망신스러운 이야기다.

그러나 남이야 뭐라 하건 이 나라 방송통신위원회는 계속 '놀고' 있다. 지난 6일 저녁에는 최시중 위원장이 주요 대기업 광고담당 임원과 광고업계 간부들을 종로의 한 중국음식점에 불러 모아놓고 "광고를 비용 아닌 투자의 관점에서 보고 광고비 지출을 늘려야 한다"는 '가르침'을 준 것으로 전해졌다. 참석자들은 종편에 대한 광고를 늘리라는 압박으로 받아들였다는 것이다.

아마도 시청률과 광고 수주 등 종편 쪽 사정이 잘 안 풀리기 때문이었던 것으로 보인다. 조중동에 대한 '빚'을 갚고 있는지도 모른다. 허나 할 일이 아니다. 'SNS 심의'나 '광고압력' 역시 소통은 안중에도 없는 말기 현상이다.

인천지방법원의 현직부장판사가 한미 FTA에서 문제될 수 있는 사안들을 조목조목 적시해가면서 대법원장에게 건의문을 냈다. 대법원 산하에 TF를 설치해 우리의 사법 주권이 침해당하지 않는지 연구 검토하는 조치를 취해달라는 건의였다. 160여 명이나 되는 판사들이 동의했다. 당초 이런 뜻이 알려지자 대법원장은 점잖게 꾸짖었다. "선비는 오얏나무 아래에서 갓끈을 고쳐 매지 않는다. 법관은 항상 진중해야 한다"고 했다.

그러나 오얏나무 아래에서 갓끈을 고쳐 맨 것은 대법원장 자신이었다. 부장판사를 향한 꾸짖음이 MB 귀에 들어가기 바란 것이 아니냐는 '오해'가 생겨났기 때문이다. 부장판사의 건의문은 진정성이 넘쳐났고, 법관들의 언행은 신중하면서도 정확했기 때문에 하는 소리다. 사법부에서만이라도 소통이 건강하게 이뤄졌으면 하는 간절한 바람이 있다.

2011. 12. 12.

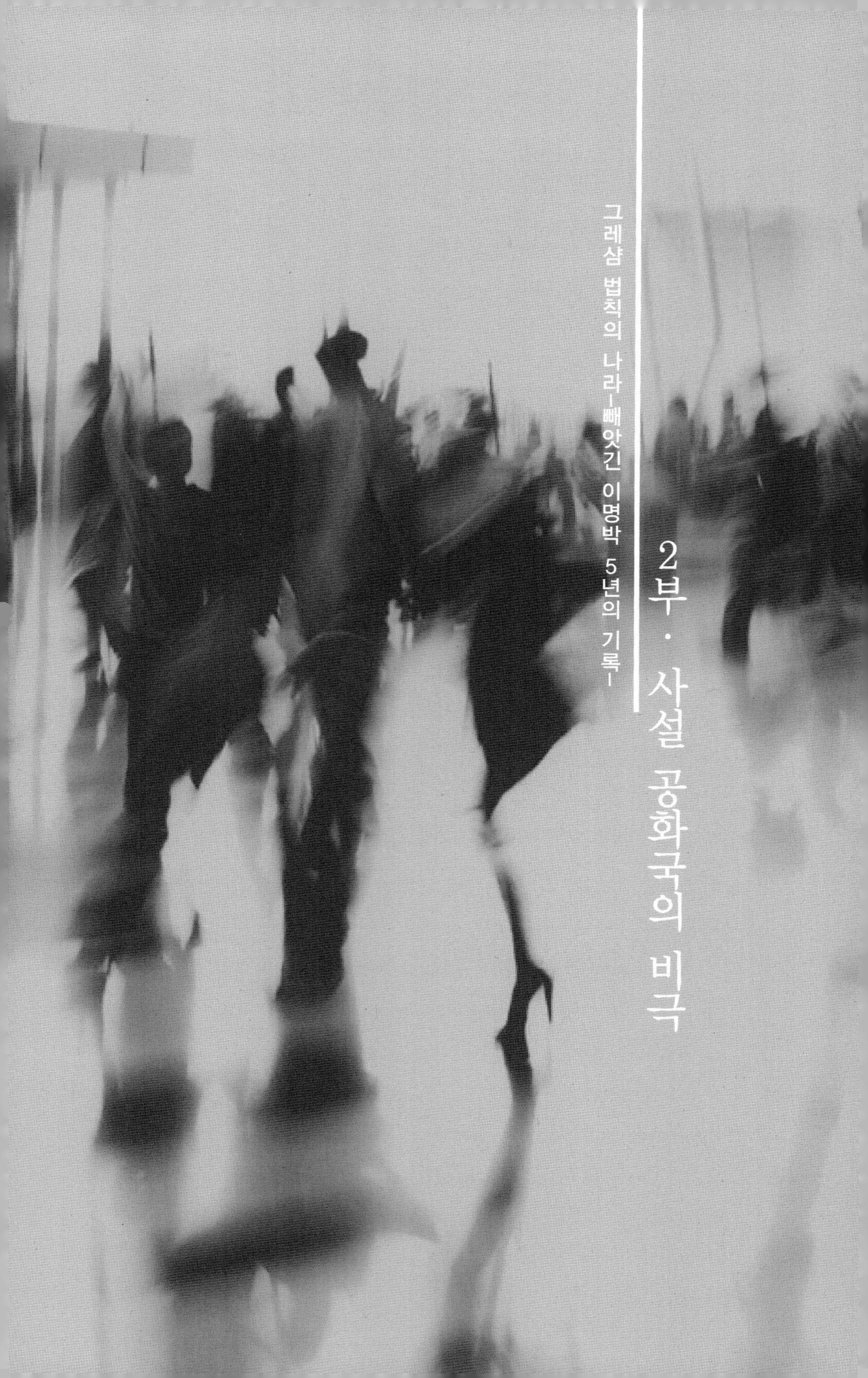

2부 · 사설 공화국의 비극

그레샴 법칙의 나라–빼앗긴 이명박 5년의 기록–

01 | 영일 귀신·
포항 귀신도
울고 갔다

― '실루엣 사나이'…… 아 아, '형님'

　　　　　　　자유당 말기, A씨가 강원도 횡성경찰서장으로 발
령받았을 때 그의 계급은 '무궁화가 둘'인 경감이었다. 그 계급장을
달고 부임인사차 인근 군부대 사단을 방문하던 날을 그는 지금도 잊
지 못한다. 대단했다. 사단장이 군악대를 이끌고 정문에까지 마중 나
왔다. 젊디젊은 경감 경찰서장은 으쓱해져서 모자챙에 "딱" 소리가
날 만큼 힘차게 답례하면서 부대 사열까지 받았다. 각 경찰서마다 사
찰과라는 무서운 기능의 기구가 있을 정도로 경찰의 특별한 힘이 맹
위를 떨치던 시절이었다.

　경무대(지금의 청와대)에서 대통령의 등에 매미처럼 붙어 있던 곽
영주란 이름의 경찰 경무관이 방첩대보다 더 센 권력을 휘두르던 그
때, 경찰은 곧 '특수 권력'이었다고 A씨는 회고한다.

　그 '특수 권력'은 1961년 5·16 쿠데타가 발발하면서 새로 생긴 중
앙정보부로 건너간다. 중앙정보부는 나는 새도 떨어뜨리는 무서운 힘
을 구사했으나, 전두환 보안사령관의 쿠데타 성공에 힘입어 이번엔

특수 권력이 보안사로 옮겨갔다. YS정권 때 전직 대통령 두 명을 구속하면서 한때 검찰도 특수 권력의 임자가 되었으나, 한나라당이 이른바 '잃어버린 10년'이라 일컫는 김대중·노무현 정권 때는 특수 권력 무주공산(無主空山)의 양상을 보이다 이명박 정권에 들어선다.

MB정권에서의 특수 권력은 좀 특별한 모양새를 하고 나타난다. 지난날 특수 권력의 임자였던 경찰과 중앙정보부·보안사·검찰 등은 정부의 기구이거나 조직이지만, MB정권의 특수 권력은 조직이나 기구가 아닌 개인의 모습이다. 그것도 분명하게 특정되는 개인이 아닌, 아직은 불분명한 개인이다. 최근 들어 다소 윤곽이 보이는 듯했지만 적어도 드러내놓고 이야기하기에는 시기상조인 듯하다. 말하자면 베일에 가려진 '실루엣 사나이'다. 사조직도 거느리고 있는 것으로 보인다. 그래서 더 무섭다.

최근 저 무서운 민간인 불법사찰 사건이 터지면서 이 실루엣 사나이가 대통령의 친형 이상득 의원이라는 이야기가 수면 위로 떠올랐다. 물론 전에도 '만사형(兄)통(본래는 萬事亨通으로 '모든 일이 뜻한 대로 잘된다'는 뜻이나 여기서는 '모든 일은 형님을 거쳐야 통할 수 있다'는 의미다)'이란 말이 나돌았으나 그것은 '유능한 민원해결사' 정도의 이야기였을 뿐, 서슬 퍼런 막강 권력자의 이미지는 아니었다.

다 알다시피 민간인 불법사찰은 예사로 일어나는 단순사건과는 차원이 다른 사건이었다. 폭력배도 아닌 공무원들이 민간인들에게, 법에서 허락하지 않은 연행과 협박을 일삼고, '형님'의 비위를 건드렸다는 이유로 여당 국회의원들까지 뒤를 캐고 다니며 공포감을 조성한 '조폭난동' 사건이었다. 이 대명천지 민주국가에서 엄연히 심부름꾼 된 자들이 주인 된 자의 기본권을 짓뭉갰다 하여, 다른 범죄에서와 마찬가지로 재범방지용 전자발찌를 검토해야 하는 것 아니냐는 분노까지 표출된 사건이었다. 애당초부터 배후규명 없이 그렇게 그냥 덮고 넘어갈 수는 절대로 없는, 천인공노(天人共怒)할 사건이었다.

뒷조사를 당했다는 여당 국회의원들은 이번 사건의 배후로 박영준 당시 국무총리실 차장을 지목하고 박 씨 뒤에 버티고 있는 '실루엣 사나이'는 '형님' 이상득 의원이라고 입을 모았다. 그들은 "형님이 청와대와 정부 내 요소요소에 영포라인 사조직을 심어놓았다"고 볼멘소리를 했다. "권력을 사유화(私有化)한다"는 이야기도 들렸다. 그래서 기자들이 형님에게 달려가 물었다. "나는 모르는 일이다", "대응하지 않겠다"는 게 그의 짤막한 대답이었다. 그래서였을까, 대통령까지 나서 "조사하라"고 명령했는데도 배후는 베일에 가려진 채 사건 수사는 이내 막을 내렸다. 박영준 씨와 형님에 대해서는 소환조사 한번 제대로 하지 않은 채 끝을 냈다. '관련 증거 없음'의 결론을 낸 것으로 전해진다.

바람을 본 사람은 없다. 그러나 잎사귀가 흔들렸으면 바람은 분 것이다. 더구나 이번 사건은 그냥 잎사귀가 흔들린 정도가 아니라 큰 나무가 뿌리째 뽑혀 나간, 태풍이 휩쓴 사태였다. 그런데도 증거가 없다는 이야기였다.

피해 의원들은 "검찰이 밝혀내지 못한 게 아니라 수사를 안 한 것"이라고 했다. "조사받아야 할 사람이 수사진행 내용을 보고받고 있었다"는 주장도 나왔다. 아마도 검찰이 홀로 상대하기에는 너무 버거운 특수 권력이었기 때문에 그리됐을 것이다.

일개 이사관인 공직윤리지원관이 '어떤 이유'로 자기 선에서 혼자 죄를 뒤집어쓰고 구속됐을 것이라고 믿는 국민들이 너무나도 많다. '어떤 이유'는 "조금만 고생하면 '실루엣 사나이'가 구해줄 것이고 보상도 있으리라는 확신일 것"이라고 많은 사람들은 생각한다. 그러나 정부기관 공무원들이 '범죄'를 저지르고 그 사건의 피해자가 주권자인 국민이라는 사안 자체만으로도 정부의 '상응하는 도리'는 있어야 했다. 그런데도 귀신이 곡할 일이 뒤이어 또 일어난다.

공직윤리지원관의 직속 지휘관인 박영준 씨가 형님의 비호 때문이었을까 지식경제부 차관으로 오히려 영전한다. 그레샴 법칙을 대입해 보아도 풀어내기 힘든 지극히 질이 나쁜 해괴한 논리가 불거진 것으로 보인다. 누군가 영일 귀신이나 포항 귀신조차도 기가 막혀 울고 갔을 것이라 했던가.

아무튼 그래서 이명박 정권의 '분명히 있는' 특수 권력은 아직 특정인 아닌 실루엣 사나이라고 볼 수밖에 없다. 터놓고 '실루엣 사나이'는 바로 형님이라고 말할 수도 없게 되어있다. 그 실루엣 사나이의 특수 권력 이야기가 인천공항 상공에서도 맴돌고 있다.

요약하자면 이런 이야기다. 이명박 정권의 집권초기인 2008년 8월 정부가 인천공항 매각문제를 들고 나왔다. 국토해양부의 논리는 인천공항의 국제 경쟁력 확보를 위해, △ 선진공항 운영기법을 도입하고, △ HUB화(化)의 지표를 높이며, △ 민간자본을 유입해 경영효율화를 기하기 위해 지분 49%를 매각한다는 내용이었다.

그러나 인천공항은 2004년 이후 매년 지속적으로 1,000억 원 이상의 순이익을 내고 있다. 세계공항협회(ACI)가 주관하는 공항서비스 평가에서는 2005년 이후 5년 연속 세계 1위를 기록 중이다. 경영효율화를 말하지만, 인천공항은 직원 1명당 영업이익이 2009년 기준 5억 1,000만 원에 이른다. 그해 삼성은 7,500만 원, 현대자동차는 3,400만 원, 포스코 1억 9,000만 원이었다. HUB 지표 이야기도 논리에 맞지 않는다.

도대체 세계 최상급 공항에 어느 나라 공항운영기법을 도입한다는 것인지, 도대체 왜 판다는 것인지 납득할 만한 이유가 없다. 여기서 주목해야 할 대목이 있다. 정부가 매각문제를 들고 나온 2008년 8월 인천공항지분을 사들일 수 있는 외국의 공항운영전문기업은 극히 제한돼 있는 상황이었다.

호주계 투자은행인 맥쿼리금융그룹의 자회사가 서서히 떠올랐다. 사람들이 질겁한 것은 이 자회사 사장이 바로 형님의 큰아들이기 때문이었다. 그 대목에 '숨은 그림'이 있었다. 게다가 외국기업에 지분을 매각한다는 49%는 면세점 등 당장 돈이 되는 쪽이었고, 인천공항이 보유할 51%는 활주로와 관제탑 등 돈이 안 되는 것들이었다. 당연히 '음모론'이 고개를 들었다.

국회논의가 시작되었다. 국토해양위원회에서는 눈물겨운 일들이 벌어졌다. 회의 때마다 이 문제를 집중적으로 물고 늘어진 김성순 의원에게 국회 출입기자들이 "인천공항을 지켜주세요." "우리 공항 매각을 막아주세요" 하는 휴대폰 문자메시지를 보냈다. 그때마다 김 의원은 울컥울컥했다고 했다.

여론이 따가워지자 형님의 아들은 그 자회사를 떠났으나 공항노조 등 관련자들은 아직도 의심의 끈을 놓지 못하고 있다. 어딘가 '숨어서' 기회를 엿볼 것이란 걱정 때문이라고 했다. 더구나 공항공사 측이 지난해 10월, 30억 원을 들여 펴낸 '경영진단 및 경영구조개선 용역보고서'에는 '지분 매각 로드맵'까지 실려 있다. 형님 쪽은 관련이 없다고 펄쩍 뛰지만 문제는 1등 공항의 지분을 왜 팔려 하는지 아직도 이유가 분명치 않다. 때문에 혹시 실루엣 사나이가 노리고 있는 것이 아니냐는 조바심을 갖고 있다고 했다.

이쯤해서 우리는 투명성과 정당성의 이야기를 하지 않을 수 없다. 대통령은 요즘 강조하고 있는 '공정사회' 정신을 우선 형님에게 적용해야 한다. 공인은 처신에서 모든 것이 거리낌 없어야 한다. '실루엣 사나이'는 앞가림을 하고 있는 수상한 베일을 벗겨내야 한다. 그래야 모든 것이 투명해지고 떳떳해진다. 납득할 이유를 대지 못하는 공항 매각은 더 이상 추진되지 않는 것이 옳다.

민간인 불법사찰사건도 관련이 있으면 있는 대로 없으면 없는 대로, 형님은 얼굴을 드러내놓고 당당하게 밝혀야 한다. 항상 이름이 붙어 다니는 박영준 씨와 나란히 손을 잡고 자청해서 검찰에 걸어 들어갈 필요도 있다. 국민들의 의혹은 풀려야 하기 때문이다.

2010. 09. 20.

02 | '대포폰 게이트', 워터게이트와 닮았다

– '불법사찰', 재수사 지시해야

　　　　　　　　1972년 6월 17일 새벽 2시 30분쯤이었다. 미국 워싱턴 D.C.의 워터게이트 빌딩 민주당 전국위원회 본부사무실에서 5명의 불법 침입자가 현행범으로 경찰에 체포된다. 그들의 손에는 도청장치가 들려 있었다. 세계에서 가장 힘센 나라 미국의 대통령이 비열한 사건의 '범인'으로 밝혀지는, '끔찍한 드라마'의 막이 오르는 순간이었다. 리처드 닉슨이 대통령 자리를 스스로 포기하고 물러나야 했던 워터게이트 사건은 이렇게 시작된다.

　목표로 정해진 상대방의 움직임을 불법적인 수단으로 염탐해 꼬투리를 잡아내려 했다. 그런 점에서 워터게이트 사건은 이 나라의 민간인 불법사찰사건과 성격이 같다. 다 불법 사찰사건이다.

　워터게이트 '드라마'는 '불법침입'에서 '대통령 하야'까지 2년 2개월이 걸렸다. '저쪽'은 전모가 모두 밝혀졌다. '이쪽'은 아직 밝혀진 게 별로 없다. 밝혀졌다고 생각하는 사람도 거의 없다. 여당의 최고위원들까지 '재수사'를 촉구하고 있는 상황이다. 의혹투성이라 어떻게 결말이 날지 알 수도 없다.

그런데도 사건의 전개과정을 보면 양쪽에 비슷한 점이 너무 많아 놀랍다. 불법사찰이라는 사건의 성격 말고도 우선 '저쪽'은 백악관과 관련이 돼 있고, '이쪽'은 청와대와 '끈'이 이어져 있다는 점이 닮았다. 양쪽 다 대통령이 있는 곳이다.

'이쪽'에서는 아니라고들 말하지만 지금까지 드러난 것만도 근거가 적지 않다. 이영호 '청와대' 고용노사비서관이 2008년 7월 한승수 당시 총리 앞에서 치러진 공직윤리지원관실의 출범신고식에 참석했다. '청와대'의 그가 총리실의 공직윤리지원관실 발족에 깊숙이 관여했고, 이 불법사찰기구의 사후관리를 맡게 됐으리라는 추정은 쉽게 나온다.

구속 중인 이인규 전 공직윤리지원관도 '청와대'의 공직기강 팀장에게 민간인 불법사찰 내용을 보고했노라고 법정에서 진술했다. 불법사찰의 증거를 없애는 과정에서 '청와대'의 최 모 행정관은 '대포폰'을 개설해, 공직윤리지원관실 주무관에게 전달하기까지 했다. 결코 보통 '끈'이 그냥 이어져 있는 게 아니다.

양쪽 다 '수첩'이 '중요한 단서'로 등장하는 것도 닮은 점이다. '이쪽'에서는 민주당 박영선 의원이 국회 법무부 국정감사장에서 공개했다. 공직윤리지원관실 원 모 조사관의 80여 페이지짜리 수첩이다. 여기에는 청와대(Blue House)의 약자인 'BH 지시사항'이란 문구가 수두룩하게 나온다. 청와대의 민정·사회수석에게 보고했다는 대목도 있다.

'저쪽' 수첩은 '그날' 새벽 불법침입 현행범으로 붙잡힌 5명 중 한 사람인 제임스 맥커드의 품속에서 나왔다. 그 수첩에는 닉슨 재선위원회에서 역할을 맡았던 에드워드 하워드 헌트라는 인물의 백악관 연락처 전화번호가 적혀 있었다.

이 전화번호 한 개가 워터게이트 사건 수사의 단초가 된다. '불법 침입자 맥커드가 닉슨과 가까운 누군가와 관련이 있다는, 그래서 이 사건은 백악관까지 연루된 사건일 수 있다'고 FBI는 본 것이다. '저쪽'에서는 그렇게 수첩에서 나온 전화번호 한 개로 끈질긴 수사가 시작된다.

'이쪽'에서는 전화번호 한 개와는 비교할 수 없을 정도로 수많은 단서들이 수첩에서 쏟아져 나왔으나, 밝혀진 게 없다. '이쪽' 검찰은 지금도 그저 청와대는 아니라고만 말하고 있다.

사건이 터지자 처음부터 "모르는 일"이라고 잡아떼는 것도 양쪽이 닮았다. 공직윤리지원관실의 민간인 불법사찰사건이 수면 위로 떠오르자 청와대는 펄쩍 뛰었다. 후에 문제의 '대포폰'이 튀어나왔을 때도 청와대는 그랬다. 최 행정관 '개인'이 자신의 '차명폰'을 총리실 공직 윤리지원관실 주무관에게 하루 빌려줬을 뿐이라고 했다.

'저쪽'도 불법침입자 체포 후 수첩에서 백악관 전화번호가 나왔을 때 '천만의 말씀'이라며 부인했다. 지글러 백악관 공보담당관은 체포된 사람들이 "3류 도둑(third rate burglary)에 불과하다"며 백악관과는 관계없음을 강조했다.

'저쪽' '수첩'의 임자 맥커드가 닉슨 쪽에서 자금을 받은 사실이 수사결과 드러났다. 닉슨 대통령은 집무실에서 홀더먼 수석보좌관과 대책을 논의한다. 집무실의 모든 대화는 자동 녹음되고 있었다. 그 녹음 테이프가 훗날 결정적 증거(Smoking gun)가 되었다.

닉슨의 은폐·은닉 시도는 처절한 느낌이 들 정도였다. FBI의 조사를 방해하라고 CIA에 지시한다. 국가안보가 위험하다는 핑계를 댔다. 법무장관에게 콕스 특별검사를 해임하라고도 했다. 그러나 장관은 지시를 거부하며 스스로 사임해버렸다. 차관도 거부하고 사표를 썼다.

그래도 콕스는 끝내 해임을 당했다.

'이쪽'도 많이 수상하다. 처음부터 누군가 어디에선가 미리 정해준 지침이나 가이드라인에 따라, 검찰수사가 이뤄지는 듯한 강한 느낌을 준다. 무엇보다도 그저 청와대나 '형님' 쪽으로 불똥이 튀는 것을 막기 위해 다들 기를 쓰는 것 같다.

총리실이 조사에 나선 것은 사건이 불거진 지 열흘이 지나서였다. 그 사흘 만에 검찰에 수사가 의뢰됐다. 본격 수사가 시작되기 전에 사건을 주물러댈 수 있는 시간이 너무 길었다. 일련의 '은닉'과정이 아닌지 의구심이 생긴다.

양쪽 모두 '숨기기 위해' 직접 증거를 인멸하는 점도 닮았다. 죽어라고 버티던 닉슨은 궁지에 몰린 끝에, 결국 상원 특별조사위원회에 문제의 녹음테이프를 제출한다. 그러나 그 테이프는 중간에 중요한 대목 18분 30초가 지워져 있었다. 증거인멸이었다.

'이쪽'의 증거인멸은 상상을 초월하는 극악한 수법으로 이뤄진다. 그간의 민간인 불법사찰 내용이 들어 있는 컴퓨터 4대의 하드디스크를 수원까지 들고 가, 전체기록을 송두리째 삭제해버린다. 일찍이 민간기업 아닌 정부기관에서 컴퓨터 하드디스크를 통째로 지워버리는 증거인멸은 있어 본 적이 없었다.

검찰이 공직윤리지원관실을 압수수색한 건 7월 8일이었다. 결정적 증거인 하드디스크가 삭제된 것은 그 하루 전인 7월 7일이었다. 압수수색 예정을 미리 알고 때맞춰 증거를 없앤 것이 아니냐는 의혹을 말하는 사람까지 있다. 검찰이 법무장관도 모르게 청와대와 직거래하는 것이 아니냐는 의심 가득 찬 목소리도 나온다.

이른바 '윗선' 의혹에 대해서는 원천적으로 손도 대지 않았다. '대포폰 개설'의 최 행정관에 대해서도 재판부에 넘긴 수사기록에서 청와대의 직책과 직위를 아예 뺀 채, 민간인인 것처럼 그냥 '최 아무개 씨'라고만 썼다. 청와대의 일개 행정관을 검찰은 검찰청 아닌 외부에서 그것도 단 한 차례만 조사한 뒤 무혐의 처리했다. 왜 그렇게까지 청와대를 감싸는지 궁금하기 그지없다. 그토록 발버둥 치며 사건을 덮으려 했던 닉슨이 연상되는 대목이다.

'저쪽'에서 진상이 철저히 밝혀진 것은 건강한 언론과 건강한 국회가 있기 때문에 가능했다. 그것이 '이쪽'과 다른 점이다. 워싱턴 포스트의 밥 우드워드와 칼 번스타인 두 기자의 활약은 지금도 전설로 남아 있다. 익명의 제보자(Deep throat)가 있긴 했으나 이들 두 기자가 선도한 여론은 '저쪽' 온 국민의 눈과 귀를 모아가기에 충분했다.

상원에서는 특별조사위원회를 구성해 청문회 등 '진실 캐내기' 작업을 끝없이 이어나갔다. 38년 전 '저쪽'에서는 이미 그랬다. 그게 '저쪽'의 국가 경쟁력이다. 그로부터 38년이 지난 지금 '이쪽', 이 나라의 언론과 국회가 어떤 모습인지는 우리가 다 아는 바다. 심지어 둘 다 '은닉'에 협조하고 있는 건 아닌가 하는 느낌마저 든다.

'이쪽'의 불법사찰사건이 어떻게 결말날지 아직은 알 수 없다. 얼마나 더 '저쪽'을 닮아갈지, 무엇이 닮지 않은 것으로 남을지, '윗선'이 어디까지인지 알 길이 없다. MB나 '형님'은 알고 있는지도 모른다.

필자가 누차 강조했듯이 민간인 불법사찰사건은 결코 그렇게 그냥 끝낼 수 있는 사건이 아니다. 일개 이사관급인 공직윤리지원관을 가장 '윗선'의 자리에 억지로 '모셔'두고 수사를 마감할 수 있는 그런 사건이 아니다. 그 '윗선'이 없을 수 없는 사건이다.

분명한 것은 진실은 반드시 밝혀져야 한다는 점이다. 대통령이 강조하는 국격(國格)과 공정사회와도 직결되는 이야기다. 국회의원 '긴급 무더기 압수수색'이나 개헌 눈속임 같은 것으로 사건의 본질을 물타기 하려 해서도 안 된다. '저쪽'의 사례에서 보듯이 '은닉'은 결코 성공할 수 없게 돼 있다.

청와대는 검찰에게 출입문을 열어줘야 한다. 안에 들어가 조사할 수 있도록 우선 쪽문이라도 열어줘야 한다. 여러 분야에서 '자상한' 모습을 보여 왔던 이명박 대통령은 검찰의 재수사 문제를 놓고 지금처럼 침묵해서는 안 된다.

2010. 11. 15.

03 | 부디 '백성'만은 우습게 보지 마라

— MB의 '견해'와 '의지'

연평도 사태가 터지면서 안도의 한숨을 내쉬는 사람들이 있다는 소리가 들린다. '4대강' 사람들, '대포폰' 사람들, '인권위원회' 사람들, '과거사정리위원회' 사람들이라 했다. 자기들의 '이야기'가 여론의 관심대상에서 멀어져 가기 때문이라고 했다. 그러나 천만의 말씀이다. 어느 것 하나 숯불 사위어가듯, 그렇게 없어질 수 있는 화두(話頭)가 아닌 것을 우리는 잘 안다.

특히 '인권'에 대한 '관심'의 끈을 우리가 그냥 놓아버릴 수는 없다. 인권(人權)은 한자 표기에서 보듯, 태어나면서부터 갖게 되는 사람으로서의 기본적인 권리다. 민주주의의 출발점도 바로 인권이다. 그래서 제대로 된 나라치고 인권기구가 없는 나라는 세계에 없다. 우리도 뒤늦었지만 2001년 국가인권위원회가 출범했다.

그 국가인권위원회가 이명박 정권 들어서면서부터 삐걱거리기 시작했다. 그리고 사단이 났다. 파열음이 터져 나온 것은 현임 현병철 위원장의 '독단적인 운영방식'에서 비롯된 것으로 우선은 보인다. 한 달여 전쯤 2명의 상임위원이 반발해 동반사퇴하면서 불거진 사태다. '위원장의 사퇴'를 요구하며 사퇴·성명·농성이 아직도 꼬리를 물고 있다. 현 위원장은 사퇴할 생각이 없다 했다.

그는 작년 7월 이명박 대통령이 임명했다. 청와대는 그때 "현 위원장이 '인권 선진국'으로서의 위상을 제고할 것으로 기대한다"고 했다. 그러나 사람들은 그가 취임한 뒤 인권위 조직이 축소되는 등 인권 '무력화 작업'이 사정없이 이뤄지고 있다고 말한다.

아닌 게 아니라 취임 직후부터 그랬다. 쌍용자동차 농성진압 때 그는 "테이저 건(taser gun)과 최루액은 규정을 잘 지켜 신중히 쏘라"는 위원장 명의의 성명을 내 사람들을 놀라게 했다. 테이저 건은 '근육의 자율적 통제를 붕괴시키는 전류를 발생시키는 전기충격기'다. 해외에서는 사망사례까지 보고된 비인간적 '무기'로 더 알려져 있다. 그런 '무기'를 "사용하지 말라"고 해야 할 인권위원장이 오히려 "쏘라"했다. 적어도 인권위원장만은 그래서는 안 될 일이었다.

뿐만 아니다. MBC <PD수첩> 문제, 용산 참사, 야간시위 문제, 민간인 불법사찰 등 숱한 현안 앞에서 인권위는 '식물위원회' 노릇만했다. 국정감사장에서도 현 위원장은 "국가인권위원회는 행정부 소속"이라고까지 태연히 말했다. '사오정' 수준이다. 인권위법에는 '인권위는 그 권한에 속하는 업무를 독립하여 수행한다'고 되어 있다.

문제는 표면에 나타난 현병철 위원장의 그런 '운영방식'이 아니다. 위원장이 사퇴한다 해서 해결될 문제도 아니다. 그 점을 바로 보아야한다. 현병철 위원장은 잘못 끼워진 하나의 '단추'일 뿐이다. 그 '단추'가 아니라 그 '단추'를 끼운 '사람'을 주목해야 한다. '단추'를 그렇게 끼운 '사람'의, 인권에 대한 '견해'와 '의지'를 읽을 필요가 있다.

한국 인권위원회는 국제사회 모범 인권기구였다. 국민의 정부·참여정부 때 이 나라는 '인권 선진국'이었다. 그런 인권선진국에 걸맞도록 '단추'를 끼웠는지, 의도적으로 '단추'를 잘못 끼운 대목은 없는지 들여다봐야 한다. 그게 초점이다. '시달림이 지겨워' 현 위원장은 지금 그만두고 싶을지도 모른다. 그러나 그러면 큰일 나게 돼 있다. 그만두는 것은 '단추' 끼운 사람의 '의지'가 아닐 것이기 때문이다.

사퇴한 인권위원회 상임위원의 후임으로 추천된 인사들도 그렇다. 인권단체들은 대통령과 한나라당 몫으로 추천된 그들에게도 문제가 있다고 입을 모은다. 심지어 '뉴라이트 계열'이거나, '인권기준과 너무 동떨어진 사람'이라고 했다. 그러나 그 사람들을 탓할 일이 아니다. 그들 역시 '단추'일 뿐이다. 끼운 사람의 '의중(意中)'을 보아야 한다.

한국은 금년 3월 관례에 따라 ICC(국가인권기구 국제조정위원회)의 의장국이 될 예정이었다. 그 기회를 이 정부는 제 발로 걷어차 버렸다. 자리에 어울리지 않는 사람을 국가인권위원장에 임명한 것부터가 그렇다. 현 위원장 측은 말로는 "그 일보다는 국내에 산적한 인권현안을 해결하는 데 힘 쏟는 게 바람직한 것으로 판단했다"고 했다.

그러나 '인권지식과 경험이 없어서' 의장국 자리를 포기한 속사정을 모르는 사람은 거의 없다. 해외에서도 다 안다고 했다. 국제적 위상실추를 자초한 것이다. 그런 '실추'를 감수하면서까지 이명박 대통령은 그런 '단추'를 그렇게 끼웠다. 그게 인권에 대한 대통령의 '견해'이고 '의지'인 것으로 보인다. '인권쯤이야 중요치 않다'는, 그런 '견해'와 '의지'일 것이다.

ICC는 어떤 기구인가. 세계 120여 개 인권기구가 가입된 국제인권기구의 3대 축 가운데 하나다. ICC 의장은 유엔인권이사회 의장, 유엔인권최고 대표와 함께 국제인권 공동체를 대표하고, 국제 인권논의를 주도하는 자리다. 의장국이 되면 그야말로 MB정권이 좋아하는 '국격

(國格)'이 높아질 수밖에 없다. 그런 ICC 의장자리를 발로 차낸 게 MB 정권이다.

아시아 인권위원회와 전국 223개 시민사회단체가 최근의 한국인권위원회 사태와 관련해 그 ICC에 서한을 보냈다. 한국 국가인권위원회의 기능이 현저히 약화되고 있다고 했다. 인권을 옹호하는 임무를 수행하기보다는, 정부를 감싸는 일에 매달리는 정부 부속기관이 되고 있다고 지적했다. 진상규명 팀을 특파해 긴급 중재에 나서줄 것을 요청했다.

인권선진국이 어쩌다 인권후진국이 돼버린 객관적 현실이 안타깝기 그지없다. 그런데도 MB정권은 인권선진국이었던 시절을 '잃어버린 10년'이라고 부르고 있다. 인권의 후퇴는 민주주의의 후퇴다. 민주주의의 시계바늘이 거꾸로 돌아간 것이다.

그렇게 거꾸로 돌아간 민주주의의 시계, 그것을 아파하는 사람들의 심장에 최근 한 사람이 비수를 질러 넣었다. 다른 사람도 아닌 '진실·화해를 위한 과거사 정리' 위원장이었다. "(제주) 4·3은 폭동이고, (광주) 5·18은 민중반란"이라 했다. 나이를 계산해봤다. 그해 1980년 그는 25세였다. 광주에서 무슨 일이 일어났는지 모를 리 없는 나이였다.

시대가 평가해 경건히 머리 숙이고, 정부가 공인한 처절한 '민주화운동'이었다. 미국에서 박사학위를 받고 정부에서 월급을 받는 사람이, 국민이 낸 세금으로 펴낸 영문책자에 그 '광주'를 '민중반란'이라 썼다.

4·3도 3만 명이나 되는 죄 없는 민간인이 목숨을 강탈당한 사건이었다. 정부가 공식 사과까지 한 '항쟁'이었다. 폭동이 아니었다. '진실·화해를 위한 과거사 정리위원회'는 '아픈' 과거에 대한 진실을 밝혀내고 화해의 마당을 만들어내는 국가기구다. 그간 목숨까지 바쳐가며

밝혀낸 진실을 왜곡하고, 갈등을 만드는 기구가 아니다.

따지고 보면 그 역시 '단추'다. '단추'를 끼운 사람의 '견해'와 '의지'가 '폭동'과 '민중반란'인지도 모른다. '그런' 소리 해놓고도 위원장이 아직까지 아무 일 없이 그 자리에 앉아 있는 것을 보면 더욱 그런 생각이 든다. 인권위원회 사태나 진실·화해위원장의 망발을 놓고, 소통의 단절에서 빚어진 일들이라고 말하는 사람들이 있다. '소통의 단절'도 대통령의 '견해'와 '의지'인지 모른다.

촛불시위 때는 안 그래 보였다. 처연한 목소리로 사과하면서, MB는 국민과의 소통을 철석같이 다짐했다. 그는 순하디순한 양의 모습으로 '사과'하고 '소통'을 말했다. 그러나 그뿐이었다. 소통에는 통로가 필요했으나 그게 없었다. 대통령 스스로 바늘귀만 한 숨구멍까지 화풀이하듯 틀어 막아버린 듯하다. 소통을 약속할 때 그는 그저 양의 탈을 쓰고 있었는지도 모른다.

국민의 대다수가 반대하는 4대강 사업이 삽질돌격대와 함께 온통 강을 후벼 파대고, 누구의 뒤를 캐는지 불법사찰이 음산한 바람을 일으키며 나라를 헤집고 다닌다. 국민들은 소통이 없어 연속적으로 불안하다.

소통단절은 '천안함' 쪽에도 있다. 그때도 '청와대 지하벙커'에서 회의들은 했으나, 진상은 아직껏 명료하게 밝혀지지 않았다. 아까운 젊은 목숨을 46명이나 잃었다. 우리가 보기에도 과정에 분명히 잘못은 있었다. 그래서였을 것이다. MB는 그 과오를 분명히 가리라고 감사원에 지시했다. 그렇게 시작된 조사에서 감사원은 장성 13명을 포함해 25명을 징계하라 통보했다. 그러나 국방부는 6명만 징계하고 끝냈다. 국방장관의 뒤늦은 경질도 따지고 보면 연평도 사태가 급해져서 이뤄졌을 뿐이다.

수상한 대목이다. 처벌할 수 없는 '사정'이 있을 것이란 소리도 나오고 있다. '청와대 지하벙커'에서 회의 중이라는 소리나 들으면서, 인명피해에 속이나 상하고, 성금 내라면 그저 돈이나 갖다 바치는 '백성'들로서는, 영문도 모르는 갑갑한 처지가 기막힐 뿐이다.

인권 우습게 보고 있다. 민주주의 우습게 보고 있다. 4·3 우습게 보고, 5·18 우습게 보고 있다. 소통 우습게 보고, 자기들 빼고는 다 우습게 보고 있다.

대우조선해양 사장 로비의혹 이야기가 터져 나왔을 때도 사람들은 그 '우습게 보는' 행태를 확인했다. 그래서 나온 소리가 "이희호 여사는 대통령 '마누라'이고, 김윤옥 여사는 '국모님'인가"였다. 이른바 김대중 정부 '옷로비' 사건 때, 한나라당 정치인들이 아무 죄 없는 이희호 여사를 국회건 어디건 때와 장소를 가리지 않고, 얼마나 흔들어댔는지 기억하는 사람들은 무슨 소린지 다 안다.

국회에서 "국모님이 상처를 받으셨다"는 '발언'도 있었다. 어떤 신문은 '가만둬서는 안 된다'는 대통령의 의중을 그대로 담은 기사를 1면 톱에 올리기까지 했다. 자기들 빼고는 다 우습게 보기 때문이었다.

우습게 보고 또 우습게 보고 다 우습게 보고, 그것이 MB의 '견해'이고 '의지'일지라도, 제발 그래서는 안 될 일이 하나 있다. 절대로 '백성' 우습게 보아서는 안 된다.

2010. 12. 06.

04 | MB 레임덕?……
2년이나 남았다 vs.
2년밖에 안 남았다

– MB가 '힘'을 잃지 않으려면

대통령 중심제가 실시되고 있는 미국에서는 현직 대통령이 대선에서 지는 경우, 새 대통령이 취임할 때까지 국정정체 상태가 온다. 기간이 3개월이다. 이때의 현직 대통령을, 기우뚱거리며 걷는 오리에 비유해 일컫기 시작한 게 '레임덕(lame duck)'이란 말이다.

근래에는 임기가 3개월 이상 남았더라도 대통령이 정치적으로 운신의 폭이 좁아지는 상황에 처할 때, 미국 사람들은 레임덕이란 용어를 그대로 쓴다. 한국에서도 나머지 임기가 길고 짧음에 관계없이 '임기 종료를 앞둔 대통령의 권력누수 현상'을 레임덕이라 부른다.

최근 들어 이명박 대통령의 나머지 임기와 그 레임덕에 관한 이야기가 끊임없이 나돌고 있다. MB의 임기는 2008년 2월 25일부터 2013년 2월 24일까지 5년이다. 금년 2010년 8월 하순이 반환점이고, 지금은 그 반환점을 돈 지 4개월이나 지난 시점이다. 단순계산으로 따지자면 그의 남은 임기는 26개월, 아닌 게 아니라 레임덕 이야기가 나올 때도 됐다.

그러나 찬찬히 뜯어보면 다른 변수가 없다고 쳐도 그의 나머지 임기는 26개월이 채 못 된다. 다음 대통령 선거일이 MB의 임기가 끝나기 2개월여 전인 2012년 12월 19일이기 때문이다. 다음 대통령 당선자가 나오는 그날 이후 67일 동안 MB는 별로 할 일도 없고, 그가 그렇게 좋아하는 '힘'도 쓸 수 없게 될 것이다. 요컨대 MB의 남은 임기는 2010년 12월 17일을 기준으로 할 때 '2년하고도 사흘'이 된다. "2년이나 남았다"거나 "2년밖에 안 남았다"는 이야기는 그래서 나오는 것 같다.

MB의 레임덕이 언제부터 시작됐는지에 대해서는 여러 이야기가 있다. 허나 대체적으로 6·2 지방선거에서의 한나라당 참패를 '분명해진 발원점(發源點)'으로 보는 사람들이 많다. 그간 "잔말 말고 따라오기나 하라"던 MB정권 오만에 대한 준엄한 경고의 신호였다는 것이다. 이때부터 '힘'이 빠지기 시작했다는 이야기다.

지방선거 후 한 달도 안 된 6월 29일, 국회에서 '세종시 수정안'이 부결되었다. 대통령의 '힘'은 또 한 번 빠졌다. 의원 275명이 출석한 표결에서 수정안은 찬성 105, 반대 164, 기권 6표로 거부됐다. 한나라당 소속 국회의원이 172명이나 되는데도 그랬다. '친박의 반대쪽 가세'로 그리됐다 하나, 어찌 됐건 MB의 레임덕은 본궤도에 오르는 양상이었다.

뒤를 이어 연평도 사태를 겪으면서 '확전 자제'와 '북한의 공격징후 8월 보고' 소동이 불거졌다. 또 '힘'이 빠졌다. '4대강'과 '형님'과 '영부인'을 우선 챙기느라 허둥댄 '허겁지겁 예산파동'도 그의 '힘'을 빼는 데 힘을 보탰다. 동료 국회의원을 주먹으로 후려 팬 폭력의원에게 "애썼다"고 격려전화를 걸면서 스스로 또 힘을 뺐다. 검찰의 권력을 장기 두듯 활용해온 '검찰정치'도 결과적으로 좋지 않은 '기여'를 했다.

요새 여당 내부에서조차 이런저런 이야기가 쏟아지는 것도 그의 레임덕과 무관치 않아 보인다. 이런 일련의 사태와 관련해 MB의 지지율을 말하는 사람들이 있다. "그럼에도 불구하고 높다"는 것이다. 그러나 그 원인을 MB 쪽에서 찾는 것은 잘못이다. 오히려 야당 쪽을 들여다보면 해답은 금방 나온다.

최근 이명박 대통령이 일본 요코하마에서 <동아일보>와 회견하면서 레임덕에 관한 '견해'를 이야기했다. "국정과제를 어떻게 '마무리'하겠느냐"는 질문에 그는 거부감을 표시한다. "아직 '마무리'할 단계는 아니고……"라고 했다. "임기 마지막 날까지 일하는 사람이 레임덕 하고 무슨 관련이 있느냐"고 물었다.

"그건(레임덕은) 정치권력을 휘두르는 독재시대 이야기"라고 주장한 그는 "나는 권력을 가지고 일하는 사람이 아니다", "'힘'을 가지고 일하지 않는 사람이 '힘' 빠질 일이 뭐 있느냐"고 했다. 거짓말이다. 단언컨대 그는 독재시대 못지않은 막강한 '힘'을 탐닉(耽溺)한 대통령이다. 그 강한 '힘'을 계속 움켜쥐기 위해 거짓말도 서슴지 않은 대통령이다.

"'방송장악'은 사실이 아니라고"까지 말했다. 국민을 그렇게 우습게 보면서도 "역사상 국민의 변화를 거스를 권력은 없다"고 '태연히' 말했다. 촛불시위 때 무릎을 꿇은 '쓰라린' 기억 때문일 것이라는 이야기가 설득력을 지닌다. 마음껏 '힘'을 구사하기 위해, 그가 먼저 언론의 멱살을 움켜잡고 일을 시작한 것은 천하가 다 아는 일이다.

그 과정에서의 최시중 씨는 '공신(功臣) 중의 공신'이다. 뭇매질로 방송을 제압했고, 종편이란 당근으로 조중동을 평정했다. 최근 유명을 달리한 리영희 선생은 "타락한 보수언론과 이명박 권력이 화간(和姦)하는 모습"이라 개탄했다. '조갑제닷컴'의 대표 조갑제 씨도 "이명박 대통령만큼 신문과 방송의 보호를 받은 역대 대통령은 기억나지 않는다"고 적었다. 그래서 MB의 힘은 거칠 것이 없었다.

서울 잠실의 제2롯데월드 빌딩 건설은 롯데그룹의 숙원 중의 숙원 사업이었다. 높디높은 빌딩을 올리는 게 롯데의 꿈이었다. 관청으로부터 그 허가를 받아내기 위해 YS 대통령 때는 YS 아들(현철 씨)의 장인을 롯데월드 사장에 모시기까지 했으나 뜻을 이루지 못했다. 과도한 높이가 문제였다. 성남 공군비행장에서 이착륙하는 군용기의 안전이 문제였다. 그리고 그것은 국가안보차원의 문제이기도 했다.

공군은 물론 보수 세력들이 그토록 반대하던 그 '높은 빌딩'이 최근 건축허가를 받았다. MB가 대통령에 취임하면서부터 '힘'으로 밀어붙였다. '허가'를 반대하던 공군 참모총장이 임기가 7개월이나 남았는데 경질되기도 했다. 1994년 롯데가 처음 신청했던 건물높이는 376m였다. 그러나 이번에 허가가 난 건 높이 555m의 123층짜리 빌딩이다. 화상을 입을 정도로 화끈하게 봐준 것 같다.

롯데 측은 공군기의 이착륙 안전을 위해 기지 내 활주로를 3도쯤 틀어, 새로 건설해주기로 했다고 전해진다. 그러나 전문가들은 우려한다. 유사시 전투기들은 아무 거리낌 없이 이착륙할 수 있어야 한다고 했다. 전투기가 고층빌딩과의 충돌 같은 것에 신경을 써서는 안되는 것 아니냐고 했다. 휴전선 이남의 가장 북부에 자리한 공군기지에서 공군기들의 기동이 그렇게 옹색스러워야 하는 이유를 납득할 수 없다고 했다. 그래서 MB의 '힘'은 세다고들 했다.

말썽 많은 4대강 사업도 거의 MB 혼자의 '힘'으로 밀어붙여 온 것을 모르는 사람 거의 없다. 그 거센 '힘'을 보면서 한나라당 의원들은 '조심'을 한다. 혹시 어떤 불이익을 당할지 몰라서인지, 찬반의사 표시도 주저하는 '조사'결과도 나왔다.

국회의원들이 바로 코앞에서 '무더기 압수수색'을 당하는 것도 보았고, 다음 총선에서 '공천탈락' 같은 복병을 만날 수 있다는 이야기도 있다. '무리수'로 드러나고 있는 예산파동에서도 그런 '힘'에 대한 두려움 때문에 '분명한' 모습을 보일 수밖에 없었다는 소리도 들린다.

아직 '윗선'이 드러나지 않은 대포폰 게이트도 그 '힘'에 얽힌 비극이다. MB나 측근 '힘'의 비호 없이 그처럼 터무니없는 일이 일어날 수 있다고 믿는 사람은 별로 없다. 그런 일은 얼마든지 더 일어나게 돼 있다고 사람들은 믿는다. 법이나 원칙보다 앞서가는 그 '힘' 때문이라는 것이다.

이명박 대통령은 그런 '힘'을 잃지 않기 위해 요즘 많은 '힘'을 쓰는 듯하다. 하지만 그렇게 노심초사한다고 되는 일이 아니다. 무리해서 그냥 '힘'만 쓴다고 될 일도 아니다. '힘' 안 들이고도 '힘' 빠지지 않는 방법을 찾을 필요가 있다. 그런 방법이 있다.

골프를 할 때 어깨와 팔의 힘을 빼고 치면 공이 훨씬 더 멀리 날아간다. 바로 그렇게 하면 된다. '힘'을 잃지 않으려면, 그래서 레임덕 때문에 고생하지 않으려면, 먼저 스스로 '힘'을 빼는 게 중요하다.

정직해지는 것이 '힘'을 빼는 거다. 겸손해지는 것이 '힘'을 빼는 거다. 그러면 '힘'을 잃지 않을 뿐만 아니라, 오히려 '힘'이 더 생겨날 수도 있다. 국민들 느끼기에 임기가 2년'이나' 남을 것인지, 2년'밖에' 안 남을 것인지는 전적으로 MB 하기에 달렸다.

2010. 12. 17.

05 사조직의, 사조직에 의한, 사조직을 위한 사설정치

— MB의 2010

　　　　　　　한 해를 결산하면서 가장 지워지지 않는 한마디가 있다. '안보 불안'이다. 이른바 '천안함' 이후 커지기 시작해 연평도 사태에서 볼륨이 절정을 이뤘다. 그 며칠은 "'지하벙커'도 없는 우리 집에까지 포탄이 떨어지지 않나" 하는 공포가 휘몰아치던 나날이었다.

　세계도 서슴지 않고 '6·25 이후 가장 심각했던 사태'라고 단정한 '난리'였다. 마치 일 년 내내 계속된 것으로 착각될 만큼 질긴 충격으로 남아, 그 '안보 불안'이 새해로 건너간다. 언론들이 뽑은 10대 뉴스에서도 '연평도 사태'는 이른바 '천안함'과 함께 묶여, 첫머리 자리를 차지했다.

　그래서일 것이다. 그가 생각난다. DJ다. 그는 이렇게 하지 않았다. 안보문제로 국민을 이토록 불안하게 하지 않았다. MB식 대북정책에 문제가 있다는 쪽으로 이야기가 정리되어 가는 것도 그 때문인 듯하다. 한나라당 내부에서도 그런 흐름이 감지되고 있다. 홍사덕·정두언·남경필 의원, 모두 지각 있는 당내의 중진들이다. 뒤이어 입을 연 정몽준

전 대표까지, 표현은 달라도 모두 방향은 같아 보인다.

"햇볕정책에도 일정부분 '성과'가 있고, MB의 대북정책에도 일정부분 '단점'이 있다"고 했다. 누구나 지금까지의 주장내용에 문제가 있음을 시인할 때, 꼭지를 따는 '도입부'의 어법(語法)이다. 한나라당의 입장에서 보면 혁명적인 변화의 시작이다. 햇볕정책은 '퍼주기'로 '안보 해이'만을 초래한 '이적행위'라는 게 한나라당의 '발성법'이었다. MB의 생각은 물론 지금도 그렇게 추호의 변화가 없을 것이다.

그러나 MB는 이제 국민의 생명과 재산을 보호해야 하는 대통령으로서의 임무를 생각해야 한다. 국민을 안심시키면서 나라를 이끌고 가야 하는 준엄한 책무를 깨달아야 한다. 문제는 그러지 않아 보이는데 있다. '남북 정상'끼리의 6·15와 10·4 선언을 깔아뭉개 버렸다. '비핵·개방·3000'이란 현실성이 거의 없는 대북정책으로 극도의 긴장구도를 연출했다. 남북관계를 이 지경에 이르게 했다.

우리의 처지를 살피지 않은 채 미국 일변도의 외교정책에 매달렸다. 중국·러시아와 불필요한 갈등 관계를 불러들였다. 한·미·일이 한편이 되고, 북·중·러가 반대편에 섰다. 결코 바람직한 상황이 아니다. 그래서 손해를 자초하는 그림이 만들어졌다. 오늘은 그래서 그가 더욱 생각난다. DJ는 대통령에 취임하자마자 미·일·중·러를 돌면서 등거리 외교의 연결고리를 얽어매기 시작했다. 그리고는 평양에 갔다.

2001년 10월 필자가 공직에 있으면서 그를 수행해 상해에 갔을 때의 기억이 생생하다. APEC(아시아·태평양 경제협력체) 정상회의 참석 때였다. 진지앙 호텔에서 한·중 정상회담이 열렸다. 장쩌민 중국 국가주석이 DJ에게 "따꺼(大兄)"라 불렀다, '형님'이란 말이었다(DJ는 1924년 1월생이고, 장쩌민 주석은 1926년 8월생이었다).

그리고 두 정상은 농담을 섞어가며 회담을 이어갔다. 마치 오래된 친구 사이 같았다. 더할 수 없이 따뜻한, 그래서 부럽기까지 한 분위기였다. 그렇다고 해서 이 나라가 '빨갱이 나라' 된 것도 아니고, 그런 우애 가득 찬 회담 때문에 이 나라가 '국격(國格)'이 훼손되거나 손해 본 것 하나도 없었다. 오히려 그런 관계였다면 요즘 같은 한·중 갈등은 없었을 것이다. 명백한 범법선원들을 그저 비행기 태워 보내는 '쪽팔리는' 일도 없었을 것이다.

남북관계와 주변국 외교의 중요성을 말하면서 DJ는 가끔 이런 이야기를 했다. 독재시절 감옥생활을 할 때 독방에서 김일성 주석과 무수히 '장기'를 두었다고 했다. 물론 상상 속의 장기다. 나라의 이해관계를 다투는 장기다. 그리고 그는 '4대국 보장론'을 창안해냈다. 미·일·중·소 4대국이 남북한의 안전을 우선 보장한 뒤, 통일로 가는 문제가 모색되어야 한다는 이야기였다. 그것은 바로 남북한과 미·일·중·러가 참석하는 오늘날의 '6자회담'이다.

무려 40년 가까운 세월 전에 DJ는 그랬다. 그때도 DJ는 '사상'을 의심받았다. 독재세력이 그랬다. 2000년 6월 15일, 평양에서 남북정상회담을 마친 그가 서울공항에 돌아왔다. 그때의 귀국보고를 기억하는 사람들은 지금도 많다. 그때 그는 남북교류협력이 제대로 이루어지려면 "철통같은 안보태세가 가장 중요한 전제 조건"이라고 단호하게 못박았다.

아무리 '안보 해이'를 부른 '잃어버린 10년'이라고 강변해도, 인정할 것은 인정해야 한다. 정말로 '잃어버린' 세월이라 쳐도, 자기들은 이른바 '되찾은 지' 3년이나 됐는데도 저토록 처참하게 당한 것을, 그리고 온통 국민을 불안의 늪 속에 밀어 넣은 '안보 불량' 정권이 된 것을 어떻게 설명할 것인가.

'일방통행'을 걱정하는 사람들이 늘고 있다. '사려 깊지 못한 편견'

을 우려하는 사람들이 늘고 있다. '균형감각의 상실'을 불안해하는 사람들이 늘고 있다. 나라를 사기업이나 사조직 다루듯 하면서 사적(私的) 감정이 판을 치는 이 별난 상황이 아슬아슬하기 그지없어 보인다. 심지어 안보분야에서까지 그렇다.

최근 육군참모총장을 바꿨다. 부동산 문제로 낙마한 총장 후임에 다른 것도 아닌 농지법 위반과 부동산 투기의혹이 있는 사람이 '당당하게' 임명됐다. 대통령과 같은 동지상고 출신이기 때문일 거라고 사람들은 생각한다. 육해공군 참모총장이 모두 영남 출신으로 임명된 적은 YS 정권 이래 한 번도 없었다고 했다. 3군 참모총장 중 두 명과 요직인 수방사령관은 포항 출신이라 했다. 대통령은 '아주 공정한 인사'라고 했다.

동지상고는 포항시 북구 용흥동에 설립된 사립학교였다. 1946년 동지상공중학교로 문을 열고, 6·25 직후인 1951년 중고교가 분리되면서 동지상고라는 이름이 등장한다. 이 학교는 그 뒤 1984년 동지종합고등학교를 거쳐 1989년 동지고등학교로 인문계 고교가 된다. 따라서 지금 동지상고는 없다. 그러나 대통령과 그의 '형님'이 이 학교 출신이어서, 지금 있지도 않은 '과거의' 동지상고는 사후에 일약 막강한 '성골' 고등학교가 되었다. '독식(獨食)상고'라는 말까지 생겨났다. 이른바 영포라인도 그 핵심은 동지상고다.

4대강 사업의 낙동강 공구에서 낙찰받은 컨소시엄에는 9개 공구를 포항의 6개 기업이 차지했다. 그중 8개 공구는 동지상고 출신기업이 거머쥐었다. 국회 이석현 의원은 "경상남북도에 374개의 고등학교가 있는데 왜 동지상고 한 개 고등학교 동문들이 낙동강 사업을 휩쓴 것이냐"고 물었다. 4대강 사업을 운하계획으로 바꾼 비밀 팀에도 핵심에는 동지상고 출신의 청와대 행정관이 있다는 보도도 있었다.

그쪽의 '예산독식'도 '형님' 말대로 어제오늘의 이야기가 아니다. 내년 예산 강행처리 직전 한나라당은 '형님예산'을 당초보다 1,340억 원 늘려주었다. "너무 심하다는 말이 있다"고 기자들이 '형님'에게 물었다. "그 이야기, 작년에도 나왔고 재작년에도 나왔다"고 '형님'은 대답했다. 그것은 곧 금년 한 번만 그런 짓을 한 게 아니라 3년간 계속해 세 번이나 그랬다는 이야기가 된다.

내년 예산의 막판 증액과정에서 영남지역은 3,084억 원이 늘었다. 호남지역은 55억 원 불었다. 충청지역은 5억 원이었다. 이런 건 절대로 '공정사회'가 아니다. 동지상고라는 특정 고등학교, 영일과 포항이라는 특정 도시, 영남이라는 특정 지역을 중심으로 한, 사조직의 배타적 이익을 추구하는 깃발만이 나부끼고 있다.

'대포폰 게이트'도 본질은 정부기구의 사조직화를 통한 불법 뒷조사약점 캐기다. 언론이 그려놓은 '관련자'들의 '계통도(系統圖)'를 보면 무슨 동창회나 향우회 조직 같다. 맨 위에 우선은 '형님'이 자리 잡고 있다. 온통 나라가 '사조직의', '사조직에 의한', '사조직을 위한' '사설정치'에 휘말려 있는 것 같다. '사설(私設)'이 판을 치면 '공설(公設)'이 위축될 수밖에 없다.

정치도 마찬가지다. '공설'정치는 공론을 중시하는 정치다. 공설정치가 맥을 못 추면 믿음(信)에 문제가 생긴다. 국민들이 정치를 믿지 못하면(信無) 나라가 바로 설 수 없게 된다(不立). MB의 2010년은 그것을 교훈으로 가르쳐주고 있다.

2010. 12. 28.

06 | 나사 풀린 건 KTX만이 아니다. 국정원도!

– 정보기관, 제자리 찾아야

          정보기관의 역할을 놓고 이런저런 이야기들을 하지만, 가장 기본이 되는 주된 업무는 역시 '염탐'이다. '염탐'이란 우리 쪽과 이해관계가 있을 만한 어떤 일의 사정이나 내막을 몰래 알아내는 행위다. 그렇게 염탐해낸 첫 단계의 결과물이 첩보다. 이 첩보들이 한군데에 모아져 비교분석과 가공의 절차를 거쳐 신뢰도가 부여되면, 비로소 '정보'의 반열에 올라 활용된다.

    따라서 신뢰도 높은 정보를 뽑아내려면, 적국이건 가상적국(적국을 제외한 전 세계 모든 나라가 가상적국이다)이건 상대방 모르게, 하늘에서 바다에서 땅에서, 흔적 없이 염탐활동을 완벽하게 해내는 게 필수적이다. 상대방들도 그렇게 우리를 염탐하는 데 열을 올리고 있을 것이다. 때문에 누군가, 우리의 사정과 내막을 염탐해 알아내지 못하도록 하는 '보안' 활동도 정보기관의 중요한 업무가 된다.

    그러나 이 나라의 정보기관, 특히 국가정보원은 창설 때부터 '국익'을 위한 염탐과는 별로 관계없는 길을 적지 않게 걸어왔음을 부인할 수 없다. 국정원의 전신인 중앙정보부가 이 땅의 중추정보기관으로 첫발을 내디딘 것은 1961년 6월 10일이었다. 5·16쿠데타가 일어난 지 25일만이었다. 국가재건최고회의 직속의 정보수사기관으로 발족되었으나, 반정부 세력의 감시통제가 사실상의 주된 업무였다. 그래서 그랬는지 중앙정보부는 출발 때부터 사고를 치기 시작했다.

증권회사들을 설립하고 증권거래소를 장악했다. 주가를 조작해 엄청난 부당이득을 챙겼다. 사람들은 이를 '증권파동'이라 했다. 주한미군의 휴양지를 만든다는 명분을 내세워, 정부자금으로 종합위락시설인 워커힐을 건설하면서 거액을 횡령했다. '워커힐 사건'이었다. 일본에서 승용차를 불법으로 들여와 시가의 2배 이상 가격으로 팔아 폭리를 취했다. '새나라자동차 사건'이었다. 역시 일본에서 도박기계인 회전 당구기(파친코) 500대를 들여다 특정인들에게 영업을 허가해줬다. '파친코 사건'이었다.

바로 이 4개의 거대한 비리가 이른바 중앙정보부의 4대 의혹사건이다. 당시 새로 만들어지는 민주공화당의 창당자금을 마련하기 위해 저지른 부정이었다. 김종필 초대 중앙정보부장이 4대의혹사건의 책임을 지고 사표를 낸 뒤 외유길에 오른다. 이때 외유를 떠나는 이유를 묻는 기자들에게 그가 남긴 말이 저 유명한 "자의 반(自意半) 타의 반(他意半)"이다. 요즘은 흔히 쓰고 있으나 당시만 해도 '자의 반 타의 반'이란 말은 쓰이지 않을 때였다. 말하자면 김종필 씨는 '자의 반 타의 반'의 원조다.

중앙정보부 직원들은 대부분 우리가 영화 같은 데서 보는 여느 정보요원들과는 상당히 거리가 있는 행태를 보였다. 처음부터 그랬다. 염탐하는 사람들은 원래 소리 소문 없이, 흔적 없이 자기 신분을 숨기고 움직여야 했다. 그러나 이 나라 정보기관원들은 거꾸로 자기 신분을 많은 사람들이 알아주기를 간절히 바라는 모습들이었다. 더 많은 사람들에게 못 알려서 안달을 하는 듯했다.

나라의 이익을 위하기보다는 특정인, 특정 정당, 특정 정권의 안위를 위해 몸을 던지면서, 공갈·협박·고문에 이골이 난 솜씨를 보였다. '자의 반 타의 반'도 아니었다. 완전한 자의(自意)로 보였다. 1971년 10월, 이른바 10·2 항명파동 때 중앙정보부는 암흑가의 폭력배들이나 하는 수법으로 국내정치의 한복판을 휘저었다. '일탈'의 전형적 행태를 보여주었다.

당시 내무부장관이었던 오치성 씨의 해임결의안이 국회에 상정됐을 때였다. 여당인 민주공화당의 의석만으로도 결의안은 충분히 부결될 수 있었다. 그러나 여당 실세였던 김성곤 당시 의원 등 이른바 4인방이 '항명'을 했다. 자기들 계보를 동원해 결의안을 가결시켜 버리면서 사단이 났다. 박정희 당시 대통령이 "혼내주라"고 지시하고, 이후락 당시 중앙정보부장의 지휘 아래 4인방 등 의원 23명이 정보부로 끌려갔다. 무지막지한 고문을 당했다. 대부분 옷에 배변을 했다고 했다.

카이저수염이 상징이었던 김성곤 당시 의원은 콧수염이 한 올 한 올씩 뽑혀나가는 특별한 고문을 당했다. 함께 끌려갔던 길재호 당시 의원은 고문 후유증으로 지팡이에 의지하는 신세가 되었다. 이들 두 명의 전 의원은 강제탈당형식을 거쳐 의원직을 잃고 정계에서 쫓겨났다. 기자들도 그런 일이 비일비재했다. "남산 가서 라면 먹고 왔다"는 말이 있었다. 정권의 마음에 안 드는 기사를 쓴 기자가 서울 남산의 정보부 분실 지하실에 끌려가, 뭇매 맞고 왔다는 이야기였다. 조사받다가 끼니때가 되면 밥 대신 라면을 주었기 때문에 나온 소리다.

중앙정보부는 죄 없는 사람들 '빨갱이' 만드는 데 특별한 솜씨를 보였다. 저 유명한 민청학련 사건과 인혁당 사건도 죄 없는 사람들이다 그렇게 '빨갱이'된 사건이었다. 특히 인혁당 사건은 무고한 사람들에게 없는 죄 뒤집어씌워 살해하기까지 한 만행이었다. 정권안보를 위해 긴급조치를 선포하고 감행한 '사법살인'이었다.

북한 경비정에 납치돼갔다가 돌아온 납북귀환어부들도 정보부와 보안사에서 고문이라는 '제조과정'을 거쳐 무수히 간첩으로 거듭났다. 매질에 장사가 없었다. 그들은 대부분 학력도 낮았고 경제사정도 좋지 않아 변호사조차 선임하지 못했다. 조작하기가 수월했다. 수사관들이 유리병 같은 것을 산속 아무데나 묻어두고 납북 어부를 데리고 가 그 자리를 파게 하고는 무인포스트의 증거라며 사진 찍어 법정에 제출하기도 했다.

'간첩'이 되면 가족관계가 파탄 날 수밖에 없었다. 최근 무죄판결을 받은 강 아무개 씨는 '간첩'이었을 때 형이 이혼을 당했다. 형수의 친정에서 '간첩가족'이라며 강제로 이혼을 시켰다. 강 씨의 딸은 같은 반 아이들이 "간첩 딸과는 함께 공부할 수 없다"고 해서 담임선생이 복도에 따로 자리를 만들어놓고, 문을 열어놓은 채 수업을 했다고 했다. 김 아무개 씨는 '간첩'이었다가 출소해 장성한 아들을 만났으나, 아들은 '간첩'인 아버지가 자기를 자꾸 만나자고해 괴롭다며 한강에 몸을 날렸다.

이 모두가 염탐하는 데 열심히 매달려야 하는 정보기관이 본연의 임무 대신, 생사람을 억지로라도 간첩을 만들어, 나라의 분위기를 잡는 데 몰두했던 데서 빚어진 기막힌 비극들이었다. 정보기관은 당초부터 염탐꾼, 그것도 프로 염탐꾼이어야 했다. 평소 교육받고 숙달되지 않은 사람은 제대로 해낼 수 없는 게 염탐이다. 인도네시아 대통령특사단 숙소침입사건은 그렇게 아마추어만도 못한 서툰 솜씨로 염탐 시늉을 하다 국제적으로 망신을 당한 사태다.

도덕성 자체도 문제였지만, 준비성도 치밀함도 정교함도 없었고, 유사시의 '퇴로'도 대응방안도 마련돼 있지 않았다. 그야말로 '날탕'들의 서툴기 그지없는 염탐이었다. 굿 한 번 제대로 해본 적 없는 선무당이 굿판 벌이다 사람 잡은 꼴이 되었다. 나사가 풀려도 너무 풀려서 일어난 사건이었다. 지난달 11일 광명역 KTX 열차탈선 사고도 그렇게 선로전환기의 나사하나가 제대로 조여지지 않아서 일어난 인재(人災)였다.

　어디에서건 나사가 풀려 있으면 탈은 반드시 나게 돼 있다. KTX는 2월 한 달에만도 모두 4차례나 사고와 고장으로 멈춰 섰다. 코레일 사장은 "사람이 다친 것도 아닌데 무슨 큰일이 난 것처럼 그러느냐"고 기자들에게 눈을 흘겼다. 코레일은 지금 사장부터 나사가 풀려 있다. 나사가 풀려 있거나 맞지 않은 사람들이 대통령 주변에 몰리고 있는 것은 예삿일이 아니다.

　원세훈 국정원장도 처음부터 그 자리에 딱 맞는 인물이 아니라고들 했다. 꼭 맞는 나사가 아니라는 이야기였다. 최근의 인사에서 국가과학기술원장으로 내정된 김도연 씨도 나사가 풀린 일을 했다가 정부를 떠났던 사람이다. 교육과학기술부장관 시절 모교에 국비를 지원하려다 말썽이 돼 물러났었다. 그런 그가 중립성이 요구되는 과학벨트 입지선정을 맡게 된다고 했다.

　청와대 교육문화수석에 기용된 박범훈 전 중앙대 총장은 국악을 하는 제자들에게 "요렇게 조그만 게 매력이 있다"느니, "감칠맛이 있다"느니, 기생 정도로 여기는 말을 해 유명해진 사람이었다. 주변에서 사람들이 "나사가 풀렸다"고 수군거렸다. 국가보훈처장에 임용된 박승춘 씨도 남북해군 간 무선교신 내용을 일부 언론에 유출했다가 물의를 빚고 전역한 전력이 있다. 그래서 나사 풀린 사람들을 다시 불러들인 '나사 풀린 인사'라는 소리가 나오고 있다.

뿐만 아니다. 한·EU FTA 협정을 국회에 비준 요청한 한글본의 숫자가 틀려 있는 어처구니없는 일도 생겼다. 급박한 트리폴리 현지에서 교민들의 안위를 점검하고 대책을 세워야 할 리비아주재 대사를, 이 판국에 "대통령의 강연이 있으므로 재외 공관장회의에 참석하라"고 서울로 불러들이기까지 했다. 나사가 풀려도 보통 풀린 게 아니다.

원천적으로 함량이 모자라는 정권이라는 소리는 그래서 나온다.

2011. 03. 04.

07 | '잔꾀 정부'
꼼수가 발붙이지
못하게 하려면

— 재보선이 주는 교훈

재보선이 끝나면서 여기저기 앞다퉈 고개를 들고 나서는, '반갑지 않은 일'들이 줄을 이을 전망이다. 주로 '여당의 득표'에 보탬보다는 손해가 된다 하여, 시행을 선거 뒤로 미뤄 놓은 '일'들이다. 정부부처나 청와대에서 정권의 충성스러운 '전사'들이 머리를 짜낸 선거대책이었음이 분명해 보인다. 허나 내용을 들여다보면, 국민들을 상대로 한 잔꾀·속임수가 대부분이다. 그래서는 안 될 일들이었다. 선거 때마다 느끼는 바지만, 이 나라에는 특히 '선거 속임수'가 많다.

공약(公約)을 가장한 공약(空約)이 거듭 등장하는데도, 유권자들은 계속 속아 넘어가는 악순환이 계속되곤 했다. 당장 세종시와 동남권 공항, 과학벨트에 생활비 30% 절감, 주가 5,000 등 MB의 대선공약도 다 그런 것이었다. 지역마다에도 그런 일이 비일비재했다. 전남 목포시와 신안군 압해도를 잇는 압해대교가 있다. 2000년 6월 착공해 2008년 5월 완공된 길이 3,563m의 연륙교다. 그때까지 이 연륙교는 그야말로 수십 년 동안, 선거 때마다 어김없이 1순위를 차지한 유명한 공약이었다.

국제공항이 있는 영종도에서 옹진군 신도를 거쳐, 강화 길상면을 잇는 14.8km 길이의 연륙교 '계획'이 있다. 이 연륙교는 지난해 6·2 지방선거를 한 달 앞두고, 공사를 시작하는 기공식까지 모양 좋게 치렀으나, 공사는 아직껏 감감 무소식이다. 시장선거용이라는 비난이 뒤를 이었다. 이번 재보선에서도, 연간 예산이 3조 3,000억 원에 불과한 강원도에, 앞으로 9년간 46조 원을 쏟아 붓겠다는 공약(空約)이 등장하기도 했다.

이런 지역공약들은 주로 특정 선거구에 국한되는 성격의 공사들이지만, 전 국민의 생활과 직결되는 물가인상이나, 제도·시책의 시행 여부는 그 파급효과가 심각해지는 경우가 적지 않다. 더구나 그것이 정부차원에서 잔꾀나 속임수로 악용된다면 사태는 또 달라진다. 그 피해를 고스란히 국민들이 뒤집어써야 하기 때문이다. 특히 이번 재보선에서는 그 같은 사례가 적지 않았다.

정부가 "선거가 끝나면 올리라고"한 물가가 있다. 계속되는 물가 폭격 속에 올릴 계획이었던 제품 값들이다. 한꺼번에 올리지 말고 분산해서 인상하라 해서, 업계가 차례를 기다리는 중이다. 대부분 인상 날짜까지 지정돼 있다. 두유·소스류(고추장, 간장, 된장, 조미료 등 포함)·장류는 5월 16일 9% 오르고, 제빵·라면·통병조림식품·레토르트·냉동식품·다류 등은 6월 16일 인상예정이다. 이 역시 9%다. 지방의 공공요금도 순서를 기다린다.

선거 전에 행정안전부가 시·도 부단체장회의를 소집해 '협조'를 당부한, 상하수도·시내버스·도시철도 요금 등이다. 이제 선거가 끝났으므로 부담 없이 인상시기가 결정될 것이다. 인상시기를 늦추는 것은 물론 국민들에게 이익이 될 수도 있다. 그러나 더 큰 손해가 있다.

인상시기가 '선거에서의 여당 득표지원' 같은, 정부의 떳떳치 못한 정치적 목적에 의해 통제되는 것은 도리가 아니다. 정부와 국민 사이, 정치와 국민 사이의 '신뢰'관계가 깨지는 게 문제다. MB가 줄곧 외쳐온 '소통'이나 '공정사회'와도 거리가 멀어진다. 나라가 이런 식으로 굴러가서는 안 된다.

직장인들의 월급봉투에서, 많게는 수십만 원씩 건강보험료가 추가로 빠져 나간, 이른바 '건보료 폭탄'도 그런 경우다. 지난해 임금이 오른 직장인들의 건보료를 한꺼번에 정산하면서 생긴 문제다. 복지부는 당초 이를 지난 22일 보도자료를 내고, 자초지종을 설명할 예정이었다. 그러나 이 계획은 '선거 악영향'을 염려한 '윗선'의 지시에 따라, 선거 다음 날인 28일로 설명이 연기됐다고 했다. 그 자체만으로도 관권선거에 해당된다. 영문도 모르고 돈을 '빼앗긴' 직장인들이 난리다.

모름지기 관리들이 국민을 바라보지 않고, 잔꾀나 부리며 한눈을 팔면 사단이 나게 돼 있다. 농협·수협·신협·산림조합 등 4대 상호금융기관에서 대출받기도 이제 힘들어진다. 금융감독위원회의 명령에 따라, 내일 모레 5월 1일부터 그렇게 된다. 지금까지 이들 금융기관에서는 대출해줄 때, 단위조합의 사업영역 밖에 있는 사람인 경우, 담보가치를 최대 80%까지 인정해줬으나, 앞으로는 60%로 제한한다. 대출한도가 그만큼 줄어들 것이다. 적용받는 단위조합이 2,354개에 이른다. 재보선 끝나기를 기다렸다가 시행하는 것이라고 의심하는 사람들이 많다.

방송인 김미화 씨도 선거 뒤에 '잘릴 예정'인 것으로 알려졌었다. 그러나 본인이 25일 자진사퇴하는 바람에 '차질'이 생겼다. 그의 사퇴가 자진사퇴가 아닌, 그야말로 미운 털 박힌 '타진(他進) 사퇴'임을 모르는 사람은 거의 없다. 선거진행 과정에서도 잔꾀는 마구 설쳐댔다.

특임장관실 직원의 수상한 '선거 관련 수첩'이 김해에서 발견되고, 동계올림픽 유치기원서명자 명단이 불법 전화선거운동 장소에서 나오기도 했다. 예상대로 다들 '모르는 일'이라 했다.

여당의 득표에 보탬이 안 되는 것은 선거 뒤로 미루기까지 하면서 치러낸, 총력체제의 선거였다. 잔꾀가 만발한 재보선이었다. 그런데도 MB정권은 참패했다. 주권자들이 '잔꾀 정권'임을 알아차렸기 때문이었을 것이다. 잔꾀와 심리전은 사실은 동전의 앞뒷면이다. 따로 떼어서 생각해도 심리전에 능수능란한 게 이 정권이다. 심리전은 명백한 적대행위는 없어도, 상대방의 심리에 작용하여 제압하고자 하는 전쟁이다. 물론 대결상대는 적이다.

국민을 상대로 한 심리전은, 국민을 적의 위치에 놓고 벌이는 전쟁이다. 선의(善意)가 전혀 없고 도리를 벗어났다는 점에서, 홍보와는 목적부터가 근본적으로 다르다. 선거관련 이야기뿐만이 아니다. 신공항 백지화를 찬성하는 '시민단체의 신문광고'에 청와대가 개입됐다느니, 청와대 부탁으로 국책사업과 관련해 정부 편을 드는 쪽으로 '사이버 전사'가 되어 여론을 조작했다느니 하는 폭로가 있었다. 바로 심리전 차원의 이야기다. 아니 그 이상의 범죄일 수도 있다. 잔꾀, 속임수, 여론 조작, 심리전, 이런 어휘들은 이 정권 전유물처럼 보이기까지 한다.

전쟁판을 연상시키는 사태도 등장했다. 전쟁에는 룰(rule)이 없다. 이겨서 이익을 차지해야 할 아군과, 져서 손해를 감당해야 할 적군만이 있을 뿐이다. 저축은행이 영업정지 처분되기 전날 밤, 잘 아는 '큰손' 고객들만 따로 불러들여, 1,000억 원이 넘는 예금을 빼내주었다. '아군'끼리만 결속이 돼 있는 관계가 아니고서는 도저히 있을 수 없는 일이었다. 금감원 직원들이 은행에 미리 파견까지 되어 있었다고 했다.

그런 상태에서 마치 관행이나 풍조처럼, 7개나 되는 저축은행 모두에서 하나같이 그 일이 이뤄졌다는 게 놀랍다. 손때 묻은 통장에 한 푼 두 푼 눈물겹게 돈을 모은 '작은 손' 서민들은 그저 '적군'이었다. 그들만 벌컥벌컥 물을 먹였다. 이것도 양극화로 보아야 하는가. 어느새 세상이 거기까지 갔는가.

재보궐 선거가 끝났다. 우선 더 이상은 잔꾀나 속임수가 발을 붙이지 못하게 해야 한다. 여론 조작이나 심리전에도, 눈 부릅뜨고 속지 않겠다는 결의를 다지고 또 다져야 한다. 정신 바짝 차려야 한다. 내년에는 그야말로 이 나라의 명운이 걸린 큰 선거가 두 개나 있다.

2011. 04. 29.

08 | 사설 정치판의 사설 파이프라인 걷어내야

– '공정사회' 내주며 '엿' 바꿔 먹지 말라

서울시내 한 백화점에서 인접 공용도로를 불법으로 점거하고는, 한 해 2,000만 원어치 이상을 사가는 VIP고객들의 외제차만을 그 자리에 주차해주는 희한한 광경이 며칠 전 TV뉴스에 나왔다. 흔히 볼 수 있는 소소한 부조리의 한 모습이라 치부해버리면 그뿐일 수도 있었다. 그냥 넘어갈 수도 있었다. 허나 유명 백화점과 부유층이 서울 한복판에서, 불법으로 치외법권적 좌판을 벌여놓고, 세상사람 시선 깔아뭉개며 거들먹거리는 모습이 좋아 보이지 않았다.

'주차금지'와 '견인지역'이란 표지판이 세워져 있었으나, 백화점 측이 임의로 그어놓은 주차선이 너무 선명했다. 지나가는 순찰차는 백화점 주차 담당직원의 인사만 받고 유유히 사라진다. 서울시 민원센터에 신고한다. 안 온다. 한 시간쯤 지나서 "기자가 취재 중"이라 했더니, 그제야 구청 단속차량이 허겁지겁 달려온다. '불법'이 불편하거나 무서워해야 할 '공정한세상'은 그곳에 없었다. 선량한 시민들이 울화통을 터뜨리기에 전혀 부족함이 없어 보였다.

세상 살아가는 데 방해받지 않고 그래서 불편 없는, 자기들끼리의 사적(私的) 이익을 서로 보장해주는 사설(私設) 파이프라인만 보였다. 백화점과 부유층과 단속관청만을 서로 이어주는 특수 파이프라인이다. 시스템이다. 그 파이프라인을 타고 흐르는 것은 결코 '공정(公正)함'이 아니다. 지금 이 나라에서 MB정권이 하는 것과 비슷한 행태다. 이 나라 곳곳에서 일상적으로 일어나고 있는 상징적인 사건 하나가 백화점 옆에서 눈에 띄었을 뿐이다.

이 나라는 지금 사설 파이프라인의 전성시대다. 가장 공정하게 관리되어야 할 입학시험 출제과정에서도 감춰진 사설 파이프가 발견되었다. 수험생 자녀를 둔 학부모들이 한국교육과정평가원에서 주관한 상급학교 진학시험의 출제요원이 되었다. 대입수능에서도 그랬고 고입선발고사에서도 그랬다. 모두 "시험을 보는 자녀가 없다"는 사전 각서까지 쓰고, 개인적 이해관계가 있음을 숨겼다고 했다.

이해 다툼의 현장에서 심판을 맡은 사람이 어느 한쪽 당사자와 은밀한 사설 파이프라인으로 이어져 있다면, '공정'을 잣대로 한 올바른 처리 결과가 나올 수 없다. 특히 교육계에서 거듭 그런 사례가 불거지는 건 주목해야 할 대목이다. 말썽 많은 사학분쟁조정위원회에서 또 그런 잡음이 튀어나왔다. 사립대학 분쟁 조정권을 갖고 있는 사학분쟁조정위원회의 위원장이 한쪽 당사자의 소송을 수임한 로펌의 대표 변호사인 사실이 드러났다.

동덕여대 설립자를 가리는 소송 이야기다. 이 로펌은 바로 회계비리가 드러나 물러난 전 총장 쪽 소송을 맡고 있다. 남몰래 한쪽 당사자와 진한 이해관계가 있는 사람이 분쟁을 조정하는 '우두머리 심판'을 맡고 있는 건 '공정'이 아니다. 정부 측에서 대놓고 큰소리를 못 친다는 소리도 들린다. 안팎으로 사설 파이프라인이 난마처럼 얽혀 있기 때문일 것이라는 이야기다.

요즘 이 나라에서 법무부 장관을 하려면 대통령 부인을 "누님"이라 부르고, 그 누님이 "재진아" 하고 부를 정도의 사설 파이프라인은 있어야 한다는 소리까지 들린다. '공정'보다, 눈짓만 해도 알아차리고 일을 처리하는, 사적 친분관계가 파이프라인을 타고 흘러야 한다는 것이다. 검찰 총장도 장인이 대통령의 친형과 육사동기쯤은 되어야 내정될 수 있다는 이야기가 있다.

일반 각료들에게도 이런저런 사설 파이프라인이 있어야 한다고 했다. 그러나 이 나라 대통령과 장관들은 비슷한 전력(前歷)이 인연이 되는 동질(同質)의 사적(私的) 인간관계가 '끈적끈적하게' 이어져 있다. 바로 그 사설 파이프라인을 통해 '위장전입', '투기탈세', '병역면제'의 공범의식(위장전입은 주민등록법위반 범죄다)이나 동료의식이 흐르고 있을 것이다.

언젠가도 이 칼럼을 통해 지적했듯이, 이 나라는 MB가 '사조직의' '사조직에 의한' '사조직을 위한' 사설정치를 하는 나라가 되어 있다. 동지상고는 나와야 4대강 삽질에 참여할 수 있고, TK 출신이거나 소망교회 신도이거나, 그도 아니면 고대라도 졸업해야(필자도 고대를 나오긴 했다) 얼굴을 내밀 수 있다고 했다. MB는 '공정사회' 노래를 불렀으나, '공정'은 애당초 이 정권 가치판단의 기준이 아니었다. 대통령 스스로부터 오로지 사설파이프라인이 모든 것의 잣대라고 했다.

그러나 사설 파이프는 없는 게 좋다. 없애는 게 좋다. 사설파이프를 걷어내지 않고서는 결코 나라가 바로 설 수 없다. '공정'을 가치판단의 기준으로 우뚝 세워야 한다. 바로 언론이 그 일을 할 수 있도록 해줘야 한다.

'엿 바꿔 먹는다'는 말이 있다. 한참 오래된 이야기다. 아이들은 고

무신이 닳아서 구멍이 나거나 찢어졌을 때쯤 엿장수에게 갖다 주고 엿을 바꿔 먹었다. 아이가 엿에 지나치게 맛을 들이면서 사고가 난다. 새로 사다 준 고무신을 신어보지도 않고 엿을 바꿔 먹는가 하면, 안 방에 소중하게 둔 도자기까지 들고 엿장수에게 간다. 이 철없는 아이의 행동을 '엿 바꿔 먹는다' 한다. 탄식과 꾸지람이 바닥에 깔려 있다.

요즘 특히 이 나라 언론이 '공정'과 '언론의 소임'을 '엿' 바꿔 먹는데 허비하느라 정신을 못 차린다. 공영방송 KBS는 당장 보도 목적도 아닌 것으로 보이는 '도청'을 감행해 놓고도 (설사 '제3자의 도움'을 받았다 쳐도 도청의 주범은 KBS다) 연유와 책임을 말하지도 않는다. 사직당국의 수사에도 진전이 없다. 사설 파이프라인 때문인지도 모른다.

백선엽 씨 특집방송은 '까닭을 알 수 없는' 뜬금없는 이야기다. 백 씨는 먹고 살기 위해 일본에 불가피하게 협조한 '생계형' 친일파도 아니었다. 일제 때 만주에서 수많은 독립군을 악랄하게 학살한 간도특설대의 악명 높은 중위 출신이었다. 친일 인명사전에도 올라 있는 그를, 난데없이 전쟁 영웅으로 미화한 이유가 무엇일까. KBS는 이승만에 대해서도 5부작 특별방송을 준비 중이라 했다. 그러나 한마디로 이승만에게는 해방 후 악질 친일파들의 '정리'를 방해한 씻을 수 없는 '죄'가 있다.

반민족특별위원회(반민특위)의 폐지를 밀어붙여 '친일청산'을 봉쇄함으로써, 오늘날까지도 이 나라 현대사가 뒤틀려 있는 비극을 부른 장본인이 바로 이승만이다. 4·19때는 187명이 이승만 때문에 총 맞아 죽었다. 그래서 그는 '학살 독재자'로 낙인 찍혀 해외로 쫓겨 간 인물이었다. 그런 그가 왜 다른 것도 아닌 국부(國父)로 변신해 나타나는가. 도대체 '친일'과 '독재'의 대명사격인 두 사람은 왜 되살아나는가. 왜 KBS는 엿을 바꿔 먹고 있는가. 훗날의 '취직' 때문인가. 후손들의 '친일세탁' 때문인가. 흉흉한 소문이 꼬리를 문다.

MBC도 엿 바꿔 먹는 데 최선을 다하고 있다. 'PD수첩' 작살을 내더니, PD들 잘못 발령했다고 언론사가 그것도 법원으로부터 쥐어박히는 망신을 당했다. 김미화 씨를 몰아내더니 김여진 씨 출연에 겁을 먹고, 임원회의까지 열어 출연 금지를 결의하는 별난 짓을 해댔다. "앞으로 MBC에는 출연하지 않겠다"는 명사들의 항의가 줄을 잇는다. 이게 다 언론이 제 길 걸어가지 못하도록 멱살 잡고 있는 최시중 씨 솜씨라고 사람들은 믿고 있다. 그의 손에는 채찍과 엿이 들려 있다. 종편이라는 엿 때문에 조중동도 그의 앞에서는 꼼짝을 못한다. 그저 엿 바꿔 먹기에 여념이 없다.

대통령과 장관들과 최시중 씨와 언론, 백화점과 부유층까지도 자기들끼리만 통하는 사설 파이프라인을 깔아놓고, '공정사회'를 내주며 총체적인 엿 바꿔 먹기를 하는 중이다. 그게 지금 이 나라의 슬픈 자화상이다.

사설 정치판의 사설 파이프라인은 모두 걷어내는 게 옳다. '공정사회' 내주며 엿 바꿔 먹는 것도 이제 그만 두는 게 옳다.

2011. 07. 22.

09 | 일심 충성 불법 사조직…
조폭 정권의 비극

– MB는 입을 열라, 말을 하라

　　　　　　조폭은 일반적으로 불량배나 폭력배나 깡패와는 확연히 구별된다. 배타적 이익을 확보하기 위해, 강제력을 불법적으로 행사하는 측면에서는 일견 비슷한 점이 있으나, 그 대목에서도 조폭은 훨씬 치밀하고 무자비한 속성을 지닌다. 좀 더 자세히 들여다보면 우선 조폭은 옳지 않은 목표를 달성하기 위해 모인 집합체라는 점에서 다르다. 조직이 있고 두목이 있다. 또 그 조직과 두목에 대한 더할 수 없는, 일심(一心)의 충성이 필수적이다.

'나와바리(영역)' 사수(死守) 개념도 철저하다. 목표를 달성하기 위해서라면, 수단과 방법을 놓고 정당성을 따지지 않는다. 예컨대 OB파, 서방파, 양은이파, 삼합회, 이런게 조폭에 해당한다. 불량배와 깡패의 '배(輩)'와 '패(牌)'에도 '무리'라는 뜻이 있지만, 그것은 '부류'를 뜻하는 것일 뿐, 조폭의 '조직'이나 '파'와는 비교가 되지 않는다. 말하자면 조폭은 폭력배나 깡패보다 여러 등급 위의 범접할 수 없는 곳에 자리 해 있다.

전 총리실 공직윤리지원관실의 기획 총괄과장이 2008년 8월에 작성했다는 '공직윤리지원관실 업무 추진 지휘 체계'라는 문건은, 바로 그런 조폭행태의 단면을 보여주는, MB정권의 '숨겨져 있던 면모'를 드러냈다는 점에서 충격적이다. DJ정권 때 해체된 '사직동 팀'이나 노무현 정권 때의 '조사 심의관 실'과는 설립 목적부터 성격이 판이했다.

공직윤리지원관실의 통상적 공직 기강 업무는 국무총리의 지휘를 받았으나, 대통령과 관계되거나 특명사항은 청와대의 민정비서실도 모르게 이른바 VIP쪽과 극비 직거래를 한 것으로 전해진다. 두 얼굴의 조직이었다. 비정상적인 불법사찰은 기본적인 업무 영역이었고, 정권과 출신지역이 다르거나 걸림돌이 되는 사람들은 사정없이 '목 자르고' '날리기도'했다.

기업인은 회사 망하게 했고, 국회의원도 수틀리면 꼬투리를 잡는데 열과 성을 다했다. 심지어 '형님' 이상득 의원에게 싫은 소리 했다 하여, 여당 중진의원의 뒤를 캐고 다니기도 했다. 대통령과 최시중 씨가 그러했듯이, 그들은 앞을 보면서는 지극히 온화하고 자애로운 미소를 머금었지만, 뒤돌아서서는 무시무시한 얼굴로 잔인하게 비수를 꽂아대는 양면성으로 무장하고 있었다.

처음 출범하면서부터 영포라인 중심으로 판을 짰다. 영일과 포항 출신을 고르느라고 퇴직 경찰까지 특채를 했다. 대통령에게 '일심으로 충성하는 비선 조직'이었다. 정리하자면, 불법적인 목표달성을 위한 집합체로 시작했다. 조직과 두목과 조건 없는 충성이 있었다. 당초부터 목적 수행 과정에 정당성은 필요 없었다. 조폭으로서 갖출 것은 거의 다 갖춘 셈이었다. 국민의 세금으로 월급 받는 것만 달랐다.

형님과 최시중 씨와 박영준 씨 등이 병풍 노릇을 해 주었다. 그들도 사실상 일원이었다. 사업 수행과정에 '능률'이 나도록 수족처럼 움직여주는 협조 조직까지 있었다. 국회에서 170여명의 의원들이 입법과 예산 쪽 심부름을 맡아주었다. 여론의 흐름을 관리해 주는 언론이 있었다. 조중동이 몸을 던져 도왔다. 조직이 필요로 하는 사설정치를 위해 검찰이 일사불란하게 길을 내며 칼을 휘둘러 주었다. 그러다가 전임 대통령을 죽게도 했다.

겉으로 드러나 있는 시스템 상의 분야와, 숨겨져 있는 조폭쪽 영역을 넘나들면서 그들은 못해내는 일이 없었다. 동지상고 출신 건설업자들이 4대강 사업을 독점하듯이 특혜 경제가 온통 나라를 오염 시켰고, 재앙으로 가는 그곳 4대강에 퍼붓느라고 돈이 모자라 쩔쩔매면서도, 형님이 포항에 '필요한' 수천억 원씩의 예산은 의원들이 꼬박 꼬박 챙겨주었다. 방학 때 점심을 굶는 25만 명 어린것들의 급식비용을 예산심의 때 모지락스럽게 쳐내면서도 그랬다.

형님의 농장과 MB사돈댁 골프장이 있다는 이유로, 교통량도 별로 없는 남이천에는 IC가 건설되고 있다. 그쪽에 돈이 소나기처럼 쏟아졌다. 하고 싶은 대로 다 했다.

조폭들이 칼부림을 하면서까지 유흥업소의 이권을 다투듯이, 이쪽 조폭들도 돈이 되는 사업에는 청탁을 가리지 않고 맹렬히 혀를 들이밀었다. 굵직한 인사에는 으레 형님의 추천이나 동의가 필요했고, 그 심부름은 박영준 씨가 맡았다. 그렇게 임명된 사람은 형님의 '투자 권유'나 '인허가 청탁'을 뿌리칠 수가 없었다. 포철 회장이 그렇게 임명됐고, 그 뒤 포철 쪽에서는 형님의 뜻에 따라 부산 저축은행에 500억 원을 투자했다가 모두 손실처리 했다는 보도도 나왔다.

뇌물을 받고 산업단지 승인이 나도록 압력을 행사했으며, 복합물류단지 개발 허가에 관여한 뒤 대형 파이프라인을 깔아놓고, 마음껏 돈을 빨아들이기도 했다. 복합물류단지 파이(π) 시티는 조폭들이 멋대로 뜯어먹는 파이(pie)였다. 그래서였는지 처음부터 조폭들이 들끓었다. 법정관리인이 출근길에 괴한의 습격을 받아 흉기로 7군데나 찔리기도 했다. 그쪽 조폭 못지않게 이쪽 조폭도 설쳐댔다.

당초 허가단계에서부터 실무자들은 반대 했으나, 이명박 당시 서울시장은 "기업이 돈을 벌면 배가 아프냐"며 인허가를 독촉했다고 했다. 복합물류단지를 건설 할 수 있도록 하는 세부시설 변경 결정이 이명박 당시 시장의 퇴임을 17일 앞두고 이뤄졌다. '수상한' 대목이 적지 않았다. 그런데도 검찰은 관련 뇌물 사건을 최시중 씨와 박영준 씨만의 '개인비리'로 결론짓고 수사를 마무리해버렸다.

뭉치 돈을 수사하면서 형님을 서면으로 조사하더니, 내곡동 땅 부동산 실명제법 위반 혐의와 관련해 MB의 아들에 대해서도 서면조사를 강행했다. 2009년 검찰은 노무현 전 대통령의 아들을 10일 동안 6번이나 대면조사 했었다. 그러나 이쪽은 MB의 아들이 부담했어야 할 거액의 땅 값을 대통령 실에서 대신 내준 혐의가 있었는데도 단 한 번의 서면조사가 전부였다.

언론 자유가 보장 돼서는 안 되는 조폭들의 '나와바리'에서는 기자들이 공정보도를 외쳐서는 안 된다. MBC의 노조원들에 대해 구속영장이 청구 된 것은 바로 그 때문이었다고 말하는 사람들이 적지 않다. 판사는 업무방해라는 '나무'대신 언론자유라는 '숲'을 보고 영장을 기각했을 것이다. 다행스런 일이다.

공정언론을 틀어막는 그 MBC의 사장이 이번에는 그간 특별히 '아끼던' 한 무용수와 함께 아파트를 사들였다는 '별난' 이야기까지 들린다. 다 까닭이 있을 것이다. 사회의 공기라는 본래의 자리로 돌아가고자 하는 언론과, 그걸 결사저지하려는 조폭정권과의 대판 전쟁이,

지금 벌어지고 있는 언론파업 대란의 본질이라고들 말한다.

문제의 문건을 작성한 전 공직윤리지원관실 기획 총괄 과장은 작년 3월 "MB도 불살라버리겠다"고 폭탄 발언을 한 것으로 전해진다. 그럴만한 이유가 없을 리 없다. 여당의 국회의원이었던 사람들은 "모른다" "나는 아니다"고 조폭 정권의 '협조자'였음을 부인하기 시작했다. "지금 나는 한나라당 아닌 새누리당 소속일 뿐"이라는 이야기다. 박근혜 전 비대위원장도 "나와는 관계없는 일"이라는 입장이다.

아무리 그렇다 해도 조폭정권의 백성으로 살아온 지난 몇 년에 대한 억울함이 없을 수 없다. 청와대는 부인하고 있으나 그동안 벌어졌던 여러 사건들이 '거짓 아님'을 웅변해주고 있다.

MB는 지난 3월 14일 경기도 용인 경찰대학에서 열린 졸업 및 경위 임용식에서 매우 인상적인 축사를 한다. "우리 사회 일부에는 아직 개인이나 집단 이익을 위해 법을 무시하는 사례가 적지 않다"고 했다. "법을 어기면 반드시 처벌되는, 상식이 통하는 사회를 만들어야 한다"고 했다.

조폭정권이었음을 부인 못할 문건이 나온 지 언제인가. 언제까지 입을 다물고 있을 것인가. MB는 입을 열어야 한다. 말을 하라.

2012. 05. 24.

3부 · 최시중 씨는 이랬다

01 | '최후의 골칫거리'
〈PD수첩〉의 비극

― 저열한 수법으로 언론 탄압하는 지구상 유일한 나라

이명박 정권의 언론대책은 매우 특별한 데가 있다. 우선 후진국이나 독재체제에서 흔히 나타나는 언론인들에 대한 불법 연행·고문이나 테러도 없다. 물리적인 압박이나 위해가 눈에 띄지 않는다. KBS 정연주 전 사장과, '광우병 보도'의 MBC 〈PD수첩〉 관련자들을 체포하고 기소한 것이나, 미네르바를 구속한 것도(모두 무죄가 선고되었다), 표면적으로는 일단 '법의 테두리'를 벗어나지 않는 모양새를 보였다.

"이만하면 언론자유 있는 것 아니냐"는 이야기도 자랑스럽게 나온다. 정부·여당 쪽 이야기다. "언론을 장악하려 한다는 일부 주장이 있으나 사실이 아니다." 대통령과 최시중 씨도 앞으로는 미소 띤 온화한 표정의 얼굴로 그렇게 말한다. 진실로 이 땅에 언론의 자유는 있는가. 아니다. 그들은 돌아서서는 다르다. 표변한다. 숨도 못 쉬게 언론의 멱살을 틀어쥐고, 살기 돋은 눈빛을 하며 겁박한다. 그런 시스템을 구축해놓고 한다. 앞과 뒤가 다른, 지극히 고약하고 야비한 행태다.

이런 저열한 수법으로 언론을 탄압하는 나라는 지구상에서 이 나라가 유일하지 않나 싶다. MBC <PD수첩>을 '손보는' 과정을 지켜보면서 느끼는 소회다. 그동안 <PD수첩>은 이 나라 최고의 탐사 저널리즘 프로그램이라는 시청자들의 평가를 받아왔다. MB정권이 얼굴에 쓰고 있는 거짓의 탈을 벗겨내면서, 부도덕한 권력의 추한 참모습도 조명했다. 국민 우습게 아는 오만함에 비판의 메스를 들이댔다. 온통 나라를 사조직이나 사설정치판 꾸려가듯 하는 행태를 주저하지 않고 고발했다.

정연주 전 사장이 쫓겨나면서 KBS가 초토화된 뒤, <PD수첩>은 적어도 이 나라 시청자들에게 적지 않은 위안거리였다. 많은 박수를 받았다. 숨길 수 없는 사실이다. 그러나 MB정권에게는 보통 골칫거리가 아니었을 것이다. 최후의 골칫거리였을 것이다. '검사와 스폰서', '4대강 6m의 비밀', '공정사회와 낙하산' 등 제목만으로도 MB정권의 고통스러움이 어느 정도였을지 가늠이 된다. <PD수첩>은 다른 '민주정권'에서도 눈엣가시였으나 팔을 걷고 비수를 들이댄 정권은 없었다. 허나 이 정권은 달랐다.

핏발 선 눈으로 작심을 하고 칼을 뽑았다. 칼질은 KBS에서 터득했던 대로 사장 쳐내기로 시작되었다. 바꿀 때는 다소 소리가 나지만 사장만 '충성스러운' 사람 앉혀놓으면, 그다음은 '손 안 대고 코 풀기'였다. 이미 KBS에서 경험을 쌓은 터였다. KBS처럼 임기 중간에 바뀐 사장자리에 김재철 씨가 임명되더니, 충성도를 인정받고 연임에 성공했다. 이윽고 김 사장에 의해 '손 안 대고 코 푸는' 작업이 시작되었다. 김재철 사장은 한때 "<PD수첩>은 MBC의 자랑스러운 브랜드"라고 말하던 사람이었다.

그런 그가 MB정권 대신 '코 풀어주는' 작업에 열정적으로 매달린다. 먼저 프로그램 제작에 경영진의 개입을 차단하고 있는 단체협약을 일방적으로 해지한다. 그래야 프로그램에 직접 개입할 수 있는 길이 열린다. 다음 단계로 TV제작본부 산하에 있는 시사교양국을 편성본부로 옮겼다. 제작본부는 특성상 담당 PD의 창의성과 자율성이 보장된다. 경영진이라도 간섭하기 어렵게 되어 있다. 그러나 편성본부는 좀 다르다. 개입이 가능한 조직문화다. 시사교양국 <PD수첩> 팀에 대한 통제가 강화되는 인프라가 구축된다는 의미다.

마지막 단계로 인사가 이뤄진다. 사장의 고등학교와 대학의 후배가 시사교양국장으로 발령받았다. 그리고는 <PD수첩> 제작진 11명 가운데 6명이 다른 부서로 발령 났다. 6명 중에는 '검사와 스폰서', '4대강 6m의 비밀' 등의 프로그램을 제작해 사회적으로 엄청난 파문을 일으킨 최승호 PD와, <PD수첩>의 진행자 홍상운 PD가 포함돼 있다. 최 PD는 발령 당시 요즘 시끄러운 'MB의' 소망교회를 취재 중이었다.

그는 작년 한국 PD연합회가 뽑은 '올해의 PD상' 대상 수상자다. 2008년 MBC는 그를 훌륭한 탐사프로그램 PD로 키우기 위해, 미국의 IRE(탐사보도협회) 연수코스에 보내 1년 동안 공부를 시키기까지 했다. 이번에 함께 발령받은 6명 모두 "<PD수첩>에서 제작을 계속하고 싶다"고 했으나 '강제발령'은 바뀌지 않았다.

새로 발령받은 시사교양3부에서 최 PD가 맡게 될 일은 외부 프로덕션이 제작해온 아침 방송물을 관리하는 업무라 했다. 말하자면 그는 프로그램을 직접 제작하는 일에서 완전히 손을 뗀 셈이다. 이 나라 최고수준의 PD를, 그것도 회사가 따로 돈을 들여 미국에 보내, 전문교육까지 시킨 재목을 해당분야 프로그램 제작에 손도 못 대게 한 조치였다.

누가 봐도 그것은 회사에 보탬이 되는 경영 행태는 아니었다. 그러나 MBC의 김재철 사장은 그렇게 '임무'를 성공적으로 수행했다. 최승호 PD는 "사장님이 MBC를 사랑하는 것 같지 않다"고 했다. 맞다.

김 사장의 눈에 MBC가 사랑으로 보일 리 없다. 자신을 사장자리에 앉히고, 연임까지 시켜준 데 대한 '은혜 갚기'가 훨씬 소중했을 것이라고 보는 사람들이 적지 않다. 그 때문일까. 사장이 회사를 망치고 있다는 소리까지 들린다.

달팽이의 기생충 가운데 '레우코클로리디움 파라독섬(leucochloridium paradoxum)'이란 희한한 놈이 있다. 새의 뱃속에서 알을 까고 알이 새의 변을 통해 세상에 나오는 기생충이다. 이놈은 자신을 세상에 보내준 새에 대해 철저히 은혜를 갚는 일생을 산다. 숲이나 풀밭에서 달팽이의 몸에 스며들어 가는 이놈은, 놀랍게도 자신이 기생하는 달팽이가 새에게 잡아먹히도록 하는 특별한 능력을 지니고 있다. 달팽이의 뇌를 조종해 새의 눈에 잘 띄도록 마음대로 끌고 다닌다. 밤에만 움직이는 달팽이를 낮에 돌아다니도록 하는가 하면, 더듬이 색깔을 화려하게 하면서 많이 꿈틀거리게 하기도 한다. 잡아먹히는 달팽이와 함께 새의 뱃속에 들어가면, 이 기생충은 거기서 또 알을 까고 세상에 나와 '은혜 갚기'를 한다. 이용당한 달팽이만 죽어간다.

물속에서 알을 까고 뭍으로 올라와 메뚜기와 귀뚜라미에 기생하다가, 숙주를 투신자살하게 하는 기생충도 있다. 2005년 8월 '뉴사이언티스트지'에 처음 보도되면서 세상에 알려진 '네마토모프(Nematomorph)'란 이름의 악질 기생충이다. 이놈은 성충이 되면 물속으로 돌아가기 위해, 자신을 몸 안에서 키워준 메뚜기나 귀뚜라미를 물가로 가도록 조종한 뒤, 물에 투신자살하도록 한다. 죽는 건 이용당한 메뚜기와 귀뚜라미다. 행태가 연상되어서 하는 소리다.

시사교양국 PD들의 제작거부 결의 등 여진은 있지만 '최후의 골칫거리' <PD수첩>에 대한 손보기는 마무리 단계다. 물론 '손 안 대고 코를 푼' 경제적인 작업이었다. 종편채널이라는 당근을 내세워 이른바 메이저 신문을 장악한 데 이어, 메이저 방송까지 평정함으로써, 이명박 정권은 MB식 언론통제구도를 완성했다. 마음 놓고, 거리낄 것 없이 여론을 조작할 수 있는 탄탄대로가 마련된 셈이다. 최근 이 정권이 공을 들이는 물가에 대한 여론 조작도 그 때문인지 수월해 보인다.

대통령은 며칠 전 국민경제 대책회의에서 최근의 물가 상황이 "최선을 다해도 되지 않는 beyond control(통제불능) 상황"이라고 큰 목소리로 말했다. 중동사태로 인한 유가인상과 이상기후로 인한 농수산물 가격 폭등 때문이라는 것이었다. 메이저 방송들과 메이저 신문들이 그렇게 보도했다. 그러나 거짓말이었다. 무책임했다. 전문가들의 이야기를 종합해보면 작금의 이 나라 물가파동은 대여섯 가지 원인에서 비롯된다. 첫째 이유는 몇 년째 계속되는 MB정권의 고환율 저금리 정책이다.

바로 이 정책 때문에 환율격차로 수출대기업은 큰 이익을 보게 되고, 비싼 수입 물가를 감당해야 하는 소비자들은 몹시 힘이 들었다. 이명박 대통령과 강만수 씨가 밀어붙인 정책이다. 게다가 저금리 대출까지 부추겨 돈이 너무 많이 풀렸다. 전반적으로 사람들은 파산한 미국은행 리먼브라더스(Lehman Brothers)를 빗대어 '리만(李萬)노믹스' 때문이라고 말한다. 둘째, 구제역 사태가 엄청난 영향을 몰고 왔다. 육류가격 자체도 그렇지만 우유관련 제품의 가격폭등이 전반적인 물가를 끌어올렸다.

필자가 2010년 11월 5일 자 칼럼에서 지적했듯이, 이 정부에서 애써 숨기려 하는 '4대강 채소 물가'에도 주목할 필요가 있다. 4대강 사업으로 채소경작이 금지된 전국의 하천 부지는 1만 500ha, 3,150만 평이다. 전국 채소경작면적의 4%에 해당한다. 때문에 생산량도 4% 줄어드는 것은 아니다. 기본적으로 하천부지의 비닐하우스 경작지는 다모작(多毛作)이어서 실제 생산량 감소는 6~8%에 이른다고 전문가들은 말한다. 신선채소의 경우 생산량이 5% 늘어나면 값이 폭락하고 5% 줄어들면 폭등장세가 온다. 작년 김장철부터 계속 채소 값이 폭등하는 이유가 여기에 있다.

다름 아닌 구제역과 4대강 사업으로 인한 채소경작지 감소가 지난 1월의 이 나라 식품물가 상승률을 OECD 국가 중 1위로 밀어 올렸다. 요컨대 물가상승 요인을 편의상 순위별로 정리해보면, ① 고환율과 저금리정책, ② 관재(官災)인 구제역, ③ 4대강 사업에 따른 채소경작지 면적 감소, ④ 중동사태로 인한 유가상승, ⑤ 국제원자재 가격상승, ⑥ 이상기후로 인한 국제 곡물가격 상승 등이 된다. 물론 상호 연관성도 있다.

결론적으로, 대통령은 이 중 현 정권의 책임인 ①②③은 쏙 빼내 감추고, 불가항력처럼 보이는 ④⑤⑥만 강조했다. MB정권은 그렇게 여론을 조작하고 있다. 온통 언론을 꼼짝 못하도록 시스템을 구축해 놓고 벌이는 여론 조작이다. 중요한 것은 아무리 시스템을 구축해놓고 여론을 조작해도 진실을 숨길 수는 없다는 점이다.

최승호 PD의 건강한 목소리를 들으면서 필자는 그런 확신을 가졌다. 흔히 언론자유가 보장되려면 정치권력과 자본권력으로부터의 자유가 필수적이라고들 말하지만, 그보다도 언론인 개개인의 자기결단이 훨씬 더 중요하다고 그는 힘줘 말했다. 이런 언론인들이 한 명씩 두 명씩 늘어갈 때, 이 나라 언론의 미래는 MB정권보다 더 가혹한 정권이 들어선다 해도, 밝을 수밖에 없다.

그러기 위해서는 우리 같은 민초들도 모두 힘을 보태야 한다. DJ가 말했듯이 담벼락에 대고 욕이라도 해야 한다. 오늘 저들이 벌이는 저열한 수법의 언론탄압행태를 기름 먹인 종이에 꼬박꼬박 적어놓기라도 해야 한다.

2011. 03. 15.

02 | 'KBS의 눈물' ······
대통령이 닦아줘야 한다

– 울고 있는 KBS

　　　　　　　'가장 믿을 수 있는 언론'이었던 KBS의 신뢰도가
떨어지고 있다. 수치상으로도 그렇게 나온다. 이명박 정권이 들어서
면서 예상되던 일이었다.

　MB정권 출범 전해인 2007년 9월 <시사IN> 조사에서 KBS의 신뢰
도는 27.3%였다. 2위였던 MBC의 신뢰도 16.1%보다 무려 10% 포인트
이상 높았다. 그리고는 곤두박질이었다. 역시 <시사IN> 조사에서
2008년 오차범위 이내로 1, 2위 격차가 좁혀지더니 2009년부터 역전,
2010년 최근 조사에서는 그 차이가 더 벌어졌다.

　특히 올해엔 주목해야 할 현상이 나타났다. 타의 추종을 불허하던
'가장 신뢰하는 언론' KBS가 이 나라에서 '가장 불신하는 언론'의 반
열에 끼어들었다. 지난해 '불신언론' 7위에 랭크되더니 올해엔 조선
일보, 동아일보, 중앙일보에 이어 4위의 자리를 파고들어 보란 듯이
얼굴을 내밀었다. 끊임없는 공정성시비 등이 영향을 미쳤겠으나, 이
정권의 민주주의 실천의지나 언론자유와 국민의 알권리 보장수준, 이

런 것들과 결코 무관치 않을 것이다.

　'신뢰언론'에서 '불신언론'으로 바뀌는 전환점에 정부의 '정연주 사장 몰아내기'가 자리 잡고 있다. 정 전 사장은 2008년 8월 8일 KBS 이사회가 '감사원의 해임요구에 따른 해임 제청안'을 가결시키고, 대통령이 이 제청안을 받아들임으로써 해임되었다. 온갖 무리수를 두어가며 이사회가 열린 날, 31개 중대의 전의경이 KBS를 에워싼 가운데, KBS 정문 건너편에서 보수단체 회원들이 확성기로 군가를 틀며 "정연주 퇴진"을 외쳐대는 가운데, 사복경찰 200여 명의 에워쌈 보호를 받으며 유재천 이사장과 이사들은 입장했다. 3명의 이사들이 퇴장한 가운데, 이사장은 6 대 0으로 제청안이 가결됐음을 선포했다.

　그때 수고를 아끼지 않은 유재천 이사장은 지금 상지대 총장의 자리에 앉아 있다. 분규에 휩싸인 대학의 관선이사로 파견돼 총장이 되는 절차의 '공로상'을 받았다고 보는 사람들이 많다. 그 '몰아내기'는 잘못한 것이므로 "해고를 취소하라"는 판결이 나왔고, 횡령죄로 기소된 형사재판에서도 정 전 사장은 무죄를 선고받았다. 그러나 변한 것은 없다. KBS만 변했을 뿐이다.

　정 사장 추방 이후 '언론사'인 KBS에는 그야말로 그레샴 법칙의 회오리가 몰아친다. 후임 사장 이병순 씨의 취임 제일성은 "모든 프로그램을 기획단계에서부터 철저히 게이트 키핑하겠다"였다. 참으로 별난 '게이트 키핑'이 뒤를 이었다. 언론 본연의 길은 팽개치고 정권의 선전도구로 전락하는 길을 내닫기 시작했다.

　그동안 KBS의 신뢰를 높여주면서 사원들에게도 '살맛나는' 자부심을 심어주던 좋은 프로그램들이 제자리에서 쫓겨나기 시작했다. 좋지 않은 시간대로 '강제 이주'시켰다가 날려버리기도 했고, <미디어 포커스>처럼 그동안 조중동을 기분 나쁘게 한 프로는 문패를 바꿔달아

별 볼 일 없는 시간대로 몰아냈다. 탐사보도팀과 시사보도팀, 그리고 그들이 만들어내는 보도물들이 특히 집중적인 표적이 되었다. 이들 팀의 그동안 활약이 너무나도 대단했기 때문이었다. 정권차원에서는 골칫거리였다.

임대소득 탈세보도로 헌법재판소 재판관이 사퇴하는 초유의 사태도 벌어졌고, MB정권 첫 조각 때는 통일부장관 내정자 등 각료후보들과 청와대 수석비서관들이 재산검증 보도로 잇달아 낙마하기도 했다. 시사보도팀의 <뉴스 포커스>와 함께 탐사보도팀의 <쌈>, <KBS 스페셜> 등을 통해 나간 굵직굵직한 특집들은 KBS의 성가를 올리는 데 문자 그대로 큰 몫을 했다. 그야말로 'KBS답지 않은' 작품들이었다. 이 나라 언론사의 한 족적으로 남기에 부끄럼이 없었다.

우선 손꼽아 봐도 '외환은행 매각의 비밀', '파워엘리트 그들의 병역을 말한다', '김앤장을 말한다', '무신불립, 대선후보는 말한다', '고위공직자 검증 연속 보도', 'MB식 인사실태 보고', 'MB정부 부동산 정책 점검' 등 수두룩하다.

많은 상들을 쓸어 담았다. '이 달의 기자상'은 셀 수 없이 많고, 한국기자상, 방송대상 최우수작품상, 최병우국제보도상에 미국 IRE(탐사기자 및 편집인협회)가 주는 TV대상도 받았다. 해양투기 고발프로로 받은 이 상은 IRE가 미국 이외의 나라 방송사에 준 최초의 대상이었다. 때문에 탐사보도팀은 시사보도팀의 <미디어 포커스> 파트와 함께 방송·신문 할 것 없이 이 나라 언론계의 선망의 대상이었다. 그때 KBS, KBS 사람들은 좋아했다. 많이 가슴을 폈다.

그럴 수밖에 없는 이유가 있었다. 우선 누가 봐도 우수인력으로 짜인 강팀이었다. 그리고 나서 '간섭'은 사장의 언어가 아니었다. 취재 대상에 '성역'을 두지 않았다. '게이트 키핑'의 권한이 전적으로 그들에게 주어졌다. 최대한의 자율과 철저한 책임의식 속에서 그들은 '죽기 살기'로 일에 매달리는 KBS의 자부심 덩어리가 되었다. 좋은 작품들이 나올 수밖에 없었다.

신뢰도 1위의 탑은 그렇게 한 층 한 층 더 높게 올라갔으나, 후임 사장이 부임하고 프로그램 '정비'와 함께 제작진으로부터 '게이트 키핑'의 권한이 회수되면서, 팀의 '해체작업'이 시작되었다. 신뢰의 탑도 무너져 내리기 시작했다. 그레샴 법칙이었다.

2008년 9월 17일 부임 한 달여 만에 이병순 당시 사장은 탐사보도팀장을 하던 김용진 기자를 부산 총국으로 발령한다. 헌법재판관 탈세를 리포트했던 최경영 기자는 스포츠 중계부로 발령이 났다(최 기자는 중계부에서 1년 동안 근무하다 못 견디고 미국 유학길에 올랐다. 유학 중 '9시의 거짓말'이란 저서를 펴냈다). 또 몇 사람이 함께 '엉뚱한' 발령을 받았다.

부산으로 떠나던 날 보도본부장은 김 기자에게 "미안하다 1년만 있다 오라"했다. 탐사보도팀과 시사보도팀의 부당한 인사와 관련해 기자협회 대표 등이 KBS를 항의 방문했을 때, 보도본부장은 "그동안 이념적으로 편향된 보도를 해왔다"고 했다. 그러나 이 대목의 이야기에 김 기자는 울부짖는다.

"<미디어 포커스>나 탐사보도가 특정이념, 특정이즘에 경도돼왔다는 사실은 인정한다. 그러나 그 이념은 KBS를 장악한 자들이 그렇게 간절히 딱지 붙이고 싶어 하는 '소셜리즘'이나 '코뮤니즘'이 아니라 바로 '저널리즘'이라는 이념이다!"

그 김용진 기자는 뒤이어 또 기막힌 꼴을 당한다. 부산총국 발령을 받고 간 지 1주일째 되던 날 보도국장의 통보를 받는다. "울산 발령이 났다. 가줘야겠다." "왜 또 발령이 났죠?" "나도 잘 모르겠다." 울산방송국에 가서 또 물었다. "부산 발령 난 지 1주일만에 왜 또 울산 발령이 났죠?" "모른다." 이야말로 KBS의 비극이다. 눈물이다. 많은 사원들이 속으로 울었다. 이야말로 '왜 사냐건 웃지요'다. 이것이 바로 이명박 정권에 의해 멱살 잡혀 있는 이 나라 민주주의와 언론자유의 현주소다.

그런 나라의 뉴스는 비록 '땡전'시대는 벗어났을지라도, 국민 무서워할 줄 모른다. 오직 '그분'의 유불리가 뉴스가치를 판단하는 잣대가 된다. 먼저 알려야 할 건 빼거나 뒤로 밀어내고, 몰라도 되거나 뒤에 자리 잡아도 될 뉴스들이 앞에서 고개를 들기도 한다. 예컨대 2009년 1월 20일 밤 KBS 11시 뉴스라인도 그랬다.

이날은 철거민들의 농성현장에 무리하게 진압경찰을 투입해 철거민 5명과 경찰 1명 등 6명이 목숨을 잃고 20여 명이 다친 용산 참사의 날이었다. 그날 새벽에 일어난 참변을 놓고 대통령도 "진상파악을 철저히 하라"고 한 사건이었다. 국무총리도 지방순시 일정을 취소하고 상경해 유감성명을 낸 사건이었다. 야당에선 관계 장관과 경찰청장의 파면을 요구했고, 여당의 원내대표도 책임자 문책이 선행돼야 한다고 한 사건이었다. 심각한 사건이었다.

이날 뉴스라인에 이 사건은 세 번째로 보도된다. 첫 번째 뉴스는 다음 날 오바마 미국 대통령이 취임한다는 '예정기사'였고, 두 번째 뉴스는 오바마 대통령의 부인 이야기였다. '미셸 스타일 따라잡기' 리포트였다. 정부에 부담이 된다는 '충정'에서 그리했을 것이다. 그러나 사실은 그런 게 다 KBS의 신뢰도를 끌어내리는 그야말로 '눈물의 씨앗'이다. 이 나라가 '언론자유 후진국'임을 만방에 알리는 '악다구니'다.

1970년대 초 필자는 서울 서대문 경찰서를 출입하는 사건기자였다.

그때 KBS 기자였던 한 대학 후배가 열심히 쫓아다니며 내게 매달리던 일이 생각난다. 그의 간절한 소망은 경찰서 기자실의 한 멤버로서 함께 드나들 수 있도록 해달라는 것이었다. 바로 그 문제를 놓고 기자실에서 몇 차례 회의까지 열렸으나 결론은 항상 하나였다. 바로 "KBS 기자는 공무원이지 기자가 아니다"는 것이었다.

그로부터 40년 가까운 세월이 지난 지금, KBS는 조중동에 의해 극도로 왜곡된 여론시장을 바로잡아주는 역할까지 하다가, 다시 눈물을 흘리며 내리막길을 걷는 안타까운 모습으로 우리 앞에 나서고 있다. "나는 KBS맨"이라고 가슴 펴고 자랑스럽게 외치던 사원들은 지금 일선 현장에서 취재차량이 스프레이 세례를 받는 참혹한 수난까지 당한다. 그래서 KBS는, 적지 않은 사원들은 지금 속으로 운다. 눈물을 흘리고 있다.

게다가 최근에는 수신료 문제까지 고개를 들었다. 1981년 현행 2,500원으로 책정된 이후 29년 동안 묶여 있는 게 KBS의 수신료다. 그러나 이 문제는 지금 정작 KBS와는 상관이 없어 보인다. 수신료를 받아 광고를 폐지하고 그 폐지되는 광고료 6천억 원을, 조중동이 차지할 것으로 보이는 종편 먹여 살리는 데 돕겠다는 것이 목표처럼 보이기 때문이다. 최시중 방송통신위원장이 여러 차례 그렇게 이야기한 것으로 전해졌다. 불순한 생각이다. 'MB특보 체제'의 '불신언론 육성'을 위해 내가 수신료 명목으로 10원이라도 더 내야 할 이유도 없고, 조중동 돕는 데도 내 돈 보태줄 생각이 전혀 없다.

문제는 언론자유다. KBS나 신뢰도나 공영성이나 조중동이나 다 언론의 자유와 연계되는 이야기들이다. 그 언론의 자유를 놓고 정치권력으로부터의 자유나 자본권력으로부터의 자유를 이야기하기도 한다. 그러나 그것은 모두 교과서 안에만 있는 이야기다. 그 이야기들이

기지개를 켜고 걸어 나와 우리들의 TV화면이나 신문지면에서 생생하게 뛰어다닐 수 있는 방법을 찾아내야 한다.

적어도 이 나라에서는 그런 방법이 딱 한 가지 있다. 다른 데서와 마찬가지로 바로 대통령의 의지다. 대통령이 앞장서서 "기자들의 손에 언론자유를 돌려주겠노라"고 선언하고 조중동의 사주들에게도 "당신네들도 그렇게 기자들에게 돌려주라"고 권하면 그들도 그럴 가능성이 매우 높다. 이 나라에서는 그렇다.

결국 KBS의 눈물은 대통령이 닦아주는 수밖에 없어 보인다. 이런 저런 이야기가 있으나 대통령의 의지 하나면 된다. 그건 바로 결자해지(結者解之)이기도 하다.

2010. 10. 07.

03 '도청', 보도 목적이었나, 도둑질 목적이었나

– '장물아비'까지 드러난 사태다

민주당 대표실 도청의혹 사건을 놓고 세간의 의혹이 증폭되고 있다. 특히 일부 언론과 야당에서, 이번 사건이 명실공히 대한민국을 대표하는 공영방송에 의해 저질러졌다 주장하고, KBS가 관련 사실을 부분적으로 시인하고 있어 놀란 가슴을 진정시키기가 어렵다.

지금까지 나온 이야기를 요약하자면, 지난달 23일 민주당 대표실에서 최고위원과 문방위원들이 비공개로 논의한 내용이 누군가에 의해, 발언의 토씨 하나 틀림없이, 한나라당에 건너갔고, 한선교 의원이 이를 기자들 앞에서 읽어댔다는 것이다. 민주당의 수사의뢰를 받은 경찰은 KBS 정치부의 한 기자 집을 압수수색했으나, 이 기자의 휴대전화와 노트북 컴퓨터가 이미 새것으로 바뀌어 있었다고 했다.

다른 곳도 아닌 국회에서, 제1야당 대표실의 회의 내용이 고스란히 탐지(또는 도청)됐다는 사실은 그 자체만으로도 엄청난 사태다. 워터게이트 사건은 야당의 사무실을 범행 대상으로 삼은 도청 미수 사건이었지만, 당대표 사무실까지는 노리지 않았다. 더구나 이 나라의 야당 대표실에서 '탐지된' 내용이 흘러들어 간 곳은 여당 국회의원의 손바닥이었다. 후진국에서나 일어날 법한 일이 저질러진 것이다.

사건 발생 20일이 다 돼 가는데도 두세 가지의 분명한 사실을 빼놓고는 아직도 밝혀진 게 없다. 도난품(회의 내용)이 분명히 있고, KBS가 관련돼 있으며, '장물'이 흘러간 곳과 '장물아비'가 나타났을 뿐이다. '도둑'은 아직 특정되지 않았다. 민주당 대표실에서 '도난'당한 '회의내용'과 한 의원 손에 들어간 '장물'은 동일 품목이 분명하나, '회의내용'을 구체적으로 누가 한 의원에게 전달했는지는 아직 드러나지 않았다.

'장물' 자랑을 하다 '장물아비'로 밝혀진 한선교 의원은 민주당의 '발언록'을 공개하면서, 발언록의 출처가 민주당이라 하고는 비행기를 탔다. 박희태 국회의장과 함께 유럽 출장길에 올랐다. 경찰은 출석요구서를 보냈으나 사람들은 국회의원 신분인 한 의원이 경찰에 쉽게 나오지 않으리라고 보고 있다. 워낙 희한한 사건이라는 것이다.

KBS 사장이 '벽치기' 운운하며 벽에 '귀 대기' 취재의 가능성을 말하더니, 11일 KBS 정치부는 "제3자의 도움을 얻어 회의 내용을 '파악'했다"며, "언론자유 수호와 취재원 보호라는 언론의 대원칙을 지키기 위해 제3자의 신원과 역할에 대해 밝히지 않겠다"는 발표문을 내놓았다. KBS의 관련사실을 공식적으로 시인한 것이다.

KBS는 지난달 30일 발표한 공식 입장에서 "민주당이 주장하는 '식'의 도청행위를 한 적은 없다"고 밝힌 바 있다. KBS 국회 출입 기자가 민주당 회의 장소에 휴대폰을 두고 갔으며, 그 휴대폰의 기능으로 '도청'했다는 '의혹'에 대해 해명하면서였다. KBS의 주장이 사실이라면 문제는 '제3자'다. KBS가 말하는 제3자는 '민주당 사람'을 지목하는 것으로 느껴진다. 그러나 민주당 측은 펄쩍 뛴다. 경찰도 민주당

관련 부분을 철저히 조사했으며, KBS 측의 "'알리바이 만들기 해명'이자 '민주당에 대한 음해 의도'가 있는 것 같다"고 했다. KBS는 '제3자'가 누구인지 밝혀야 한다.

통신비밀 보호법은 '공개되지 아니한 타인 간의 대화를 녹음 또는 청취하지 못한다'고 규정하고 있다. 또 '공개되지 아니한 타인 간의 대화를 녹음 또는 청취한 자뿐만 아니라 불법 도청을 통해 취득한 대화의 내용을 공개하거나 누설한 자에 대해서도 10년 이하의 징역과 5년 이하의 자격 정지에 처한다'고 했다.

실제로 '제3자'가 존재한다 쳐도 KBS 정치부가 주장하는 '파악'의 주체는 KBS다. KBS나 '제3자'나 모두 불법을 저지른 상태다. 따라서 아무리 "나(우리)는 아니다"고 해도 미안한 이야기지만 KBS 측은 주범이 될 수밖에 없다. 당연히 도움을 준 '제3자'는 종범이나 하수인이 될 것이다. 한선교 의원도 범법자이기는 마찬가지다. 중요한 것은 바로 '파악의 목적'과 '파악한 내용의 용도'가 무엇이었느냐다.

아무리 민주당 측에서 공개를 거부한 공간이었더라도 순수한 보도가 목적이었다면, 그리고 '파악'한 내용이 보도에만 활용되었다면, 민주당 측에서 도청의혹 제기와 함께 수사를 의뢰하기에 이르지는 않았을 것이다. 이 나라에서는 아직 그게 취재 기자와 취재원 사이의 관행이다.

물론 영국에서는 미디어 황제 머독의 '황색 언론'인 <뉴스 오브 더 월드>가 무려 4,000명을 도청한 사실이 드러나, 바로 엊그제 자진 폐간의 길을 걸어가기도 했다. 보도 목적이긴 했으나 정도가 지나쳐도 너무 지나쳤기 때문이었을 것이다.

KBS는 '보도하기 위해' 민주당 대표실의 회의 내용을 '파악'했는가, 그 '파악'된 내용을 보도에 활용했는가. KBS는 '시청료 인상'이라는 자사의 이익을 관철하기 위해, 기자들이 민주당 대표실 회의 내용을 '파악'해, 한나라당 국회의원에게 넘긴 건 아닌가. 다시 묻건대 KBS의 이번 '파악' 활동은 보도 목적이었는가, 아니면 도둑질 해다가 보도 이외의 목적에 쓰려 한 것인가 그것이 알고 싶다. 밝혀야 한다.

그러지 않아도 최근 '언론의 본분'을 놓고, KBS의 행태에 대해 너무나도 말들이 많다. 도가 지나치다는 이야기들이 넘쳐난다. 당장 지난 9일 밤 9시 메인 뉴스에서는 부산의 '희망 버스' 이야기가 한 줄도 비치지 않았다. 전국 각지에서 빗줄기를 뚫고 1만 명이 버스를 몰아 부산에 모인 '사건'이, 사실상 국내 유일한 공영방송의 자칭 '대한민국 대표 뉴스'에서는 기사 취급을 받지 못했다. 그럴 수는 없는 일이었다.

지난달에는 MB 측근인 김해수 한국건설관리공단 사장의 부산 저축은행 비리 관련 의혹을 단독 취재해놓고도 보도를 미뤄, 타사 보도 이후에야 허겁지겁 방송하는 사태도 있었다. 비슷한 사례로, 2년 전 천성관 검찰총장 내정자의 의혹 보도 때도 그랬다. 위에서는 보강 취재가 필요하다 했으나, '노무현 시계'나 '박연차 정국' 때는 간부들이 그러지 않았다고 기자들은 말한다.

MB나 최시중 씨의 눈치를 보는 것도 중요하겠지만, 그보다 더 소중한 가치가 있다. 시청자를 두려워할 줄 알아야 한다. 결단코 공영방송을 사영(私營) 방송쯤으로 착각하지 말라. 사영 방송이라도 그러면 안 된다. 오늘날 공(公)과 사(私)를 구별 못 하는 게 바로 MB의 비극임을 직시해야 한다.

2011. 07. 12.

04 | KBS · 한선교는 왜 압수수색하지 않나

- '특혜' 도청사건, 해 넘기는가

제대로 된 나라라면, 사안이 그토록 엄중한 사건을 미해결로 놓아둔 채 해를 넘기지는 않는다. 더구나 그 사건은 누구의 소행인지 윤곽이 거의 드러나 있는 상태다. 정치권이 됐건 수사기관이 됐건, 의지만 있으면 벌써 해결되고도 남음이 있는 사건이었다. 오히려 공권력이 앞장서서 이런저런 핑계를 대며, 범인을 감춰주고 있지 않나 하는, 수상한 기류까지 감지되고 있다. 민주당 대표실 도청사건 이야기다.

다른 곳도 아닌 국회의사당에서, 야당 대표실의 비공개 회의내용을, 다른 데도 아닌 이 나라 대표적 언론기관인 공영방송 KBS가 도청한 사건이었다. 보도에 활용하지도 않았다. '회의내용'은 국회의원 손에 들어가, 여당의 정치적 목적에 사용되었다.

언론은 두말할 나위 없이, 민주국가에서 나라를 제대로 떠받쳐주는 중요한 기둥 가운데 하나다. 따라서 언론은 마땅히 특정인이나 특정집단의 사적(私的) 이익이 아닌, 공공(公共)의 이익을 위해 작동되어야 할 소중한 기능이다. 그래서 사회의 공기(公器)라 했다. 그래서 언론이 바로 서야 나라가 바로 선다고 했다. '도청사건'은 커다란 그 약속을 깔아뭉 개고 등을 돌린 사건이었다. 백 번 천 번 양보해도 결코 그냥 넘길 수 없는 사건이다.

도청사건은 소중한 민주국가의 가치를 그렇게 짓밟았다는 점에서, 지금 검찰이 수사 중인 중앙선거관리위원회 디도스 공격사건과도 궤(軌)를 같이한다. '디도스 공격사건'은 대의제도의 근간을 흔든 선거방해사건이었다. 결과적으로 도청사건과 함께, 민주국가의 시스템에 비수를 들이댔다는 공통분모를 지니고 있다. 공교롭게도 두 사건 모두, 진실 규명과정에서 빈틈이나 실수가 용납될 수 없는 성격인데도, 경찰이 수사를 소홀히 했다는 의혹을 사고 있다. 검찰은 이들 사건 모두 명예를 걸고 해결해야 한다.

도청사건은 참으로 황당하다. KBS가 "도청했다"고 시인까지 한 사건이다. 지난 7월 11일 KBS 정치부는 <제3자의 도움을 얻어 회의내용을 파악했다. …… 언론자유 수호와 취재원 보호라는 언론의 대원칙을 지키기 위해 제3자의 신원과 역할에 대해 밝히지 않겠다>는 발표문을 내놓았다. 그러나 KBS가 '파악'한 것은 '공개되지 아니한' '타인(他人)들 사이의 대화'였다. 바로 도청(盜聽)이었다.

'파악'한 회의내용은 보도에 이용되지도 않았다. 따라서 정상참작의 여지도 없어 보인다. 불법이다. 범죄행위다. '언론자유 수호'나 '취재원 보호'라는 말은 그렇게 막무가내로 쓰는 게 아니다. 언론이 본분을 지키고 사명을 다할 때 하는 이야기다. 통신비밀 보호법은 <공개되지 아니한 타인 간의 대화를 녹음 또는 청취한 자와 불법 도청을 통해 취득한 대화의 내용을 공개하거나 누설한 자는 10년 이하의 징역과 5년 이하의 자격정지에 처한다>고 규정하고 있다.

요컨대 이 도청사건에서 KBS는 주범이다. 존재 여부는 확인되지 않았으나, 있다 치더라도 '제3자'는 '종범' 내지 '하수인'이 된다. '도난품'인 '회의내용'은 한나라당 한선교 의원의 손에서 발견되었다. 말하자면 한 의원은 '장물'을 취득한 '장물아비'다. '장물아비'가 들고 있던 '장물'이 KBS가 '파악'한 그 '물건'이 아니라면, 또 다른 '도둑'이 있다는 이야기가 된다. 그러나 그래 보이지도 않는다.

의심을 받고 있는 기자는, 사용 중이던 노트북 PC와 휴대폰을 '절묘하게도' 사건 발생 시점 직후, 한꺼번에 잃어버렸다고 했다. 그리고는 그뿐이었다. 경찰청장이 "심증은 있으나 물증은 찾기 어렵다" 하더니, 필경 무혐의 의견을 달아 검찰에 송치해버렸다. 범인을 특정하지 못했다는 것이다. 그 경찰은 지금 "수사권을 달라"고 한다. 면책특권을 외치던 한선교 의원도, 사건을 송치받은 검찰이 지난 3일 한차례 소환했을 뿐이다.

희한한 것은 도청사건이 디도스 공격 사건에 비해, 너무 심한 '특혜'를 누리고 있는 사실이다. 디도스 공격 사건에서는 최구식 의원 방을 뒤진 데 이어, 이 나라 국회의장실까지 '임의제출' 형식으로 사실상 압수수색했다. 어디까지일지 모르지만, 검찰 수사과정에서 새로운 사실도 드러나고 있다. 그러나 도청사건에서는 KBS나 한선교 의원실 어느 곳도 수색하지 않았다. 수사의지가 엿보이는 대목이다. 잃어버렸다는 휴대폰의 통화기록이나 노트북도, 원칙에 따라 철저히 들여다본 것 같지 않다.

뒤늦었을망정 그런 것 제대로 해야 할 검찰은, 범인을 밝혀낼 용의라도 있는지 알 수가 없다. 민주당도 한때는 국정조사니 뭐니 으름장을 놓다가, 웬일인지 이내 감감 무소식이다. 이제는 당의 이름까지 바뀐 마당에, 무슨 소리가 더 있을 것 같지도 않다. 언론의 바른 길 인도와 바른 언론 육성차원에서 보더라도, 다들 이럴 수는 없다. 이래서는 안 된다. 이미 해를 넘겨 '옛날이야기'가 돼버린 민간인 불법사찰 사건의 억장 무너지던 기억이 되살아난다.

'민간인 마구 뒤지기'와 '영포라인'과 '국회의원 뒤캐기'와 '대포폰'과 '청와대', 이런 말들이 '형님'과 박영준 씨 주변으로 줄 서서 모여들었으나, MB정권은 사건을 끝내 사정없이 깔아뭉갰다. 도청사건과 디도스 공격사건도, 결국 불법사찰사건과 함께 그냥 사라져가는 게 아닌가 하는 불안감을 떨칠 수 없다. 그렇게 사라져버린다면 아프리카 후진국 아니면, 이 나라 자유당 시절에나 있을 법한 행태들이 된다.

이들 사건은 요즘 '돈 빨래' 사실이 들통 나고 있는 '형님 세탁소'의 비리보다, 그 폐해 정도가 훨씬 심각하다는 점을 우리가 주목해야 한다. 민주주의 파탄 사건이기 때문에 그렇다. 대다수 국민들이 피해자가 되기 때문에 그렇다. MB정권 치하에서, 그렇게 진상이 밝혀지지 않은 채 국민들 모르게 묻히고 사라지는 사건들이 얼마나 되는지 알 수 없다. 그저 적지 않은 사건들이 흔적도 없이 매장되고 있으리라 짐작할 뿐이다.

최근 김준규 전 검찰총장이 MB정권의 그런 속사정을 일부분이나마 짐작케 하는 '사고'를 쳤다. '총장으로 있을 때 이국철 SLS 회장과 만난 사실'을 해명하던 자리였다. "만난 것 가지고 비난받아야 할 일처럼 하면" "내가 열 받아서 다 까버리면 국정운영이 안 된다" 했다. 누가 봐도 이건 대통령에 대한 협박이다. 국정운영은 그의 책임이기 때문이다. '나 건드리면 좋지 않다'는 뜻이다. 무슨 폭력배들의 소굴에 온 듯한 느낌까지 준다.

사람들이 처음엔 김 전 총장에 대해 혀를 찼으나, 나중엔 MB에 대해 분통을 터뜨렸다. '까면 국정운영이 안 될 만한' 엄청난 비리가(비리들이) 있다는 이야기라 했다. "언제 터질지 모르는 지뢰를 우리가 청와대에 모셔두고 있다는 소리 아니냐"고 핏대를 세우는 사람도 있다.

MB가 "우리는 도덕적으로 완벽한 정권"이라 했듯이, 김준규 전 검찰총장도 '스폰서 검사 파동'으로 온통 난리를 칠 때 "검찰보다 더 깨끗한 조직이 어디 있는가"라고 강변한 사람이었다. 참으로 혼란스럽다. 이런 나라의 이런 정권 아래 우리는 지금 살고 있다.

2011. 12. 26.

05 | 최시중, 독재정권에 항거했다? …… 소가 웃을 일

– 최시중 씨는 진실을 밝혀야

　　최시중 씨의 눈물이 장안의 화제다. 엊그제 국회 인사청문회에서 그가 보인 눈물 이야기다. 최 씨는 "언론 자유를 억압한다"는 일부 의원들의 비난을 "참기 힘든 모독"이라며 울먹였다. 그는 이 자리에서 "지난날 기자로서 독재정권에 항거해 고문을 당하기도 했으며 투옥되기도 했다"는 사실을 처음으로 공개해 주목을 끌었다. 그런 전력이 있기 때문에 언론탄압이라는 다그침이 더욱 기가 막힌다는 이야기였다.

　　훤칠한 키에 비교적 단정하게 늙어, 연륜이 느껴지고(그는 1937년 8월 4일생이다) 강단까지 있어 보이는 노신사다. 그런 그를 울게 한 건 도대체 어떤 사람들일까 하는 생각이 들 정도로 그는 순수해 보이기도 했다. 그러나 그가 이날 밝힌 새로운 사실, "독재정권에 항거했다"는 대목에 대해서는 의구심을 갖는 사람들이 너무나 많다. 동아일보에서 그와 함께 근무했던 사람들도 대부분 "금시초문"이라는 반응들이다.

당사자는 다른 사람도 아닌 이 나라의 방송통신위원장이다. 그러지 않아도 언론탄압시비에 휘말려 있는 그가, 지난날 독재정권에 맞서 싸운 언론투사였다는 이야기는, 그의 동료뿐만 아니라 세인들도 관심거리가 아닐 수 없다. 그는 MB정권 '권력서열 3위'라는 이야기까지 듣고 있다. '독재항거' 대목이 분명해질 경우는 어느 쪽이건, 정권의 체면에도 영향이 있을 게 틀림없다.

기록에 따르면 그는 1964년 4월 동양통신기자로 언론계에 발을 내딛는다. 이듬해인 1965년 9월 동아일보 방송뉴스부로 옮긴 뒤 1994년 6월 한국갤럽조사연구소 회장으로 갈 때까지 국제부 지방부 정치부장 논설위원 편집국부국장 등을 역임하며 29년간 동아일보에 몸을 담는다. 그의 주장대로 '투옥'되기까지 했다면, 더구나 그게 '독재정권에 항거'해서 빚어진 일이라면, 사내에서 모를 리가 없다는 게 동료들의 이야기다.

오히려 그가 1970년대 초 '어떤' 개인비리로 구속됐던 일을 기억하는 동료들은 있다. 회사까지 그만두고 몇 달간 고생을 하고 나와, 어찌어찌해서 복직을 했다고 했다. 이 대목이 '독재정권에 항거하다 투옥'된 것으로 각색되었을 리는 없지만, 그것과는 별도로 '투옥'된 일이 있는지는 아는 사람이 눈에 띄지 않는다. 최시중 씨가 분명히 밝혀야 할 대목이다. 더구나 언론사에 있는 동안의 행적 가운데, 지금까지 전해져 오는 내용들을 보면, 그는 '독재정권에 항거'와는 다소 거리가 있는 행태를 보였다.

1988년 8월 13일 김용갑 당시 총무처장관이 "좌경세력에 대처하기 위해 올림픽 이후에 대통령에게 국회 해산권을 주는 개헌을 해야 한다"고 목소리를 높였다(공교롭게도 필자는 그 일주일 전인 8월 6일 아침 '청산해야 할 군사문화'란 칼럼과 관련해, 정보사 현역군인들로부터 칼부림 테러를 당했다. 그 무렵의 이 나라 분위기와 관련이 있어서 하는 소리다). 당시 동아일보 정치부장이었던 최시중 씨는 김 장관을 직접 찾아가 "소신발언에 감명받았다. 적극 지원하겠다"고 했다.

그 8월에 최 씨는 또 전두환 씨와 골프를 친다. 전 씨의 초청이라 '기자의 입장'에서 응했다고 했다. 이 두 가지 문제 때문에 회사가 시끄러워지자 최 씨는 이례적으로 정치부장 7개월 만에 논설위원으로 자리를 옮긴다. 모두가 '독재에 항거'와는 어울리지 않는 행적들이다. 그가 어떤 연유로 언제 어디에 끌려가서 어떤 고문을 당하고, 무슨 죄목으로 투옥됐다가 어떻게 풀려나서 복직을 했는지 최 씨는 밝혀야 한다.

정말로 '언론인으로서 독재정권에 항거'했는지 진실을 밝혀야 한다. 혹시라도 '개인비리 투옥'이 '독재항거 투옥'으로 둔갑했다면, 왜 그 '투옥'이 이 '투옥'이 되었는지도 경위를 소상하게 밝혀야 한다. 앞서도 지적했듯이 그는 다른 사람 아닌 이 나라의 언론을 다루는 '방송통신위원장'이기 때문에 그렇다.

최 씨는 최근 좀 자주 울었다. 작년 3월 언론관련 세미나에서도 미디어법을 이야기하면서, "뒷모습이 아름다운 언론계 선배로 남고 싶다"며 눈물을 보였다. 이 달 들어서도 방송통신위원회 직원 월례조회에서 자신의 3년 임기를 회고하다, 또 눈시울을 붉힌 것으로 전해졌다. 그의 울음 속에는 겉보기에 '언론탄압 누명'에 대한 억울함과 함께 억장이 무너질 때 눈물을 참지 못하는 인간다운 따스한 면모까지 엿보인다.

그러나 언론을 다룰 때 솜씨를 보면, 그는 앞에서 다르고 돌아서서 다른 모습을 나타낸다. 2008년 MB정권 출범과 함께 그가 팔을 걷어붙이고 나서서, 칼을 휘두른 것을 지켜본 사람들은 다 안다. 그동안 그는 그렇게 KBS 사장을 불법적인 수단까지 동원해 쳐냈고, YTN,

MBC의 상층부를 정리한 데 이어, 최근 '최후의 골칫거리' <PD수첩> 까지 '손보기'를 마쳤다.

방송통신위원장으로서 그가 손을 댄 것은 방송통신영역에 그치지 않았다. 방송진출에 애타게 목을 매며, 자발적으로 무릎 꿇고 들어온 조중동 등 메이저 신문들의 멱살까지 쥐고 흔들었다. 말하자면 방송·신문 모두를 한 손에 쥐고 이 나라 표현의 자유를 옥죄었다. 그는 군사독재나 후진국이 하는 고문과 테러 같은 불법적인 물리력을 쓰지 않았다. 사장만 '충성분자'로 바꿔놓고, 골치.아픈 기자들은 사장으로 하여금 정리토록 하는, '손 안 대고 코 푸는' 시스템을 구축해 가동시 켰다.

훨씬 야비하고 저열한 지능적인 언론탄압이었다. MB정권 출범 이후 이 나라 각 방송사에서만, 그렇게 240여 명이 해고·정직·감봉·출근정지·경고 등의 징계를 받았다고 했다. 1980년 5공 때가 연상되는 대목이다. 이명박 정권이 들어선 2008년 이후 이 나라 표현의 자유가 훨씬 위축됐다는 UN 조사관의 보고서가 나왔고, 국경 없는 기자회가 발표한 언론자유지수는 참여정부 때 세계 30위 수준이었다가, 2009년 69위까지 추락했다.

모두 다 최시중 씨와 관계되는 이야기들이다. 그런 그가 터무니없다는 듯이 눈물을 보인 것은 그야말로 불가사의가 아닐 수 없다. 최시중 씨의 눈물을 놓고 야당의 한 의원이 '악어의 눈물'이라 했다. 악어의 눈물은 나일 강에 사는 악어가 사람을 잡아먹고 난 뒤, 잡아먹힌 사람이 불쌍해서 눈물을 흘린다는 서양전설에서 유래된 말이다. 악어는 실제로 먹이를 잡아먹을 때 눈물을 흘린다.

눈물이 입안에 수분을 보충해, 먹이를 삼키기 좋게 해준다. 먹이를 먹을 때의 신체적 기능일 뿐, 먹이를 동정하거나 슬퍼서 흘리는 눈물은 결코 아니다. 사람들이 그냥 그렇게 말할 뿐이다. 흔히 위선자의 거짓 눈물, 교활한 위정자의 거짓 눈물, 강자가 약자 앞에서 거짓 동정하는 척하며 흘리는 눈물 등의 뜻으로 쓰인다. 요컨대 가증스럽다는 이야기다.

최 씨가 의도적으로 눈물을 흘렸는지 아닌지는 알 수 없다. 그러나 "30년간 현장을 지킨 언론인으로서 독재정권에 항거했다"고 밝힌 그의 주장은 아무 의도도 섞이지 않은 진실이기를 바란다. 최시중 씨가 밝히는 진실 가운데, 그 대목이 반드시 담겨 있기를 간절히 기원한다.

2011. 03. 21.

06 | 최시중 씨는 무릎 꿇고 고백해야

– '독재에 항거 · 투옥'은 거짓이었다

'죄'를 짓고 도망 다니는 '수배자'의 신분이 자랑스럽던 시절이 있었다. 정당성과 도덕성을 상실한 정권의 부당한 탄압에 맞서는 일이 죄가 되던 때의 이야기다. 수배자들은 붙잡히지 않기 위해 숨어 다니면서도, 전혀 죄의식을 느끼지 않았다. 당사자들이 '죄 없는 죄인'인 것을 확신하고 있을 뿐만 아니라, 많은 사람들이 속사정을 알아줬기 때문이었다. 부당한 정치권력의 핍박을 받으면서도, 당당한 모습이 박수를 받았기 때문이었다.

그래서였을 것이다. 정말로 '죄 있는 죄인'이 엉뚱하게도 독재정권의 추적을 당하고 있다며 '죄 없는 죄인' 행세를 하려는 어처구니없는 사례가 등장하기도 했다. 쫓기는 일반 잡범이 '피신 중인 시국사범'이라고 속여 사람들로부터 도움을 받기도 했다. 심지어 5공 시절 개인비리로 해직되었던 일부 기자들이 훗날, 5공의 피해자를 자처하며, '탄압받은 언론인'의 반열에 올라, 복직이 된 경우도 극소수지만 있었다.

꼭 5공 때가 아니더라도, 정치적인 이유로 고초를 겪었다 하면, 사람들은 사실관계가 규명되기 전에도 관대히 대해주었다. 우대받는 경우도 있었다. 억울한 일을 당했다는 주장에는 사람들의 측은지심이 발동하게 되어 있다. 오랜 기간의 군사통치에 뿌리를 둔 사회심리의 한 가닥인지도 모른다. 정치적 핍박을 받았다고 주장하는 당사자가 국회의원이나 장관쯤 되는 거물이면 이야기는 또 달라진다.

A씨는 1996년 4월 총선에서 당시 여당이던 신한국당 후보로 출마해 당선됐다가, 선거법 위반에 걸려 의원직을 잃는다. 그의 혐의 내용은 '불법선거운동 비용 2,400만 원'에 '선거운동비용 허위지출 보고서 제출'이었다. 그는 자신이 정치보복으로 표적사정을 당했다고 목청을 높여, 주목을 끌었다. 그러나 자초지종을 찬찬히 살펴보면, 정치적 박해라는 그의 주장에는 수긍할 수 있는 대목이 별로 눈에 띄지 않았다.

그는 선거 직후 고발돼 검찰(신한국당 정권의 검찰이었다)에서 불기소 처분을 받았으나, 당시 야당이 "검찰의 불기소 처분은 잘못"이라며 법원에 재정신청을 내면서 사단이 났다. 1997년 2월 신한국당 정권시절의 법원이 이 재정신청을 받아들여 A씨를 재판에 회부했다. 검찰이 내린 당초의 불기소 처분이 야당의 주장대로 부당한 '정치적 특혜'였음이 분명해진 꼴이 되었다.

그렇게 재판이 진행되어 1999년 3월(DJ정권 때였다) 대법원은 A씨에게 원심선고대로 벌금 500만 원을 확정한다. 의원직 상실 형이었다. A씨는 DJ정권의 표적사정이요, 정치보복이라고 고함을 질러댔다. 그러나 그 무렵의 법원은 '1997년 대선 때 DJ의 낙선을 위해 이른바 총풍(銃風)을 일으키려 한' 피고인들에게도 보석을 허가할 정도로 정치적인 중립을 고수하고 있었다.

바로 이 사건과 관련된 칼럼으로 해서, 필자는 사표를 쓰고 30년 넘게 근무하던 신문사를 떠났다. A씨의 납득할 수 없는 행태를 비판하는 글을 썼으나, 회사가 이의 게재를 단호히 거부했기 때문이었다. 순서에 따라 그해 3월 18일은 필자의 칼럼이 실릴 차례였으나, 이런저런 이유를 대며 회사 측은 원고를 접수하지 않았다. "그렇다"고 분명히 말하지는 않았으나, 그 무렵 회사는 한나라당(신한국당이 당명을 그렇게 바꿨다)과 A씨를 어렵게 하는 글을 실을 수 없다는 심산인 것으로 보였다.

필자로서는 잊을 수 없는 사건이다. 아무리 한나라당이라도, 옳으면 옳은 것이고 그르면 그른 것이다. 게다가 거짓으로라도 정치보복이나 탄압이란 말을 끌어대기만 하면 동정을 받을 수 있고, 정치적 입지가 강화된다고 믿는 풍토를 필자는 용납할 수가 없었다. '죄 있는 죄인'이 '죄 없는 죄인' 행세를 하는 것은 거짓을 바닥에 깔고 벌이는 굿판이다. 거짓이 판을 치면 세상은 눈물조차 믿을 수 없게 된다. 국회인사청문회에서 보인 최시중 씨의 눈물에 대해, 필자가 안타까움을 넘어 분노를 느끼는 것도 그의 거짓말 때문이었다.

"독재정권에 항거하며 고문도 당하고 투옥되기도 했다"는 최 씨의 주장은 이미 의심단계를 지나 거짓임이 드러났다. 증언도 있다. 일반 잡범이 시국사범 노릇을 하거나, A씨가 분명한 잘못에 정치적 덧칠을 하려 한 것은, 불의(不義)가 정의(正義)행세를 하려 했다는 공통점이 있다. 그런 점에서는 최시중 씨도 다를 바가 없다. 그러나 엄밀히 따지자면 최 씨는 다르다. 한 계단 더 높은 거짓말로 '정의' 행세를 했다.

그는 그저 피동적으로 도망 다니거나 단순 억압을 당한 것이 아니라, 한 걸음 더 나아가 독재정권에 '항거'했다고 했다. '항거'는 '능동'

의 개념이다. 자유언론을 위해, 말하자면 적극적으로 '투쟁'까지 했다는 강한 거짓말을 한 셈이다. 지난 3월 21일 자 칼럼 "최시중, 독재정권에 항거했다? …… 소가 웃을 일"이 나간 뒤, 필자는 최시중 씨가 그 '항거하는 과정에서 고문당하고 투옥된' 사건의 진실 여부를 자신의 입으로 밝히기를 기대했다.

그러나 그는 아직도 침묵하고 있다. 일부에서는 그가 기자였을 때, 남산의 정보부 분실 같은 데 끌려가서, 하루나 이틀 조사받고 나온 것을 그렇게 '미화'했을 수도 있다고 말한다. 그러나 당시 기자들에게는 별로 생소하지 않던 '그것'이 '고문'당하고 '투옥'되고 '독재정권에 항거'한 것일 수는 없다. 때문에 많은 사람들이, 그의 회사 동료였거나 그를 아는 사람들까지도, 최 씨가 먼저 스스로 진실을 밝히는 게 순서라고 믿고 있다.

최 씨는 언제 어떤 이유로 구속(투옥)되었는가, 그렇게 '투옥'된 사건이 어떻게 '아무것도 아닌 것처럼' 수습되었는가, 어떻게 수습했는가. 거듭 말하지만 눈 시퍼렇게 뜨고 있는 진실을 숨길 수는 없다. 최 씨는 자신만 알고 있으리라고 확신하고 있을지 모르는 이 두 가지의 '비밀'을 이제는 자기 입으로 털어놓아야 한다. 정리하고 넘어가야 한다. 참으로 어처구니없게도 "독재정권에 항거해 투옥까지 되었다"고 전 국민이 지켜보는 공적인 자리에서 자기 입으로 말했기 때문에 그렇다. 그게 도리다.

이 나라 언론을 마음껏 주무르는 막강한 힘을 가진 공직자로서, 도덕적으로도 그렇고, 한 원로 언론인으로서, 또 한 사람으로서도 그렇다. 해야 할 바다. 그리하여 '언론자유를 위해 독재정권에 항거하며 고문당하고 투옥되는 것'은 결코 그렇게 아무나 조작해 말할 수 있는 게 아니고, 누구도 조작해서는 안 되는 엄숙한 사안임을, 지금

이 땅에서 숨 쉬고 있는 모든 국민들은 물론, 자손만대에 전해 알려야 한다.

최 씨에게 묻고 싶은 게 있다. 언론탄압에 항거하다 말할 수 없는 고초를 당하고, 목숨까지 잃은 동료 언론인들을 알기나 하는가. 가슴 아파해본 적은 있는가. 한 순간만이라도 그런 선후배동료들의 얼굴을 떠올려 본 적은 있는가. 동아일보에서 최 씨와 함께 근무하던 안종필이란 선배기자가 있었다. 안 씨는 1975년 3월 17일 '자유언론실천'을 외치다, 당시 정권의 비호 아래 회사 측이 동원한 깡패들에 의해, 편집국에서 동료기자들과 함께 쫓겨났다. 동아투위 사건의 시작이었다.

그는 1978년 11월 10일, '보도되지 않은 민주·인권관련 사실'들을 소책자로 만들어 종교단체 등에 돌리다 구속되었다. 박정희 씨 사후인 1979년 12월 4일 그는 출감하면서 바로 병원으로 옮겨진다. 간암 말기였다. 쫓겨 다니며 항거하며 감옥살이하며 얻어 고질로 굳어진 병이었다. 그리고 1980년 2월 29일 민주인사와 동아투위의 동료기자들이 발을 구르는 가운데 그는 세상을 떴다. 최시중 씨도 다 안다.

바로 그런 분들을 독재에 항거했다 하고, 고문당하고 투옥되었다고 하는 거다. 그냥 부르기도 아까운 그런 분들의 이름이 눈 부릅뜨며 굽어보고 있는 판에, 감히 다른 말도 아니고 "독재정권에 항거했다"고 거짓을 말해서는 안 될 일이었다. 인간으로서 그래서는 안 될 일이었다. 차라리 처음부터 입을 다물고나 있을 일이지, 다른 곳도 아닌 국회에서, 눈물 흘리는 시늉까지 하면서, 그것도 결코 의롭지 못한 일을, 언론자유를 위한 정의로운 일이었던 것처럼 조작해 말할 수는 없는 일이었다.

최 씨가 다른 사람 아닌 자기 입으로 진실을 말하면서 용서를 빌어

야 하는 이유는 여기에도 있다. 최시중 방송통신위원장은 민주언론의
제단 앞에 나아가 무릎을 꿇어야 한다. 자기 입으로 진실을 고백해야
한다.

2011. 04. 01.

07 | '독재에 항거·투옥'은 '거액수수 투옥'이었다

– 최시중 씨께 드리는 편지

최시중 방송통신위원장님.

위원장님이 기자생활을 시작하신 게 1964년 4월이니까, 기자로서 위원장님은 저보다 4년 7개월이나 선배 되십니다. 대선배님이십니다. 최시중 선배님, 아시겠지만 올바른 잣대로 진실을 밝혀내는 일이야말로 기자로서의 본분이라고 배웠습니다. 병아리기자 시절부터 귀에 못이 박히도록 들어온 이야기였습니다. 국회 인사 청문회에서 선배님이 주장하신 내용의 진실여부를 거듭 확인해보고자 말씀드리는 것입니다.

읽어보셨으리라 믿습니다만, 저는 그동안 "자유언론을 위해 독재에 항거하며 고문도 당하고 투옥도 되었다"는 선배님 주장에 대해 <프레시안>을 통해 두 차례(3월 21일 자·4월 1일 자)에 걸쳐, 선배님 스스로 진실을 밝혀주실 것을 호소드렸습니다. 그 주장이 다른 곳도 아닌 국회라는 공적인 자리에서, 그것도 온 국민이 지켜보는 가운데 나왔기 때문에, 사실 관계가 중요하다고 믿었습니다. 게다가 선배님은 누구십니까. 명실공히 언론계 원로이면서 이 나라 언론을 좌지우지하시는 분으로, 이명박 정권의 권력서열 3위에 계시다는 분 아니십니까.

3월 21일 자 칼럼에서는 "독재에 항거했다는 내용에 대해 다들 의아하게 생각하더라"는 의문을 중심으로 말씀드렸고, 4월 1일 자 글에서는, 말씀하신 3가지, '독재에 항거', '고문', '투옥' 모두가 거짓이더라는 점을 일깨워 드렸지요. 자세히 생각나지 않으시던가요, 선배님께서는 여전히 말씀이 없으십니다. 선배님 자신의 입으로 진실을 털어놓기는 무리였는가요. 제가 선배님의 '이 사건'에 관한 이야기를 들은 것은 작년이었습니다.

우연히 '옥고'를 치르신 사실을 알게 되었습니다. 그러나 그때 들은 '옥고'는 선배님이 국회에서 말씀하신 그런 '옥고'와는 너무나도 다른 '옥고'였습니다. 처음 이야기를 들을 때만 해도 40년이나 지난 세월을 생각하면서, 별 관심을 갖지 않았습니다. 부처님이나 예수님 아닌 다음에야 세상에 실수나 잘못 없이 사는 사람이 어디 있겠습니까. 때문에 어떤 한 사람의 40년 전 실수를 두고두고 기억했다가 탓하고자 하는 사람도 없을 것입니다.

개인적인 비리나 실수가 그냥 가감 없이 그만한 무게로 세월에 얹혀 흘러간다면 그렇습니다. 그러나 사소한 것일지라도 개인 비리나 실수가 터무니없게도 거짓의 탈을 쓰고 훗날 사람들 앞에 나타난다면 그건 다릅니다. 더구나 개인 비리가 다른 것도 아닌 '민주언론 투쟁'의 탈을 쓰고 나타났다면 이건 정말 곤란합니다. 그대로 넘길 수 없습니다. 설사 그것이 40년 전의 일이라 다들 잊었다 하더라도 그렇습니다. 진실이 왜곡되어 역사가 된다면 큰일입니다. 바로잡아야 합니다.

그동안 나간 제 칼럼을 읽은 한 독자는 어느새 국회 속기록에는 선배님이 민주언론투사로 영원히 남게 되는 게 아니냐고 묻고 있었습니다. 최시중 선배님, 게다가 독재에 항거했기 때문인 것으로 주장하신 '투옥'은 흔히 있을 수 있는 비리나 실수에 의한 것과도 다른, '금품수수로 인한 투옥' 아니었습니까. '독재에 항거'와는 전혀 상관이 없는 '어떤 정치적인 일'로 돈을 주고받은 사건이지 않습니까.

200만 원이 오간 사건이었습니다. 당시에는 정치자금법이 없었다고 했습니다. 때문에 동아일보에서 선배님과 함께 근무하던 동료들 가운데는 '그것'이 변호사법 위반 사건이었다고 기억하는 사람도 있습니다. 200만 원. 40년 전의 200만 원은 큰돈이었습니다. 국회의원 선거가 있던 1971년의 물가자료가 없어서, '사단법인 한국물가정보'가 보유하고 있는 1970년의 물가내역과 그 돈 200만 원의 크기를 비교해봤습니다.

80kg들이 쌀 한 가마에 5,760원 하던 때였습니다. 택시 요금은 기본료 60원, 자장면 100원, 시내버스 요금 10원이었습니다. 지금 돈으로 계산해봤습니다. 쌀값으로는 6,400만 원 정도입니다. 택시 요금으로는 8,000만 원이고, 자장면으로는 1억 원, 시내버스 요금으로는 2억 원에 이르는 거금입니다. 결국 그 200만 원을 되돌려 주고서야 수습된 사건이 아니던가요.

이명박 대통령의 멘토(정신적 스승)로 널리 알려진 선배님이십니다. 선배님께서는 바로 이 사건을 놓고 "민주언론을 위해 독재 정권에 항거하며 고문도 당하고 투옥되기도 했다"고 하셨습니다. "기자도(記者道)를 지키기 위해 평생을 노력해왔다" 하셨습니다. 그러면서 손수건으로 눈물을 닦으셨습니다. 아마도 적지 않은 사람들이 감동 받았을 것입니다. 2011년 3월 17일 이 나라 국회 문화체육관광방송통신위원회의 방송통신위원장 후보자 인사 청문회에서 그러셨습니다.

너무나도 다른 말씀을 하신거지요. 진실과는 너무 동떨어진, 참으로 얼토당토않은 말씀을 하신 겁니다. 바로 그 때문에 저는 선배님께 스스로 진실을 말씀해달라고 그토록 간곡히 말씀드렸던 겁니다. 기자가 되면서부터 우리에게는 '올곧은 기자'의 표상으로 추앙받는 선배 언론인이 계셨습니다. 바로 위암(韋庵) 장지연 선생이십니다. 선배님도 아시다시피 위암 선생은 '황성신문' 주필로 계시던 1905년 11월, 일본이 대한제국의 외교권을 박탈한 을사늑약을 강압적으로 체결하자, '시일야방성대곡(是日也放聲大哭)'이란 피 끓는 사설을 쓰셨습니다.

위암 선생은 대표적 항일 언론인으로 지목되어, 1962년 건국훈장국민장이 추서되었고, 2004년 11월에는 국가보훈처가 주관하는 이달의 독립운동가로 후손들이 받들어 모시던 분이셨습니다. 그분의 서훈이 취소되었습니다. 정부가 지난 5일 국무회의에서 그렇게 의결했습니다. 1914년부터 4년 동안 '매일신보'에 친일경향의 시와 산문을 꾸준히 기고한 사실이 드러났기 때문이었습니다. 특히 1916년 12월에는 조선총독으로 부임하는 하세가와 요시미치(長谷川好道)를 위해 환영 한시(漢詩)를 싣기까지 한 '진실'이 새로 밝혀지기도 했습니다.

하세가와 총독은 훗날 3·1운동을 무자비하게 진압한 무단통치자로 악명을 떨친 사람이었습니다. 서훈 취소를 놓고 이의를 제기하는 사람도 있으나, 이번 조치는 옳다고 저는 봅니다. 역사의 눈은 그렇게 차가워야 하고 냉엄해야 한다고 생각합니다. 말하자면 그분은 한 과목쯤 A학점을 받았으나 나머지 여러 과목이 낙제점이었는데도 '우등생'으로 잘못 정해졌던 것입니다. 그분의 잘못이 선배님의 경우인 40년 전보다 훨씬 오래인 97년 전의 일이더라도 역사는 역시 바로잡아야 한다고 저는 확신합니다.

최시중 선배님, 선배님의 경우는 어떻습니까. 위암 장지연과도 달리 선배님은 A학점을 받은 과목이 하나도 없는데도, 낙제점수를 받은 과목을 A학점 받은 것처럼 속여, 그것도 '우등생' 대우까지 받고자 한 건 아닌가요. 40년이면 살인죄도 공소시효를 2번이나 넘기는 긴 세월입니다. 거듭 말씀드리지만 그 긴 세월 전에 저지른 선배님의 잘못을 지금 탓하자는 이야기가 아닙니다. 역사는 반드시 바르게 쓰여야 한다고 외치고 싶은 것입니다.

지난날 저는 바른 소리를 하다 현역군인들로부터 칼부림을 당하는 불이익을 뒤집어쓴 적이 있습니다. 사실을 적시해도 명예훼손이 된다는 것도 알고 있습니다. 따라서 제게 또 어떤 불이익이 올지도 모릅니다. 그러나 선배님이 못 밝히시겠다면 저라도 진실을 밝혀 역사가 잘못 기록되는 일만은 막아야 한다고 믿으면서 이 편지를 쓰고 있습니다. 선배님, 언론은 건강하게 바로 서야 합니다. 역사도 그렇게 바로 서야 합니다. 선배님은 그것을 도와주셔야 합니다.

욕심과 거짓 훌훌 털어버리고 홀가분하게 여생을 편히 걸어가시는 선배님 뒷모습을 후배들에게 보여주십시오. 최시중 방송통신위원장님.

2011. 04. 11.

08 | 종편 직접광고 허용은 '강도 면허' 아닌가

– 최시중 위원장의 해괴한 처신

12월 초 방송을 시작할 예정인 이른바 종편 4개사가 드디어 흙탕물을 일으키기 시작했다. 국회와 방송통신위원회가 미디어 렙(Media Representative: 방송광고판매대행사)법 마련을 '고의적으로' 지연시키는 사이 벌어진 사태다. 사람들이 우려하던 '광고 직접영업'을 종편사들은 결행하고 나섰다. 생사문제가 걸렸다고 판단한 것일까, 사생결단의 모습을 보이고 있다.

뒤를 이어 "그렇다면 우리도" 하며 SBS와 MBC가 각각 독자적으로 광고 직접영업의 깃발을 들어 올렸다. 파이(시장규모)의 크기는 그대로인데 '식구' 수가 늘어나면 내 몫이 줄어들 수 있기 때문일 것이다. 종편채널 허가 이전부터 우려되던 방송업계의 진흙탕 싸움이 바야흐로 광고시장에서 막을 올렸다. '제품' 값에 영향이 있을 테니까 결국 피해는 국민들이 떠안게 되어 있는 싸움이다. 종편채널이 비정상적으로 태어난 '값'을 하기 시작한 것인지도 모른다.

종편채널은 태동에서부터 오늘에 이르기까지 특혜에 특혜가 거듭

된 특혜 덩어리였다. '여론독점' 소리를 듣던 거대 신문들이 허가를
따낸 것 자체부터 '미디어 산업의 건전한 발전'이라는 명분과는 걸맞
지 않아 보인다. 그동안의 조중동 '행실'에서 보았듯이, 여론의 공공
성과 다양성이 확보되지도 않았다. 정권과의 부도덕한 거래로 그리됐
겠지만, 너무하다 싶을 정도로 특혜가 많았다.

지역 민방들은 최초로 방송을 시작할 때, 출자금의 5.5%를 방송발
전기금으로 내왔으나, 종편 4개사는 신생매체라고 이를 면제해주었
다. 지역종합유선방송사(SO)들에게 종편을 의무적으로 전송토록 했
다. 전문채널도 아닌 종편채널인데도 중간광고를 허용했으며, 전국
어디서나 15·16·17·18번 등 좋은 번호를 틀면 종편을 볼 수 있는
'황금채널' 특혜도 안겨주었다. 그것도 최시중 방송통신위원장이 직
접 압력을 가해 그러도록 했다.

그리고 문제의 광고 직접영업까지 허용되고 있다. 이 광고 직접영
업은 '언론의 힘'을 이용해 광고를 유치한다는 발상에서 비롯된 것이
라, 약육강식의 정글법칙이 광고시장 '질서'로 자리 잡을 가능성까지
엿보인다. 심각한 우려가 나오고 있다.

그동안 방송광고는 방송광고공사(KOBACO)가 독점적으로 판매를
대행해왔다. 시작은 1981년 군부독재시절이었으나, 방송사 간 과열경
쟁을 막으면서, 일정부분 방송의 공공성에 기여해온 게 사실이다. 특
히 상대적으로 선호도가 떨어지는 지역방송사의 광고를 서울의 인기
프로그램과 엮어 판매함으로써, 지역방송과 종교방송에 안정적 재원
을 마련해주는 역할까지 했다. 이는 언론의 다양성을 보장해주는 순기
능이기도 했다.

그러나 2008년 11월 헌법재판소가 방송광고공사의 광고독점 판매
시스템에 대해, 헌법 불합치 결정을 내리면서 상황이 바뀌었다. 새로

생기게 될 민영 미디어 렙에 종편이 포함되는 방안 등이, 미디어렙법의 제정문제와 함께 검토되기 시작했다. 문제는 그 이후 3년이나 되었는데도, 여당과 방통위가 미디어렙법 제정을 위한 아무런 조치도 취하지 않고 있는 점이다. 손을 놓고 있다. 종편들이 광고 직접영업을 할 수 있도록 시간을 벌어주는 게 아니냐는 의구심을 지울 수가 없다.

야당이 "왜 방통위가 미디어렙법 정부 쪽 안(案)을 내놓지 않느냐" 하면 최시중 방통위원장과 여당 쪽에서는 "입법은 국회의 책임"이라며 빠져나간다. 무엇보다 최시중 위원장의 처신이 해괴하다. 종편이나 지상파 방송의 광고 직접영업이 광고시장에 얼마나 심각한 영향을 주는지 모를 그가 아니다. 그는 "종편광고와 관련된 규제는 최소화하는 게 좋다" 했고, "지상파 방송사들이 광고를 직접 판매한다고 해서 반드시 시장에 혼란을 일으킬 것으로 생각하지 않는다"고도 했다.

종편들이 남다른 경쟁력(거대 신문의 힘)을 활용해, 광고시장에서 자리를 잡을 때까지 시간을 끌면서, 밀어주자는 생각인 것으로 보인다. 여건이 좋아진다는 것을 전제로, 종편들과의 교감도 있어 보인다. 실제로 최근 국회 문광위 전병헌 의원이 방송광고공사로부터 넘겨받아 발표한 '종편PP출범과 광고시장변화에 관한 연구'에 따르면, 종편 출범 이후 종편의 광고 수입은 지속적으로 증가하지만, 다른 매체의 광고 수입은 줄어드는 것으로 나와 있다.

한정된 광고 물량을 놓고 매체 간 경쟁이 심해질 것이며, 이 와중에 종편만 유일하게 성장세를 보인다는 것이다. 방송광고공사의 조사에서 광고주들은 종편이 내년에 6,000억 원의 광고매출 실적을 올리고, 2015년에는 7,400억 원의 매출에 도달할 것으로 예상했다. 방통위의 '각별한 보살핌'과 '타의 추종을 불허하는 자체 경쟁력' 때문일 것으로 보는 사람들이 많다.

요즘 기업들은 종편들의 '힘'에 대해 특히 신경을 많이 쓴다. 지난 달 한 종편회사가 광고주 설명회를 끝내면서 "직접 찾아뵙겠다"는 인사를 했다. "광고를 하게 하겠다"는 '압력'으로 느낀 광고주들이 적지 않았던 것으로 전해진다. 한 종편회사가 광고를 유치하면서, 지상파방송 광고료의 75% 수준을 요구했다는 이야기가 광고업계의 화제가 되고 있다. 광고주 쪽은 난감해한다.

단국대 박현수 교수의 최근 예측조사에 따르면 종편의 평균 광고시청률은 0.57%로, 지상파방송 평균 광고시청률 2.0~2.5%의 4분의 1(25%) 수준이다. '75% 요구'는 무리였다는 이야기다. 따지고 보면 그게 다 종편의 '경쟁력'이다. 그러나 종편 쪽에서 보면 '경쟁력'이고 '힘'이지만, 기업 쪽에서 보면 '두려움'이 된다. 두려우면, 요구하는 쪽의 뜻을 거스르기 힘들어진다. 바로 '항거불능'의 상태에 이르게 된다.

사람을 항거불능의 상태로 몰아넣고 재물을 요구해 가져가면 '강도'가 된다. "천만의 말씀"이라 항변할지 몰라도, 거대신문들이 뒤에서 눈을 부라리고 있는 가운데, 종편들이 광고의 직접영업에 나서는 게, 당하는 쪽에서는 얼마나 '위협적'인 상황이 될 수 있는지를 다들 살펴볼 필요가 있다. 게다가 4개사 모두 첫 방송을 목전에 두고 죽기살기로 덤비고 있다. '면허 있는 강도'처럼 보일 것이다.

광고시장이 난장판이 되고, 광고단가를 올리기 위해 저질 프로그램들이 판을 치게 될 것은 또 별개의 문제다.

최시중 방송통신위원장은 방송의 광고 직접영업을 당장 중단시켜야 한다. 미디어렙법 제정을 서둘러야 한다. 시간이 없다. 바로잡아야 한다.

2011. 11. 08.

09 | 윗물이 흙탕물이기 때문이었다

— MB, 스스로를 역사 앞에 세워보라

임기 60개월 가운데 40개월이 지나갔다. 계산상으로야 20개월이나 남았지만, 대선이 내년 12월이라 실제로 대통령 노릇할 날은 글쎄, 얼마나 될까. 나라는 바야흐로 '비리투성이'다. 윗물인 대통령이 그렇게 말했다. 취임 초부터 윗물이 맑았더라면, 그렇게 40개월 동안 맑은 물이 흘러내렸더라면, 아랫물이 맑아지고도 남았을 것이다. 이렇게 지저분해지지는 않았을 것이다. 윗물이 맑지 않은데 아랫물이 맑을 리 없다. 아무리 보아도 윗물은 흙탕물이다.

취임 초에는 '잃어버린 10년' 때문이라 했다. 그러던 이명박 대통령이 지난 17일의 장차관 워크숍에서는 그 남의 탓 기간을 다소 조정했다. 좀 늘렸다. "부정 비리가 우리 정권에서 유난한 게 아니라 10년, 20년 전부터이지만……"이라 했다. 10년 늘어났다. 집권한 지 3년 4개월이나 된 '현재의' 대통령이 그랬다. 여느 대통령이라면 공직사회 비리만을 놓고라도 "내 책임"이라며 먼저 국민들에게 고개를 숙였을 것이다. 그러나 그는 그러지 않았다.

이만섭 전 국회의장이 엊그제 한 방송에 출연해 지적한 쓴소리에 MB는 귀를 기울여야 한다. "정권 말기라도 이렇게 부패한 건 처음"이라 했다. "엄청난 부패 쓰나미가 밀려오고 있다"며 "대통령은 장·차관만 질타할 게 아니라 본인 스스로가 책임을 통감해야 한다"고 목청을 높였다. 여당 내부에서까지 그런 바른 말들이 마구 쏟아지고 있다. 그런데도 MB는 지금 자신과는 상관없는 일이고, 과거에 뿌리를 둔 것들일 뿐이라는 투로 울타리를 친다.

그는 항상 '책임'과는 연결되지 않는 초월자(超越者)의 위치에 선다. 4·27 재보선이 여당참패로 끝난 이튿날, 청와대 수석 비서관들과 만나서도 MB는 그랬다. "정부·여당이 거듭나는 계기로 삼아야 할 것"이고, "국민의 뜻을 무겁게 받아들여야 한다"고 했다. "거듭나는 계기로 삼겠다"거나 "국민의 뜻을 무겁게 받아들인다"고 하지 않았다. "너희들 잘못이고 너희들만 잘하면 될 일이었다"는 뉘앙스를 짙게 풍긴다.

평소에 그가 자주 쓰는 말로 "내가 해봐서 아는데……"가 있다. 경험 안 해본 것 거의 없고 모르는 게 거의 없는, 그래서 그는 '구름 위에 있는 절대자' 같은 느낌을 주기까지 한다. 그렇게 두려움이 없어서일까. 상습 위장전입자나 투기 의혹이 있는 사람들까지 인사청문회 동의 없어도 거침없이 장관 임명장 주고, '전관예우 철폐' 외치면서도, 로펌에서 '전관예우'로 고액 월급 받은 사람 각료로 임명한다.

비리의 텃밭에서 문제의 인물들을 멋대로 골라 옮겨 심었다. 예산안 날치기 통과시키는 과정에서 야당 국회의원에게 주먹질을 한 여당 의원전화 걸어 수고했다고 격려도 한다. 대통령이 검찰의 수사기능을 '사설정치' 하는 데 너무 많이 이용한다는 지적도 나온다. 위에서 맑은 물이 흘러내리지 않아서 생기는 이야기들이다. 저축은행 수사를 해병대 상륙작전에 비유하며, 중수부 폐지 반대에 팔을 걷고 나섰던 검찰 쪽에서 지금 "당나라 해병대냐"는 별난 소리가 들려온다.

MB 측근이던 은진수 전 감사위원에 대한 수사에서 '팔이 안으로 굽은' 냄새가 난다는, 그래서 '당나라 해병대'에 의한 당나라식(式) 상륙작전이 벌어진 게 아니냐는 야당의원들의 볼멘소리다. 검찰이 은 씨를 기소하면서 '징역 7년 이상'에 해당하는 특가법상 '알선수뢰죄'를 적용하지 않고, '징역 5년 이하'인 '알선수재죄'를 적용했다는 이야기다. 여당 의원까지 봐주기 아니냐고 문제를 제기했다.

그러나 검찰의 '팔 안으로 굽기'는 일찍이 '대포폰 게이트'로 더 유명한 불법사찰사건 수사에서 이미 절정을 이뤘다. '형님'에게 쓴소리를 했다고, 여당의 현역중진의원들까지 뒷조사했던 '범죄'가, 총리실의 일개 이사관급 공무원의 책임 아래 저질러진 일로 끝을 내고, 막을 내린 게 검찰 수사였다. 그렇다고 믿는 사람 거의 없다. 그때 '청와대'와 '형님' 쪽에서 흘러내린 윗물은 흙탕물이었다고 사람들은 확신한다. 배후가 없을 수 없는 사건인데도 위에서 콸콸 쏟아진 흙탕물이 온통 진실을 감춰버렸다. 공정사회도 흙탕물에 휩쓸려갔다.

경제에서 MB의 윗물은 흘러내리지 않는 물이라 바야흐로 비극을 맞고 있다. MB와 강만수 씨가 금과옥조로 알고 밀어붙이던 'Trikle down 이론' 이야기다. 부유층을 더 부자 되게 밀어주면 그 부(富)가 아래로 흘러내려 저소득층도 혜택을 보게 되고, 경기를 자극하게 된다는 이론이다. MB는 강 씨와 힘을 합해 부자 감세 등의 방법으로 열심히 부유층에 부를 쏟아 부었다. 그러나 '윗물'은 아래로 흐르지 않았다. 부자만 더 부자 되었다. 부익부 빈익빈의 양극화만 더 극심해졌다. '실험대상'이 된 나라 경제만 더 어려워졌다.

민주국가에서 가장 중요한 윗물은 언론이다. 이 나라에서는 그 윗물이 메말라 있다. 흐르지 않는다. 맑은 물이 나오는 구멍이 막혀 있다. MB정권이 틀어막았다. 막강한 방송통신위원장 덕분에 손쉽게 방송 장악했고, 종편미끼로 조중동을 손바닥 위에 올려놓았다. 오늘날이 나라가 전방위적인 '비리투성이' 국가가 된 것은 바로 언론의 '맑은 물 기능 상실'과도 무관치 않다고 보는 사람이 적지 않다.

이쯤 해서라도 MB는 언론의 재갈을 풀어주는 게 옳다. 기자들에게 바른 말하고 쓴소리도 쓸 수 있는 자유를 줘야 한다. 언론에 대해서는 공부한 바도 고민해본 바도 없으면서, 아버지 잘 만났다는 단 하나의 이유 때문에 지금 언론사 사주의 자리에 앉아 있는 사람들이 있다. 그 조중동 사주들로부터 언론의 자유를 회수해 기자들에게 돌려줘야 한다. 틀어막은 맑은 윗물 구멍을 터줘야 한다.

그것은 이 시점에서 MB가 '사후'를 대비하는 측면에서도 탁월한 선택이 될 수 있다. 이제는 그도 스스로를 역사 앞에 세워볼 때가 되었다고 생각한다.

2011. 06. 24.

10 | 최시중, 허문도보다 더 나쁘다

– 최시중 청문회가 꼭 필요한 이유

        그해 겨울은 눈이 참 많이도 내렸다. 서울 도심에서도 골목마다 거의 눈이 녹을 새가 없었다. 우리들은 취한 발걸음으로 넘어지고 엎어지면서도, 눈물 훔쳐가며 그 미끄러운 눈길 골목들 술집을 끝없이 훑었다. 플라스틱 물바가지에 소주를 붓고 맥주·정종·양주 등 술이란 술은 다 섞어서 큰 잔에 나눈 뒤, "통폐합!"이라 고래고래 소리 지르며, 회사 빼앗긴 설움을 마셔댔다.

    그리고는 진눈깨비에 젖은 개처럼 몸을 떨었다. 아무 짓도 할 수 없음을 자학하며 진저리를 쳤다. 필자는 동양방송(TBC)의 기자였다. 1980년 12월, 그때 우리들이 이를 갈며 뇌리 깊숙이 담아 갖고 다니던 한 사람의 얼굴이 있었다. 허문도 씨였다. 허 씨는 언론 통폐합의 주역이었다.

    필자의 기자 생활은 방송 12년에 신문 18년을 합해 30년여가 된다. 경력은 신문 쪽이 훨씬 많은데도, 지금 더 그립고 애착을 느끼는 것은 신문보다 근무기간이 짧은 방송기자 시절이다. 아마도 대학을 나와 바로 시작한 직장으로서의 '첫정(情)'도 있겠으나, 언론 통폐합으로 회사를 빼앗기면서 겪었던 고통스러움이 너무 컸기 때문이 아닐까 생각된다. 그 때문에 허 씨에 대한 증오도 더 컸을 것이다.

허 씨는 언론 통폐합이 소신이었다고 훗날 청문회에서 말했다. 기본 구상은, △ 언론과 재벌분리, △ 방송 공영화, △ 사이비 기자 정리라 했다. 그러면서도 이른바 80년 언론인 대량해직은 자신과는 관계 없는 보안사의 작품이며, "난세적(亂世的) 상황에서는 자유주의적 수단으로 자유를 지킬 수 없다"는, 이른바 난세론을 역설하기도 했다.

그러나 그는 '난세적 상황'이 바로 전두환 씨를 비롯한 신군부와 허 씨 자신 등이, 의도적으로 만들어낸 상황이었음을 실토하지는 않았다. 그 같은 난세적 상황에서 쫓겨난 수많은 기자들과, 정든 회사를 빼앗긴 언론인들이, 80년 그 겨울 울면서 거리를 헤맸다. 몇몇은 얼마 뒤 죽기까지 했다. 허 씨 때문은 아니었을지라도 나이 든 언론인들은 지금도 그해 겨울을 잊지 못한다.

허문도 씨는 이 나라 언론사(言論史)를 이야기할 때, 한 시대를 상징하기에 부족함이 없는 인물이다. 그 허 씨(1940년생)보다 나이는 더 많으면서도 한 세대(30년) 뒤에 등장해, 결코 지울 수 없는 족적을 남겨 허 씨와 비교되는 사람이 바로 최시중 씨(1937년생)다. 허문도 씨의 전두환 정권과, 최시중 씨의 이명박 정권을 바로 수평 비교할 수는 없다. 당장 선거절차를 거친 정당성이 있고 없고부터 차이가 난다.

그런데도 허·최 씨 두 개인을 비교할 때는, 정당성이 결여돼 있는 전두환 정권의 허문도 씨가, 정당한 선거절차를 거친 이명박 정권의 최시중 씨보다 나은 평가를 받는 아니러니가 등장한다. 허 씨가 이른바 '소신'에 따라, 사이비 언론의 극심한 폐해를 나름대로 정리했다는 '실적' 때문일지도 모르지만, 그보다는 특히 두 사람 개개인의 살아온 인생과 '도덕성'을 사람들은 비교하는 듯하다. 허 씨가 훌륭하다는 이야기가 아니라, 한 마디로 최 씨가 도덕성에서 처진다고 했다.

두 사람을 다 아는 언론인들은 서슴지 않고 그렇게 말한다. 최 씨는 유력 정치인의 줄을 잡고 1964년 동양통신에 입사해 기자 생활을 시작했다. 그 줄을 타고 최 씨는 이듬해인 1965년 동아일보 기자가 된다. 다 아는 이야기다.

그리고 1971년, '정치적 행사'와 관련해 당시로서는 거금인 200만 원을, '어떤 사람으로부터 받은 것이 문제가 되어' 그는 구속된다(바로 이 대목과 관련해 최시중 씨는 작년 3월 17일, 국회 문화체육관광방송통신위원회의 방송통신위원장 후보자 인사 청문회에서, "언론자유를 위해 독재에 항거하다 고문당하고 투옥되기도 했다"며, 손수건을 꺼내 눈물을 닦았다. 동아일보에서 함께 근무하던 사람들이 이 터무니없는 거짓말에 모두 기절할 듯이 놀랐다).

결국 그 200만 원을 되돌려주고 어찌어찌하여 무죄를 선고받아 사태는 수습되었다. 회사에서 최 씨는 사주의 전기(傳記) 쓰는 일을 맡아 매달리기도 했다. 그는 전두환 씨와 골프 회동도 했고, 정치인 장관을 찾아가 줄 대기를 하려 한 사실이 드러나 사내에서 말썽 된 적이 있다. 때문에 그를 '기자다운 기자'로 기억하는 동료는 별로 없다. 2007년 MB가 대선에 출마하면서, 이상득 의원과 친구였던 그는 날개를 달고 '이명박 대통령 만들기'에 성공한다.

최시중 씨의 언론 다루는 솜씨는 '탁월'했다. 그가 방송통신위원장이 되었을 때는, 정부-언론 관계가 YS 때까지처럼, 정보기관 등에서 언론사별 담당자를 두고, '밀착관리'할 수 있는 여건이 아니었다. 그런데도 최 씨는 먼저 말 잘 듣지 않는 사람 사장 자리에서 밀어내고, '충성스러운 내 사람'을 심는 데 결사적으로 매달리며 '일'을 시작했다. 무리를 하면서 그런 구도를 만들어갔다. 감사원·검찰과 작당해,

1월 27일 서울 종로구 방통위 브리핑실에서 퇴임 기자회견을 한 뒤 기자들 틈을 비집고
빠져나오고 있는 최시중 전 방통위원장. ⓒ프레시안(최형락)

죄 없는 정연주 KBS 사장을 몰아낸 것도 그런 수순이었다.

일단 그게 된 다음에는 거칠 것이 없었다. 새로 앉힌 사장으로 하여금 걸림돌들 제거케 하고, 말 잘 듣는 언론사 만들도록 했다. 이른바 마피아의 underboss(부두목) 시스템이었다. 두목이 부두목 한 사람의 멱살만 잡고 있으면, 아무리 큰 조직이라도 멋대로 좌지우지할 수 있는 체계였다. MBC·YTN도 다 그렇게 했다. 바른 눈 박힌 '반골'들 그렇게 보도일선에서 쫓아냈고, <PD수첩> 등 '볼만 한' 프로들 그렇게 숨통을 조여 놓았다. KBS·MBC 보도책임자 불신임과 파업 난리도, 근원을 찾아 올라가면 다 최시중 씨의 얼굴이 나온다.

그의 공식 직함은 '방송통신'위원장이었으나, 내용적으로는 직함에 '신문'이 붙어 있었다. '신문'방송통신위원장이었다. '종편(종합편성) 채널'이라는, 아편 듬뿍 바른 당근을 손에 들고, 이른바 메이저 신문들을 이리저리 멋대로 끌고 다녔다. 조·중·동은 그거 얻겠다고 죽기 살기로 조아렸다. 정신 못 차리고 알아서 기었다. 정확히 말하자면 그는 MB의 '정권 안보'를 위한 언론담당 문지기였다.

국민의 정부와 참여정부를 거치면서, 가까스로 제자리 잡아가던 언론풍토는 그의 발길 밑에서 사정없이 유린되었다. 종편에 온갖 특혜 다 주고 미디어렙법 개정 방해하면서, 종편들이 기업에 눈 부라리며, 직접 "광고 내라" 손 벌리고 다니게 하는 '강도 면허'도 내주었다. 그것도 모자라 기업의 광고담당자들 따로 불러, 종편 쪽에 광고 물량 늘려 주라고 호통치는, 터무니없는 주문도 서슴지 않았다. 업계를 마구마구 어지럽혀 놓았다.

종편들 때문에 광고 수입이 격감했다며, 지역방송·종교방송에서는 아우성을 친다. 그런데도 종편들 시청률은 땅바닥에 딱 달라붙어, 미동도 하지 않는다. "최 씨가 다 같이 죽게 된 판을 짜 놓았다"는 이야기도 나온다. 방통위원회의 다른 고유 업무들도 엉망이었다. 2011년의 정부업무평가보고회에서 방통위원회는 꼴찌판정을 받았다.

'못된 송아지 엉덩이에 뿔난다' 했던가. 최 씨는 트위터나 페이스북까지 검열하겠다고, 뉴미디어 정보심의팀 신설을 강행했다. '시대착오'라는 이야기가 한나라당에서도 나왔다. 미 국무부 정례브리핑에서, 한국정부의 이 같은 표현의 자유 검열에 대한 미국정부의 입장을 묻는 질문까지 나왔다. 월스트리트저널 기자가 그랬다. 국제적 망신살이었다.

MB정권 들어서기 전인 2007년, 영국의 EIU(Economist Intelligence Unit)가 발표한 한국 IT 산업 경쟁력은 세계 3위였다. 최시중 씨가 방통위원장 되고 난 이후 미끄럼타기 시작하던 이 순위가 2011년 19위까지 추락했다. IT강국, 우습게 되었다. 한눈이나 팔면 다 그런 꼴 당하게 되어 있다. "망쳐도 너무 많이 망쳐놓았다"는 소리는 그래서 나온다.

때맞춰 '양아들 게이트'니, '5만 원권 100장'이니, 이런저런 구린 이야기들도 들리기 시작한다. 사표를 쓴 그는 죄 없다고 시침을 떼지만, 지켜봐야 할 일이다. 검찰수사는 어떤 어려움이 있어도 제대로 이뤄져야 한다. 눈 부릅뜨고 주목하는 사람들이 너무 많다는 것을 잊어서는 안 된다.

평소의 희망대로 최 씨가 '뒷모습이 아름다운 언론계 선배'로 남을 수 있을지 참으로 궁금하다. 허문도 씨가 그리됐듯이, 악몽 같던 최시중 씨의 시대도 확실히 정리되어야 한다. 청문회가 반드시 필요하다.

2012. 01. 30

그레샴 법칙의 나라―빼앗긴 이명박 5년의 기록―

4부·"망가뜨려라, 파괴하라"

01 | 먼저 '대운하'라
고백하는 게 순서다

– 삽질에 우는 낙동강(상)

　　사전에 보면 보(洑)는 '논에 물을 대기 위하여 둑을 쌓고, 흐르는 냇물을 가두어두는 곳'으로 되어 있다. 그렇다. 어릴 적 시골에서 놀던 '보'도 그랬다. 시내를 가로질러 길이 50여m쯤에 높이는 1m 남짓이었다. 그 보를 오르내리며 우리는 멱을 감고 고기도 잡았다. 시골 출신이라면 누구에게나 그런 유년기의 추억이 남아 있을 것이다. 그런데도 지금 우리 눈앞에 세워지고 있는 이 엄청난 구조물은 무엇인가. 이게 '보'라면 이건 아니다. 믿을 수가 없다.

　경남 창녕군 길곡면 오호리, 낙동강의 8개 '보' 가운데 가장 하류 쪽에 들어서는 함안보 공사 현장. 온갖 건설장비들의 굉음이 요란하고, 현장으로 드나드는 트럭들이 꼬리를 문다. 강을 가로막고 들어설 '보'는 길이 567.5m, 강둑을 거의 다 막아가고 있었다. 공사가 끝나면 '보'는 높이 13.2m로 아파트 4개 층보다 높아진다. 폭 40m에 높이 9.58m인 수문도 3개, 완공되면 소수력 발전소와 함께 '보' 위로 646m 길이의 다리가 놓인다고 했다. 이것은 결코 '보'일 수가 없다. 분명한 '댐'이다.

22조 원이나 드는 단군 이래 초대형 토목공사인데도 정부는 당초 비용지출과 관련해 반드시 지켜야 할 절차인 예비타당성 조사를 거치지 않았다. "국가 재정법 '시행령'에 따라 '보'설치, 하천준설 등은 '재해예방사업'이기 때문에 예비타당성 조사대상이 아니다." 정부의 변명은 그랬다. '보'가 강조되었다. 게다가 이 엄청난 공사의 막무가 내식 밀어붙이기 명분을 '법'도 아닌 '시행령'에 의존했다. 거대한 구조물이 아니라는 인상을 국민들에게 심어줄 필요도 있었을 것이다. 그래서 '댐'은 '보'가 되었을 것이다.

함안보 건설현장에서 낙동강은 서쪽이 상류이고 동쪽이 하류가 된다. '보'의 서쪽 상류 쪽으로 200m쯤 떨어진 곳에 모래섬이 있다. 강의 중심부에서 남쪽에 약간 치우친 상태로 자리를 잡았다. 오랜 세월 모래가 쌓였다. 지도에는 이름이 없으나 관청에선 하중도(河中島), 주민들은 밀포섬이라 불렀다. 상류 쪽 서쪽 끝에서 하류 쪽 동쪽 끝까지 길이가 어림잡아 2km, 남북 최대 폭이 500여m는 됨직한 제법 큰 섬이다. 이 섬의 북쪽 옆구리 부분을 사정없이 깎아내는 준설작업이 한창이었다.

이 섬에서 농사를 짓던 함안군 칠북면 사람들은 모두 쫓겨났다. 칠북면 봉촌리의 김 아무개 씨는 몇 년 전 12억 원을 투자해 이 섬에 비닐하우스 320여 채를 세웠으나 제대로 된 보상도 못 받고 '철수'했다고 했다. 마산·창원·진해 환경운동연합 임희자 사무국장은 지금 벌어지고 있는 작업이 "물길을 넓히면서 수심을 확보하기 위한 것임에 틀림없다"고 설명했다. 뱃길을 내는 작업이라는 의혹은 여기에도 있다. '운하작업'일 것이라는 이야기다. 공사 현장에는 <하중도(밀포섬) 준설 중이며 일부 구간은 소생물 서식공간으로 조성할 계획입니다>라는 현수막이 걸려 있었다.

정부는 4대강 사업의 목적을, △ 물 확보, △ 수질개선, △ 홍수방

경남 창녕군 길곡면 오호리 함안보 건설현장. 이것은 '보'가 아니다. 댐이다.
© 마산·창원·진해 환경운동연합 제공

어 등이라고 홍보해왔다. 그러나 필자가 들여다본 4대강 사업 어디에도 이 셋 가운데 단 하나라도 수긍이 가는 대목은 없었다. 이미 다 드러난 이야기다.

요약하자면 이렇다. 4대강 사업으로 많은 물은 확보된다. 그러나 지금 물이 부족하지는 않다. 따라서 용도가 분명치 않은, 당장은 필요치도 않은 그 많은 양의 물을 왜 새로 확보하는지 정부는 그 이유를 설명해야 한다. 사업이 끝나면 수질은 더 나빠지게 돼 있다. 홍수방어도 4대강 사업과는 상관이 없는 이야기다. 지천과 지류의 문제일 뿐이다. 오히려 새로운 홍수위험이 생겨날 수도 있다. 그렇다면 이명박 정부는 왜 전 국토를 후벼 파는 데 돈을 쏟아 붓고 있는지 납득할 수가 없다.

아무리 고민을 해봐도 답은 하나다. 대운하 사업이다. 그게 아니고서는 저렇게 서둘러 '보'를 세우고, 강바닥을 긁어내 수심을 깊게 하면서, 물길을 반듯반듯하게 잡아가야 할 아무런 까닭이 없다.

강 따라 자전거길을 내고 수변공원도 만드느니 하지만 필자가 보기에 4대강 사업은 한마디로 뱃길조성 사업이다. 대통령이 "안 하겠다"고 두 번씩이나 국민에게 약속한 '한반도 대운하사업'이 간판만 바꿔 단 '배 띄우기 사업'이 된 것임에 틀림없다.

사업의 핵심은 '보'의 건설과 강바닥 준설공사다. 특히 지금의 강바닥에서 평균깊이 4m 이상을 파내는 준설공사는, 뱃길을 내는 데는 반드시 필요하겠지만 심각한 부작용이 우려된다. "강을, 자연을 함부로 손대서는 안 됩니다." '맑은 물 사랑 사람들'의 이현규 사무처장은 몇 번이고 말했다. 당장 수생물 서식처와 산란처가 파괴되는 환경문제도 그렇지만 그 준설과 연관해서 예기치 못한 재앙이 닥칠 수도 있다고 했다.

그 실증적 사례로 보이는 사고가 났다. 지난 9월 21일 경기도 여주군 여주읍 연양천 하류 신진교(길이 36m, 교각 2개, 왕복 2차선)의 붕괴다.

신진교는 연양천의 남한강 본류와 만나는 지점의 400여m 상류 쪽에 세워진 다리다. 추석 전날인 이날 이 지역에는 224mm의 폭우가 내렸다. 이전 최대 강우량은 2006년 7월 16일의 216mm였다. 문제는 연양천과 남한강이 만나는 지점의 수위가 설명해준다. 강우량은 비슷했다. 하지만 2006년 폭우 때 44.64m였던 그 지점의 수위가 2010년 폭우 때는 39.73m를 나타냈다. 무려 4.91m나 낮아졌다.

4대강 사업 준설공사로 남한강 본류의 강바닥이 팼기 때문이다. 갑자기 낮아진 강바닥으로 연양천 물이 급속히 덤비면서 유속이 빨라져 신진교가 무너졌다고 했다. 관동대 박창근 교수(토목공학·환경연합 4대강 특위 공동위원장)는 "준설공사로 합류지점 남한강 본류의 강바닥이 낮아져 난 사고"라고 단정했다. 이날 신진교 하류의 유속은 2배 이상 빨라졌고 물의 힘은 5배 이상으로 세졌다고 했다.

정부 측은 다리가 낡아 무너졌다 했으나 이 지역 여주신문 보도는 다르다. 9월 27일 자 기사는 7개월 전인 올해 2월 구조안전진단결과 D급(위험) 판정이 나왔으나, 여주군청의 보강공사로 한 등급 높은 C 급 다리가 된 상태였다고 적었다.

'보'의 건설과 대규모 바닥파기로 4대강의 수위는 턱없이 높아질 것이다. 낙동강의 경우 7~9m의 수위가 유지될 것이라 했다. 강의 제 방 바깥지역에서 지하수의 높이가 달라져 많은 침수지역이 생길 것 이다. 이 대목에 주목할 필요가 있다.

함안보 상류 쪽 함안군엔 어림잡아 4㎢ 남짓(약 135만 평) 정도의 침수지역이 예상된다는 진단이 나왔다. 인제대 박재현 교수(토목공학) 의 분석이다. 그런데도 정부 측 대응 방식은 주먹구구다. 정밀한 설계 도 없어 보인다.

정부 측은 엄청난 양의 준설토 처리와 침수지역 문제를 해결하는 방편으로, 강 주변의 논 등 저지대에 3~8m 두께로 준설토를 덮는 작 업을 진행하고 있다. 현지에서는 농경지 리모델링 사업이라 칭한다. 준설토를 덮는 논은 2년 동안 농사를 지을 수 없을 것으로 보고 보상 도 해준다.

4대강 사업 추진본부는 이와 함께 침수대책으로 배수장을 늘리고 배수관로를 정비한다는 계획이다. 그러나 리모델링 사업은 이미 시작 돼 진행 중이다. 함안보 피해주민대책위원장 조현기 씨는 침수가 우 려되는 지역과 리모델링 사업지역이 일치하지 않는다고 했다. 강에서 스며 나온 지하수가 영향을 주게 될 높이나 범위에 대한 예측조사가 전혀 이뤄지지 않은 상태에서 그냥 추진되고 있을 뿐이라고 우려했다. 주먹구구 수준이라 했다. 문제다.

지하수가 영향을 주는 높이와 범위는 흙의 형질에 따라서도 다를 수밖에 없다. 점토에서의 높이와 범위가 다르고, 사질토에서의 높이와 범위가 다르기 때문에 그렇다. 땅의 속사정을 조사·예측하지 않고, 자의적으로 눈에 띄는 상태만 보고 준설토를 덮는 데는 문제가 있다는 게 박재현 교수의 지적이다.

예컨대 8m는 덮어줘야 할 곳에 3m의 준설토를 덮는다면 안 된다는 얘기다. 정부 측은 그럴 가능성이 매우 높은 일을 지금 서둘러서 하고 있다. 게다가 일부 지역에서는 특정한 땅을 나중에 지목변경하여 개발하기 위해서, '리모델링'해달라고 요구하는 국회의원 등 정치인까지 있다는 얘기도 들린다. 당초 취지와는 상관없이 그런다고 했다. 그런 사례가 적지 않다고 했다. 놀라운 일이다.

지금 준설토를 덮은 논이 2년 뒤 다시 논으로서 기능할 것인지 격정하는 농민도 물론 있다. 적어도 5년은 손질해야 논이 될 것이라는 견해도 나온다.

'보'가 생기면 수량이 늘고 수면이 넓어진다. 따라서 4대강 전역의 안개피해도 심각한 문제다. 안개 끼는 날이 부쩍 늘 것이다. 일조량이 줄어들 것이다. 농작물 피해가 늘 것이다.

함안 농민들에게는 다른 지역에 없는 고민거리가 하나 더 있다. 갑자기 큰 비가 내려 함안보보다 상류 쪽에 있는 낙동강 7개 '보'에서 일제히 수문을 열면 그 물이 어디로 몰려가겠느냐고 했다. 가장 아래쪽 함안보 유역이 물벼락을 맞게 될 게 틀림없다고 걱정이다.

정부의 주먹구구식 사업추진으로 지금 합천보 쪽도 난리다. 합천군 덕곡면은 3면이 강으로 둘러싸인 지역이다. 남쪽으로 낙동강이 흐르고 동쪽엔 회천강, 서쪽엔 덕곡천이 흐른다. 말하자면 물에 갇힌 강변 지역이었다. 논도 별로 없었다. "처녀가 시집갈 때까지 쌀 서 말 못 먹는다"는 말은 이 지역에서도 항상 하던 이야기였다.

그러던 이곳이 1963년 3개 강변에 둑을 쌓으면서 사정이 달라졌다. 논도 많이 생겼다. 허리도 좀 폈다. 그 덕곡면이 절반도 넘게 물에 잠기게 생겼다. 바로 하류 쪽에 합천보가 생기고 수위가 올라가면 꼼짝 없이 수중마을이 될 수밖에 없게 되었다. 주민들의 말로는 덕곡면 전체면적의 60%, 150ha 이상 침수될 것으로 추정된다고 했다.

희한한 것은 4대강 사업 추진본부나 수자원공사, 부산국토관리청 등 관청 어느 서류에도 덕곡면이 침수예상지역에 들어 있지 않다는 점이다. 이야기를 종합해보면 당초 정부 측 현장조사에서 미스가 있었던 듯하고, 때문에 아직도 정부 측 대책은 없는 상태다. 덕곡면 청년회장 전정휘 씨는 "안 가본 관청이 없다"고 했다. "다들 알았다고는 하는데, 덕곡면은 지금 적어도 공식적으로는 침수고 뭐고 아무 문제없는 지역으로 되어 있다"고 씁쓸해했다.

한쪽에서는 빨리 기정사실화하기 위해 불과 4개월짜리 허겁지겁 환경영향평가가 등장하는가 하면, 또 다른 쪽에서는 덕곡면 같은 별난 일도 벌어지고 있다. 허술하기 짝이 없다.

공사는 오래전에 시작돼 진행 중인데 설계는 아직 손도 못 댄 곳이 있는 것이다. 시쳇말로 건설현장의 '노가다 십장' 방식이라 그렇다. 주먹구구라 그렇다. 투명성이 사라진 것은 그보다 훨씬 더 오래되었다.

잘못 가고 있는 4대강 사업의 물줄기를 바로잡아보려는 노력이 일부지역에서나마 일어나고 있는 것은 불행 중 다행이다. 흙탕물 한가운데서 솟는 맑은 샘물을 보는 느낌이다. 경남에 이어 충남에서도 '보'의 건설과 강바닥 준설의 중지를 요구하고 나선 것은 반갑고 고

마운 일이다. 국민의 70%가 4대강 사업을 반대한다고 해서 하는 이야기만은 아니다.

건강한 생각을 사업권회수라는 이름으로 꺾어보고자 하는 것은 무모한 일이다. 비겁한 일이다. 먼저 "4대강 사업이 사실은 한반도 대운하 사업"이라고 진실부터 말하는 게 순서다. 그게 정직한 사회고 공정한 사회다. 한 나라의 대통령이라면 더더욱 그래야 한다. 자손들에게도 그게 부끄럽지 않은 일이다.

2010. 10. 29.

02 | 단 한 사람을 위한 4대강 사업, 후손들에게는 재앙

– 삽질에 우는 낙동강(하)

둑에 올라서니 강이랑 드넓은 하천부지가 하나 가득 눈에 들어왔다. 제방 위에서 본 낙동강은 지금 넓디넓은 공사장이다. 준설선이 부지런히 강바닥을 헤집고, 흙탕물을 걸러내기 위한 침사지(沈砂池)들 사이로 준설토를 실은 트럭들이 끝도 없이 오갔다. 경남 밀양시 하남읍 명례리 앞이다.

왼쪽으로 아득히 삼랑진 철교가 보였다. 하류인 동쪽이다. 오른쪽으로 고개를 돌리면 서북쪽 상류다. 이곳 제방에서 강폭은 2.5km가량, 가운데 물이 흐르는 부분은 폭 500~600m 정도다. 함께 둑에 오른 밀양시 하천경작자 생계대책위원장 하원오 씨는 동쪽 삼랑진 철교로부터 상류 쪽으로 서북쪽 보이는 데까지, 어림잡아 150만 평의 하천부지라 했다. 밀양지역에만 낙동강 하천부지가 500만 평은 된다 했다.

전국 최대의 하천부지 감자 생산단지 165만 평도 이 지역이다. 배추, 무, 우엉 등 신선채소를 재배하는 비닐하우스가 끝도 없이 이어지던 곳이었다. 원래 이 지역은 농민들이 대대로 점용허가를 받아 채소

농사를 짓던 지역이었다.

2002년 태풍 루사가 휩쓸고 지나가면서 그 점용허가가 깡그리 취소되었다. 재해로 인한 영농손실에 대한 정치적 부담과 함께, 지천인 밀양강변 도시정비와의 형평성 때문이었다.

이어져 무허가 영농행위는 묵인돼왔으나, 4대강 사업이 본격화되면서 금년 3월 시공업체 중장비가 덤벼 마지막 버티던 감자밭과 보리밭을 갈아엎었다. 노지농사는 보상도 없이 다들 쫓겨났다. 밀양 지역에서만 하천부지 농민 500여 명이 발길을 돌렸다. 김해시 한림면에서는 자살한 농민도 있다. 이들 지역 어디에서도 푸성귀 한 포기 볼 수 없다.

둑을 넘어 밀양시 상남면 쪽으로 줄지어 가는 준설토 트럭 먼지 사이로 <생명을 살리는 행복한 기적 낙동강에서 시작된다>는 현수막이 보였다.

올 추석 이후 배추 한 포기에 1만 5,000원이나 가던 채소 파동은, 일부에서 말한 대로 4대강 사업 때문에 일어났다는 주장이 이곳에서는 실감나게 다가온다. 현장을 보면 그렇게 믿게 되어 있다. 배추 등 신선채소의 재배면적이 4대강 사업으로 엄청나게 줄어들었기 때문이다.

정부에서는 4대강의 채소 경작지 축소면적을 3,662ha, 1,098만 평으로 보았다. 전국의 채소 경작지 26만 3,000ha의 1.4%에 불과하다고 했다. 미미해서, 4대강 지역에서의 재배면적 축소가 배추파동을 부른 것은 아니라는 이야기였다. 그러나 그것은 잘못된 계산법이라는 지적이 곧바로 나왔다. 경상대 장상환 교수(농경제학과)의 설명이다.

'1.4%'는 그 무렵까지 보상이 이뤄진 사유지 등을 중심으로 한 축소면적이라 했다. 하천부지 가운데 사실상 채소를 생산해내던 무허가 경작지까지 포함해야 바른 계산이라고 했다. 당연한 이야기다. 이에 따라 산출된 1만 500ha, 3,150만 평이 4대강 사업으로 신선채소 생산을 멈춘 '축소 면적'이라는 계산이 나온다. 전국 채소 경작지 면적의 4%다.

그렇다면 줄어든 공급량도 4%였을까. 장 교수의 이야기는 다르다. 하천부지 채소농사의 경우 기본적으로 다모작(多毛作)이기 때문에, 4% 면적에서의 생산량은 6~8% 정도로 봐야 한다는 것이다.

일반적으로 공급량이 평소보다 5% 정도 늘면 값은 폭락하고, 5% 정도 줄어들면 폭등할 가능성이 많다는 게 상인들의 이야기다. 폭등의 분기점을 넘어서는 '공급량의 감소'가 있었다는 추정이 가능하다. 요컨대 최근의 배추파동은 '9월 폭우'의 영향도 컸지만, 4대강 사업으로 인한 경작지 면적축소-생산량감소가 큰 원인을 제공했다는 결론이 나온다.

일부에서는 추석 전날의 폭우가 전국에 내린 것으로 알고 '원인'의 전부인 양 이야기했다. 하지만 그날 100mm 이상 폭우가 온 곳은 인천(175.5), 서울(259.5), 양평(214.5), 이천(187), 제천(139.5), 원주(209), 영월(153) 정도였다. 낙동강 주변은 비 한 방울 내리지 않은 곳이 더 많았다.

어떤 사람은 유통업자들의 사재기 때문에 배추 값이 폭등했다고 말했다. 상인들은 믿지 않는다. 특히 배추는 무와도 달라서 뽑아 팔 때가 되면 밭에 심어진 상태에서도 상품성과 저장성에 금방금방 문제가 생긴다고 했다. 느긋하게 사재기하기가 쉽지 않다고 했다.

4대강 사업 때문이라는 이야기를 듣지 않으려 했을 것이다. 국민 대다수가 반대하는 4대강 사업이 국민에게 고통을 준 원인이었다는 소리를 듣고 싶지 않았을 것이다.

그러나 농사짓던 밭 3,000만 평 이상이 사라졌는데, 채소 값이 그대로일 것이라고 믿고 우기는 건 난센스다. 4대강 지역에서 채소가 재배되고 있었다면 배추 한 포기에 1만 5,000원이나 하는 혹독한 고통까지는 겪지 않았을 것이다.

지금도 올 김장하는 비용이 예년보다 30% 정도 더 든다는 보도가

경남 창녕군 길곡면 수로에 폐 콘크리트가 군데군데 버려져 있다. PH농도가 높아져
주변 오염 가능성이 크다. ⓒ마산·창원·진해 환경운동연합 제공

있다. 마늘, 고추, 양파, 무 등의 수입을 늘린다는 정부 발표도 있다.
모두 4대강 사업과 무관치 않다고 보는 게 옳다.

하천부지 밭만 없어지는 게 아니다. 준설토를 갖다 '버리는' 리모
델링 경작지도 따지고 보면 대부분 '절대농지'의 감소다(이 정권 들
어 그린벨트도 적지 않게 줄었다). 리모델링 지역에 대해서는 앞으로
형질변경을 통한 땅값 상승에 관심을 두는 농민들이 더 많아 보인다.
농사짓기가 힘든 고령자들이 농촌에서 늘어나는 것도 이유일 것이다.

4대강 사업으로 경남지역 낙동강 변에서만 그런 리모델링 지역이
2,300ha 690만 평에 이른다. 정부가 농사를 못 짓게 된다고 보는 2년
동안의 평당 보상가격이 1만 2,500원이다. 따라서 리모델링 사업이
해당농민 개개인에게는 '논일 안 해도 되는' 혜택일 수도 있다. 리모
델링 지역이 다시 논이 된다는 보장도 없다.

크게 봐야 한다. 쌀 재배면적의 감소는 결코 좋아하거나 선도해갈 일이 아니다. 전국의 쌀 재배면적은 106만ha에서 89만ha로 15년 전에 비해 무려 15% 이상 줄었다. 쌀은 보관이 골치 아플 정도로 남아돌고, 여차하면 반도체 팔아서 수입해다 먹으면 된다는 사람들도 적지 않다. 그러나 식량안보차원의 심각성을 직시할 필요가 있다.

15년 전 미국 쌀값은 우리 쌀값의 29%에 불과했다. 그게 지금은 55%에 이른다. 오른 것이다. 또 15년쯤 뒤에 어떤 상황이 닥칠지 모른다. 더구나 우리에게는 장기적으로 남북관계까지 고려해야 하는 식량문제가 있다.

내가 꼭 필요한 것을 상대방이 갖고 있으면 상대방이 부르는 게 값이 된다. 컴퓨터와 휴대전화 등 첨단제품에서 꼭 필요한 원료인 희토류 때문에, 센카쿠 영토분쟁에서 일본이 즉각적이고 단호하게 무릎을 꿇는 것을 우리는 보았다. 내게 없거나 모자라면 그러는 게 국제사회의 질서다. 식량문제도 예외가 아니다.

그런 식량안보 말고도 당장 소작농들에게도 4대강 사업은 고통이다. 빌려서 농사지을 땅이 줄었다. 하천부지 농사가 금지되고, 리모델링 사업으로 논 면적이 줄었기 때문이다. 농지 임대경쟁이 심해질 수밖에 없다. 하천부지 경작금지로 소득원이 사라진 사람들은 소작료를 더 얹어주고 땅을 잡기에 바쁘다.

함안 수박생산자협의회 조명래 사무국장은 200평짜리 겨울 수박농사용 비닐하우스 한 채 빌리는 값이 예년 30만 원이었으나 요즘은 36만 원이 되었다고 했다. 20%나 비싸진 거다. 4대강 사업에 대거 투입되는 바람에 중장비도 임대료가 20%나 올랐다.

하천지형을 연구하는 세계적인 권위자들도 지금 진행되고 있는 이 나라 4대강 사업에 대해 심각한 우려를 표하고 있다. 20세기 중반 북미와 유럽에서 댐을 건설하고 구불구불 흐르는 강을 직선화시켰던 하천사업이 사실은 '실수'였다고 토로했다.

지금은 오히려 다들 예전의 강으로 원상회복시키는 추세라고 했다. "한국에서 이뤄지고 있는 형태의 유역관리는 미국과 유럽에서 이미 20세기에 폐기된 방식"이라며 신중한 접근을 충고하고 있다.

"4대강 사업은 주민들에게 보탬이 되도록, 치밀한 계획 아래 서두르지 말고 협의해가며 추진해야 한다"는 입장인 김두관 경남지사가 요즘 정부와 한나라당의 집중포화를 받고 있다.

낙동강사업 조정협의회의 구성을 정부에 건의했다가 거부당했다. 사업권을 회수하겠다는 정부의 엄포도 있었다. 낙동강변 하천부지에 몰래 매립된 수백만 톤의 불법 폐기물에 대한 공동조사 제의도 정부 측이 거절했다. 다 떳떳치 못한 일이다.

한나라당이 지배하는 경남 도의회의 의원들과 시장 군수들은 4대강 사업이 '대다수 국민들이 적극 찬성하고', '이명박 대통령이 국민적 동의를 받은' 사업이라고 했다. 따라서 사업 발목 잡지 말고 지사직 사퇴하라고도 했다.

피해주민과 시민단체들은 "사업 착공 전부터 주민들의 문제제기를 단 한 번도 거들떠보지 않던 정부가 이제 와서 사업권 회수를 말할 수 있느냐"고 비판하고 나섰다. 바야흐로 전쟁 중이다.

4대강 사업은 대통령 한 사람의 결단에 의해 추진되는 것으로 알려졌다. 그의 앞에서는 누구도 지금의 4대강 사업에 감히 토를 달지 못한다는 얘기도 들린다.

그러나 이 나라 금수강산이 결단코 어느 한 사람의 것일 수는 없다. 이 땅에서 앞으로 태어나고 살아가야 할 후손들의 것이기도 하다. 그들에게 재앙이 될 가능성은 없는지도 살피고 또 살펴야 한다. 이

나라는 한 개인이 아닌 모두가 살아가야 할 하나뿐인 땅이기 때문이다. 절대로 이렇게 서두를 일이 아니다.

2010. 11. 05.

4대강 사업,
'홍수예방과 무관' 확인됐다

— '22조 원' 제 길 찾아 보내줘야

중부지방 폭우가 시작된 7월 26일 아침 한 보수 신문이 최근 장마 이후 4대강의 안전도를 평가한 단독기사를 크게 보도했다. 토목과 환경 분야 전문가 8명에게 의뢰해 7월 21일부터 3일간 조사해보았더니, "4대강 살리기 사업이 올해 장마에서 홍수예방효과를 거뒀다"는 분석결과가 나왔다고 썼다. 8명의 전문가는 평가의 객관성을 확보하기 위해, 4대강 사업에 적극 찬성하거나 반대한 사람은 빼고, 중립적인 견해를 가진 교수들을 각 대학으로부터 추천받았다고 했다.

그러나 평가의 객관성에 심각한 의문을 표시하는 환경운동가들의 지적이 바로 나왔다. 8명의 전문가 대부분이 4대강 사업과 직간접으로 연관돼 있다는 이야기였다. 4대강 사업 정부 측 자문단으로, '4대강 사업 강력 찬성' 의사를 밝히는 교수들이 포함돼 있다고 했다. 직전의 청장이 "4대강 사업 때문에 태풍피해가 줄었다"고 해 구설수에 오른 소방방재청으로부터 연구 프로젝트를 받아 수행 중인 교수들 이름도 거명되었다. 환경운동가들의 주장은 사실이었다. 공정하다 할 수 없는 조사 결과였다.

한 인터넷 신문이 4대강 살리기 추진본부가 주민들을 인터뷰해 7월 18일 공개한 내용을 보도했다. "비가 많이 오면 하천 부지가 침수되곤 했는데, 준설을 하니 유수가 빨라져 침수가 많이 안 되고 물 빠짐이 좋아졌다"고 한 목소리도 있었다. <4대강 준설효과 "홍수위 낮아져 범람·침수피해 줄어">라는 제목이 붙어 있었다.

근래 들어 4대강 본류가 범람한 적은 없었다. 4대강 사업이 시작되면서 모든 하천 부지에서의 농작물 경작도 금지되어 있다. 준설공사로 지형이 달라지기까지 했을 그 하천 부지가 침수되었건 안 되었건 무슨 의미가 있는 이야기인지 알 수 없다. 그 하천 부지의 침수 여부가 홍수 피해 유무를 판단하는 기준이라도 된다는 건지 헷갈린다. 비가 많이 와 강물이 불어나면 잠수교는 물에 잠기게 마련이고, 한강 고수부지가 침수되기도 한다. 그것을 범람이나 홍수피해라 하는 사람 없다.

4대강 사업이 홍수 예방에 기여하고 있다는 이야기를 못 박고 싶었을 것이다. 그래서 불공정하거나, 주제와 한참 거리가 먼 사례까지 무리하게 끌어댔을 것이다. 언론이 중심을 잡아주지 않으면 '공정사회'는 물 건너갈 수가 있다. 한 시대와 나라가 불행해질 수도 있다. 언론이 불공정에 '편승'해 '장난'을 쳐서는 안 되는 이유다.

우면산에서 산사태의 참사가 벌어지고, 수도 서울의 심장부 광화문 네거리 일대가 물바다를 이룬 7월 27일, 언론은 온통 '100년 만의 폭우'라 외쳐댔다. '100년 만'이란 표현 속에는 그 비로 인한 피해가 모두 '불가항력'이라는 의미를 바닥에 깔고 있다. 광화문은 작년 추석에도 물에 잠겼다. 그때도 '100년 만의 폭우'라 했다. 그때나 지금이나 물 빠질 곳이 없어서 일어난 사고였다. 청계천 때문이라는 이야기도 나왔다. 기상청에 100년 만이냐고 물어보았다. 정확한 표현은 '7월 27일 서울에 내린 폭우 301.5mm는 1998년 8월 8일(332.8mm) 이후 13년 만의 최대 폭우'였다.

지난 27일 폭우로 발생한 우면산 산사태로 피해를 본 아파트 현장. ⓒ프레시안(최형락)

MB도 이번 홍수피해가 '불가항력'임을 강조하기 위해 안간힘을 쓰고 있다. "지금처럼 비가 오면 어떤 도시도 견딜 수 없을 것"이라 했다. 천재지변이라 했다. 정부의 책임에 물타기를 하고 싶었을 것이다. 그러나 천만의 말씀이다. 26일부터 3일간 내린 비를 700mm(서울은 534.5mm)라 쳐도 '불가항력'은 아니다. 일본과 단순 비교해 봐도 그렇다. 이번 폭우로 우리는 70명 넘게 목숨을 잃었고, 9,900채의 집이 침수됐다. 일본은 최근의 태풍 '망온' 때 1,027mm의 비가 내렸어도 우리보다 피해가 적었다. 사망 1명에 134채의 집이 물에 잠겼을 뿐이다. 대통령이 몰랐을 리 없다.

이번 폭우 사태를 보면서 이명박 대통령이 심각하게 받아들여야 할 소중한 '가르침'이 있다. 바로 4대강 사업은, 공사를 시작하면서부터 MB정권이 줄곧 내세워 온 가장 큰 목적, 홍수예방과는 아무런 관계가 없다는 지엄한 진실이다. 이번 폭우를 통해서 그게 분명하게 확인되었다. 이번에 폭우가 내린 곳은 4대강 중 주로 한강유역이었다. 물이 한강의 본류에 도달하기 '이전의 지역'에서 참사가 일어난 홍수 사태였다는 점에 주목해야 한다.

한강본류와는 상관없이, 지류와 소하천들이 범람하고 산사태가 일 어나고, 사람이 죽고 집과 농경지가 큰물에 휩쓸리는 피해였다. 낙동 강과 금강과 영산강도 마찬가지다. 4대강 사업은 그동안 본류에 대한 삽질만을 하는 과정에서, 적지 않은 상처를 입혔고, 헛준설로 또 돈을 쏟아 부어야 하지만, 앞으로도 홍수예방과는 아무런 관계가 있을 수 없게 되어 있다. MB정권 일각에서 지류의 정비를 위해 20조 원 투자 계획을 검토한 것도 이 같은 근본적인 문제를 고민했기 때문일 것이 다. 알아차렸기 때문일 것이다.

애당초부터 4대강 본류에는 홍수위험이 거의 없었다. 적어도 4대강 사업 주무부처인 국토부는 알고 있었을 것이다. 국토부의 전신인 건 교부가 2006년에 이미 '4대강 본류의 97.3%는 정비되어 있다'고 판단 한 기록이 있다. 실제로, 범람과 침수 등의 홍수피해는 지류에서 일어 나고 있기 때문이었다. 2009년 11월 27일 이명박 대통령은 TV를 통해 생방송 된 '국민과의 대화'에서 "김대중·노무현 정부 때 각각 43조 원과 87조 원의 하천정비계획을 세웠으나, 반대가 없었다"며 "내가 20조 원 들이는 데는 왜 반대하느냐"고 일갈했다.

그때 MB는 전 정권에서 만든 <신국가 방재 시스템>이란 서류를 손으로 흔들어 댔다. '운하' 때문에 마음이 급했는지도 모른다. 그러 나 그 서류에 적힌 87조 원 중 하천 재해 예방사업비는 14조 원에 불과 했다(집행은 안 됐다). 그것도 투자대상은 4대강 본류가 아니고, 홍수피 해가 많은 소하천들이었다. 지류였다. 아무튼 지금 문제는 4대강에 퍼 붓기를 하고 있는 헛돈 22조 원(사실은 얼마로 불어날지 모른다)이다.

애당초 순수하게 치산치수(治山治水)를 염두에 둔 게 맞다면 그 돈은 처음부터 쓰임새가 달라야 했다. 폼 잡으며 배 띄우고 자전거 도로 자랑하는 것과는 원천적으로 쓰이는 곳이 달라야 하는 돈이었다.

2004년부터 산사태 1등급 지역으로 분류돼 있으면서도 손을 안 대고, 그래서 2년 연속 산사태가 일어나, 필경 참혹하게 찢겨져 나간 우면산에 참변예방자금으로 갔어야 할 돈이다. 경기도 광주의 경안천과 곤지암천, 연천의 초성천과 파주의 설마천에 보내, 범람 방지를 위해 강폭 넓히고 제방 쌓는 데 투입했어야 할 돈이다. 인하대 봉사활동 젊은이들이 산사태 희생나지 않게 쓰였어야 할 돈이다. 귀한 목숨 억울하게 빼앗기는 것 사전에 막았어야 할 돈이다. 수만 마리가 묻힌 구제역 집단 매몰지 30여 군데가 이틀간이나 물에 잠겼던 파주시 파평면 늘노천 주변 들판으로도 미리 달려갔어야 할 돈이다. 속절없이 엉뚱한 삽질하는 데 마구 퍼주고 있는 원통한 국민들의 세금이다.

우면산의 등산 안내도를 보면 안타까운 생각이 든다. 하늘에서 내려다본 모습을 그린 이 안내도에는 50여 개의 산책로, 등산로, 숲길 등이 마치 우면산을 밧줄로 꽁꽁 묶어놓은 것처럼 표시돼 있다. 여기에 자연 생태공원과 약수터와 쉼터, 주말농장, 저수지 등 인공의 시설들이 수두룩하다. 사람들이 자연을 못살게 괴롭히는 모습이다. 자연은 함부로 파헤치고 속박해서는 안 된다. 반드시 '반응'하게 되어 있다. 그게 이번 재앙이다.

4대강도 본래의 모습으로 되돌아가도록 풀어주는 게 옳다. 재앙을 막기 위해서 삽질도 이쯤 해서 중단하는 게 옳다. 남은 예산도 제 갈 길 찾아 보내주는 게 옳다.

2011. 08. 01.

04 백구두 신고 열심히 헛돈 쓰는 정권

– '삽질 전문가' MB의 '삽질 에러'

또 4대강의 다리 하나가 붕괴조짐을 보였다. 경남 창녕군 남지읍 남지리와 함안군 칠서면 계내리를 잇는 남지 철교다. 교각 한 개가 땅속으로 30cm가량 내려앉아 상판 3개가 기울며, 다리에 금이 간 게 육안으로도 보일 정도의 붕괴현상이 나타나기 시작했다. 4대강 사업 낙동강 구간 19공구에 해당하는 이 다리는 서울 한강 철교와 지난번 무너진 왜관 호국의 다리 등과 함께 대표적인 근대식 철교로, 근대문화유산 제145호로 지정돼 있다.

1933년 개통된 이래, 바로 옆에 남지대교가 놓인 1994년부터 차량 통행을 금지하고, 도보 통행만 허용해왔으나, 붕괴 위기를 맞자 22일부터 통행이 전면 금지됐다. 마산·창원·진해 환경 연합의 임희자 사무국장은 "내려앉은 교각 주변에서는 사전 보호조치 없이 모래를 파내는 준설 공사가 이뤄졌다"고 말했다. 그게 사고 원인이 된 것으로 추정되지만, 지금까지 다른 다리들이 붕괴됐거나 붕괴 현상이 나타났을 때 으레 그러했듯이 수자원 공사 측은 "4대강 사업과는 관계가 없다"고 했다.

이로써 4대강에서는 낙동강 본류에서 2개(호국의 다리와 남지철교), 한강유역의 여주지역 지천에서 2개(작년 9월의 여주읍 연양천 신진교와 지난달 17일의 대신면 한천 용머리교) 등 모두 4개의 다리가 '사업' 때문에 붕괴되거나 붕괴의 위기를 맞았다. 앞으로 4대강의 본류와 수많은 지천에서 얼마나 더 많은 사고가 날지 모른다. 그게 다 예상치 않은 돈 들어가는 사고들이다. 올 여름 물난리 때 밝혀졌듯이, 4대강 사업은 홍수예방과는 아무런 관계가 없다.

멀쩡한 강에, 어떤 보탬도 안 되는 삽질을 해대는 바람에, 온통 상처투성이가 돼 있는 게 지금의 4대강이다. 일부러 비싼 돈 들여 망가뜨린 셈이다. 그동안 MB정권은 배가 다닐 수 있도록, 수심 6m를 확보하기 위해 강바닥의 모래를 긁어냈지만, 따지고 보면 그건 모두 헛돈 쓴, 헛준설이었다. '붕괴' 같은 탈만 만들어냈다.

최근 4대강을 둘러본 인제대 박재현 교수(토목공학)는 강바닥 준설 이후 올여름 비로, 적어도 긁어낸 깊이의 20~30%는 또다시 모래가 쌓인 것 같다고 진단했다. 그만큼 수심이 얕아져, 또 강바닥을 파내지 않고서는 배가 다닐 수도 없고, 배가 못 다니면 이 정권이 추진 중인 낙동강 변 '항구'들도 제구실을 할 수 없으리라 했다. 그래서 또 파내면 또 메워지리라 했다. 쌓이는 모래를 다시 긁어내는 데만 연간 2,400억 원 정도는 들어가야 할 것이라 했다. 매년 그럴 것이라 했다.

이는 정부가 당초 추정한 연간 '유지준설비용'의 4배에 이르는 액수이고, 2,400억 원이면, 정부가 당초 예상한 '준공 후 4대강의 연간 유지 관리비 전체 액수'와 같은 규모다. 전문가들은 '준공 후의 연간 유지 관리비'를 정부의 예상보다 많은 1조 원정도로 잡았으나, 그마저 모자랄 것이란 이야기가 나온다. 물론 붕괴되는 '다리 값'이나 '제방 값' 등 '사고대금'은 별도로 놓고 하는 이야기다.

영주댐 공사현장. ⓒ프레시안(최형락)

강을 둘러본 국내외 전문가들은 놀란다. "왜 이 사업을 하는지, 앞으로 돈이 얼마나 더 들어갈지 모르겠다"고 입을 모은다. 그래서일까, 4대강 공사 당국은 될 수 있으면 현장사정을 숨기려 한다. 4대강 현장을 둘러보던 독일의 세계적인 하천학자 한스 베른하르트 교수가 지난 12일 여주에서 곤욕을 치렀다. 18일 국회에서 열린 4대강 관련 국제 심포지엄에 참석하러 한국에 온 베른하르트 교수는 강을 둘러보고 있었다. 남한강 역행침식과 재퇴적을 둘러보던 중 덤프트럭이 교수 일행의 진로를 가로막는 희한한 일을 당한다.

기자회견이 예정된 강천보 인근에서는, 하청업체 관계자들이 주요 멤버인 것으로 알려진 '여주 녹색 성장 실천 연합회(녹실련)' 회원 30여 명으로부터 제지를 당한다. 회견 장소를 여주 신륵사로 바꿔 이동하자, 회원들이 또 쫓아와 그를 둘러쌌다. 한 회원이 따진다. "4대강 사업으로 우리도 독일처럼 부자가 되려 한다." 베른하르트 교수는 대답했다. "독일은 이미 50년 전에 한국의 4대강 사업과 같은 하천 공사를 포기했다." 그러자 일부 회원들이 눈을 부라리며 외쳤다. "여기 왜 왔나. 너희 나라로 돌아가라."

4대강 현장을 둘러보며 베른하르트 교수는 "unbelievable(믿을 수 없다)"이란 탄식을 여러 번 뇌었다고 했다. 더욱 '별난' 일은 그다음에 일어난다. '녹실련' 회원들의 '무용담'이 바로 4대강 추진 본부에 보고되자, 부본부장으로부터 회원들에게 격려 메시지가 즉각 날라 왔다. "여러분께 감사드립니다"였다. 무슨 조폭들의 이야기를 전해 듣는 느낌이다. 국토해양부 4대강 추진 본부장은 대한민국 정부의 장관급 공무원(국토부 공보관실에서 그렇게 말했다)이다.

강의 모습도 민심도 나빠만 가는 상황이라, 이 정권의 예민함이 이해되는 측면도 있지만, '그런 회원들'과 추진본부의 '해괴한' 처신은 그야말로 '믿을 수 없는' 이야기다. 특히 전체 사업비보다 '이후'의 비용이 끝없이 커져갈 것으로 보이는, 그래서 '배보다 배꼽이 더 큰' 문제가 예상되면서, 그렇다고 지금 발을 뺄 수도 없기 때문에, MB정권의 고민은 깊어만 가는 것으로 보인다. 갈수록 민감해지는 것 같다.

4대강 사업비는 22조 원에서 출발해 24조 원을 거쳐 30조 원 이야기가 나온 게 한참 전의 이야기다. 복지가 됐건 뭐가 됐건 돈 쓸 일과 관련되는 이야기가 나오면 정권차원에서 즉각 신경질적인 반응을 보이는 것도 이 4대강 사업 때문인 것으로 알려졌다. 다른 사용처, 입도 뻥끗 못한다고 했다. 예산관련 공무원들의 이야기다. 게다가 MB는 '삽질 전문가'인데도, 다른 곳의 삽질까지 에러가 나는 게 정권의 괴로움이라 했다.

2008년 삽질을 시작해서 개통을 눈앞에 둔 아라뱃길(경인운하)도 2

조 원 넘는 공사비를 쏟아 부었으나, 애물단지로 전락할 우려가 있는 것으로 전해진다. 감사원도 사업성이 없다 했고, 수자원 공사가 비밀리에 용역을 줘 조사한 보고서도 1조 5,000억 원의 손실이 불가피 하다고 썼다. 서울시의 한강르네상스도 꼴사나운 모습을 드러냈다. 국민들 입장에서 보면 이 모두가 터무니없이 빠져나간 헛돈 들이다.

그뿐만이 아니라 MB정권 들어 대기업 등 부자들에게 줄여준 세금 96조 원도 국민들의 '손실'이다. 사실상 정부가 '헛돈' 쓴 거다. 이 정권은 부자들 밀어주면 그 돈으로 투자가 이뤄지고, 여기서 일자리가 생긴다고 했다. 그러나 부자들은 투자하지 않았고, 그 돈 은행에 쌓아뒀다. 일자리가 없어 실업률은 높아졌다. 부익부 빈익빈의 양극화만 더욱 심해졌다. 2008년 309조 원이던 나라 빚은 2년 새 393조 원으로 84조 원이나 늘었다. 서민들이 주로 부담하는 간접세 비중이 2010년 52%를 넘었다. 2007년 47%였으나 이 정권 들어 급격히 늘었다.

직접세보다 간접세 덩어리가 커졌다는 말은 정부가 부자들 세금 깎아주면서 생긴 구멍을, 서민들이 세금 더 내 메워줬다는 이야기다. 미국의 부자 워런 버핏은 미국정부가 부자들의 세금을 더 거둬, 재정위기를 돌파토록 하자고 의회에 제안했다. 자기부터 더 내겠다고 했다. 우리 부자들은 그런 생각 않는다. MB도 장관도 그럴 생각 없다. 박재완 재경부장관은 오히려 한술 더 뜬다. 부자감세 철회할 의사 없고, 서민들의 세금 더 늘려야 한다는 이야기를 했다.

복지가 OECD 국가 중 꼴지 수준인데도, 이 나라에서는 복지 이야기만 꺼내면, 정부는 물론 조중동까지 벌떼처럼 덤벼 잡아먹을 듯이 악을 써댄다. "복지로 망한 나라들……, 남유럽 국가들…… 망국적 포퓰리즘" 다 그런 소리다. 살림은 자기들이 잘못해놓고, 허리띠는 국민들 보고 졸라매라 한다.

자기들은 4대강에 배 띄우고 폼 잡으면서, 백구두 신고 강바람 쐬며 자전거나 타겠다 한다. 그거 하겠다고 복지 이야기는 입도 뻥끗 못하게 한다. 그런 '헛돈' 장만하기 위해, 방학 동안 점심 굶는 아이들 25만 명의 밥값을 예산에서 삭제하기도 했다. '나쁜' 정권이다.

헛돈 180억 원이나 쏟아 부으며 '무상급식 투표'를 강행했다. 결과로 나타난 민초(民草)들의 절절한 목소리를 알아듣기나 하는지 모르겠다.

2011. 08. 26.

05 | 4대강 사업, 더 이상은 차기 정권에 넘겨야

– MB의 '지천 정비 사업'은 헛삽질

설마 했던 '2차 4대강 삽질'이 기어이 시작될 모양이다. 그야말로 "혹시나" 했더니 "역시나"가 되는 것 같다. 지난 7일 광주(光州)에서 열린 지역 발전주간 개막식에서 이명박 대통령이 그렇게 밝혔다. "지천 사업은 '돈 들여서라도' 내년에 해야 한다"며 "이번 예산에 넣겠다" 했다. 이미 20조 원쯤 소요된다고 이야기가 나왔던 4대강 지천 정비 사업 이야기다.

MB는 이날 먼저 '4대강의 성공'에 대해, 입에 침이 마르도록 자랑을 했다. "다음 달이면 새롭게 탄생한 4대강을 볼 수 있을 것"이라 했다. "지역 주민의 삶의 질을 높이고 지역 경제 발전에 큰 도움을 줄 것"이라고도 했다. 물론 그동안에도 MB는 기회 있을 때마다 4대강 사업을 '대단한 계획'으로 자신 있게 소개했다. 취임 직후인 2008년 3월 물의 날 기념 축사에서는 "홍수를 근원적으로 막는 사업이 될 것"이라고, 출전을 앞둔 운동선수 같은 결의를 보였다.

2009년 9월 29일 UN 총회에서도 그는 "4대강 사업은 반복적 재해

복구 사업에서 탈피해, 이수·치수·문화 등을 종합적으로 고려하는 미래 대비 물 관리 사업"이라고 목청을 높였다. 그렇게 '훌륭한' 4대 강 사업이 이제 마무리되어가는 시점에서, 한두 푼도 아닌 20조 원 이나 되는 엄청난 돈을, 왜 또 쏟아 부어 지천 정비 사업을 벌여야 하는지, MB는 광주에서 그 이유를 말하지 않았다. 그날 MB는 '홍수예 방과는 아무 상관도 없이' '엉망으로 망가져 있기만 한' 지금의 4대강 상태에 대해서는 입도 뻥끗하지 않았다.

그러면서도 지천 정비 사업은 꼭 필요한 것으로 강조했다. 사실 자 기들끼리는 벌써 그 이유를 다 알고 있었다. 국토해양부장관은 이달 초 당정협의에서 4대강 지천 정비가 필요하다며 '사업이 완벽히 마무 리될 수 있도록' 예산편성 등에서 당의 협조를 요청했다. 한나라당 소속의 국회 국토해양위원회 위원장도 지난달 30일 "정기국회 예산 작업을 시작할 때 '국가의 재난대책수립 차원에서' 지천 지류에 대한 예산을 세워야 한다"고 말한 것으로 보도되었다. 이미 수십 조 원(정 확히 얼마인지도 모른다)이나 들였는데도, 4대강 사업은 아직도 '마 무리가 안 되고' 따라서 '재난 대책을 추가로 수립해야 한다'는 이야 기다. "'홍수 등 재난을 근원적으로 막고', '미래를 대비하는 물 관리 를 제대로 하려면' 20조 원을 더 들여서라도 지천을 정비해야 한다" 는 이야기다. 결국 '4대강 사업은 당초 목표를 달성하지 못한, 실패한 사업'이라는 이야기다 '복지 포퓰리즘 망국론'을 외치면서까지 다른 데 쓸 돈 못 쓰게 하고, 국민들 허리띠 졸라매며 세금 쏟아 부은 게 4대강 사업이고 MB정권이었다. 그 사업이 실패했다는 소리다.

결론적으로 4대강 사업은 국민들 혈세 쥐어짜다가 헛돈질 한 '강 파 괴사업'이 되었다. 일부 부동산에서 덕본 사람도 있겠지만, 실제로 아무 리 따져 봐도 자전거길 정도 빼놓고는 그 사업을 통해 이뤄낸 게 없다.

국가 경제적으로도 손실이라는 결론은 이미 나 있다. 오히려 강을 철저히 할퀴면서, 다리 무너지고 둑 허물어지는 사고만 불렀다. 기약도 없이 계속해 수습비용만 들어가는, '안 했어야 하는' 사업이었다. 그것을 이번에 MB가 사실상 자기 입으로 실토한 셈이다.

　그래놓고도 MB는 광주에서 "서울에서 낙동강까지 푸른 강을 따라 달리는 1,600km 자전거길은 세계인이 찾는 명소가 될 것"이라고 큰소리쳤다. 물론 4대강 사업은 자전거길 내는 관광 사업이 아니었다. 자전거길 내기 위해 그 많은 돈 퍼부은 사업이 아니었다. '빚내 굿판 벌였더니 맏며느리 춤춘다'는 속담이 있다. 빚 얻어 굿하는 안타까운 사정도 잊은 채 춤이나 추는 철없는 맏며느리를 탓하는 말이다. MB는 다음 달 '4대강 준공행사'에서 실제로 그렇게 '맏며느리처럼' 춤을 출지도 모른다.

배를 띄우겠다는 일념으로 수심 6m 만들기 위해 보를 세우고, 계속해서 끝도 없이 강바닥 긁어내는 시스템이 구축된 게 지금의 4대강 사업이다. 때문에 MB측은 4대강 본류의 모래를 긁어낸 강바닥에 또 지천의 모래가 흘러와 쌓여, 물 깊이가 얕아지는 것을 원천봉쇄함으로써, 어떻게 해서든지 수심 6m의 뱃길을 확보하려는 것으로 보인다. 이에 따라 지천이 4대강 본류와 만나는 지점과, 지천의 중간 중간에 소규모 보를 건설해, 더 이상 본류로 모래가 흘러드는 것을 차단하는 게 MB정권이 구상하는 지천 정비 사업의 주된 개념인 것으로 알려졌다.

4대강 사업을 반대하던 사람들도 당초 4대강 본류보다 지천의 정비 사업이 필요하다고 주장했었다. 홍수는 4대강 본류보다 지천에서 주로 일어나고 있으므로, 지천의 홍수를 다스리는 게 중요하다는 이야기였다. 이를 위해 지천에 저류지와 습지 등을 만들어 물의 흐름을 조절·순화시키고, 제방보강 등을 통해 물난리를 막는다는 구상을 내놓기도 했다. 그러나 정부는 본류공사가 먼저라며 삽질을 강행했다. 지천에는 배를 띄울 수 없기 때문이었다.

그렇게 본류 공사만 하면 홍수 예방이니 뭐니 다 될 듯이 말하던 정부가 이제 지천 정비 사업의 목적을 뭐라 둘러댈지는 알 수 없다. 그러나 짚어야 할 것은 분명히 짚고 넘어가야 한다. 정부가 추진코자 하는 지천 정비 사업에는 물론 홍수예방의 목적도 있다. 허나 진짜 목적은 따로 있다. '4대강 사업의 실패'를 은폐해보려는 속셈이다. 실패를 서둘러 뒷수습함으로써 뒤틀려 있는 사태를 합리화해보려는 미봉책이다.

"속셈이야 어찌 됐건 홍수예방도 목적이라면 지천 정비는 해야 하는 거 아니냐"고 말할 수도 있다. 맞는 이야기다. 그러나 할 건 해야한다 치더라도 거기에는 방법이 있고 거쳐야 할 순서가 있다. 목적에 따라 사업내용과 추진기간과 결과물에서 엄청난 차이가 날 수 있기 때문에 그렇다.

지금 MB는 마음이 급하다. "내년에 해야 한다"고 했다. 임기 내에 예산을 들여 빨리 끝내겠다는 이야기다. 사태를 호도하려면 그럴 수밖에 없을 것이다. 문제는 결과물이다. MB가 아무리 사태가 급하다 해도 결과물 때문에라도 이번만큼은 참아줘야 한다. 급한 마음에 그렇게 사업을 졸속으로 계획하고 허겁지겁 추진한다면, 엉망이 된 부실 결과물이 또 우리 앞에 나타날 게 틀림없다. MB에게는 더구나, 어처구니없게도 예비 타당성 조사조차도 거치지 않은 채 서둘러 사업을 시작했다가, 이 모양 이 꼴의 4대강 사업을 만들어낸 '전과'까지 있다.

미안한 이야기지만 그 같은 '상습 일탈' 행위를 이번에도 국민들이 용납하리라고 생각해서는 안 된다. 우선 4대강으로 흘러드는 수많은 지천마다에는 수원(水源)의 사정이 다르고 수량이 다르고 유역의 사정이 다른, 나름대로의 특성이 다 있음을 깨달아야 한다. 그들 개개의 지천을 놓고 치밀한 현장조사와 다음 세대까지를 염두에 두는 신중한 고민과 토론과 연구가 사전에 이어져야 한다. 주민과 생태학자와 건설관계자와 공무원 등이 모두 시간을 갖고 머리를 맞대야 한다.

적어도 그것은 자연에 손을 대고자 할 때 인간들이 갖춰야 할 최소한의 '예의'이기도 하다. 그것을 MB는 1년 안에 끝내겠다는 '천만의 말씀'을 하고 있다. 공무원들과 '특별히 선발된' 몇몇 삽질 업자들이 모여서 군대 줄 세우듯 단일 모델의 정비계획 만들고, 조립주택 짜맞추듯 뚝딱 해치울 생각해서는 안 될 일이다. 될 일이 아니다. 지난 7월 큰 비가 내렸을 때, 경기도 파주에서는 특별 배정 예산을 들인 설마천의 정비 사업이 끝나가고 있었다. 그런데도 설마천은 범람했다.

엉뚱한 곳에서 그랬다. 범람 위험이 있다고 보고 정비 중이던 지역보다 훨씬 상류에서 하천물이 둑을 넘었다. 말하자면 거의 헛군데에 헛돈 쓴, 헛삽질을 한 것이었다. 충분한 사전조사나 연구·고민·논의 없이 일을 벌인다면, MB의 지천 정비도 헛돈 들이는 헛삽질이 될 수밖에 없다. 더구나 그걸 1년 안에 해치우겠다는 '어림없는' 생각은 일찌감치 거둬들이는 게 도리다. 게다가 20조 원은 나라의 재정건전성이 초미의 관심사로 떠오르는 요즘, 보통 큰돈인가. 5,000만 국민이 1인당 40만 원씩, 5인 가족이 200만 원씩 부담해야 하는 엄청난 액수다.

이런 게 다 4대강 사업이라는 첫 단추를 잘못 끼워 연쇄적으로 잘못 빚어지는 사태다. 2중으로 떼돈만 쏟아 부어야 하는 '재앙'이 될 수도 있다. 세계적인 하천학자인 독일의 베른하르트 교수는 독일에서도 유사한 사례가 있다고 했다. 그래서 자연에 손을 대는 일에는 "한 번 미친 짓 하면 계속 미친 짓 하게 된다"고 했다.

4대강을 놓고 볼 때 지금 시점에서 할 수 있는 최선의 선택은 배 띄울 생각 포기하고 강을 원상회복시키는 것이다. MB가 그런 선택을 할 리도 없지만, 설사 그런 선택을 한다 치더라도, 그가 손을 대게 해서는 안 된다. 원상회복이건 지천 정비건 차기 정권에 넘기는 게 순리다. MB가 서툰 삽질로 더 이상 이 나라 이 땅을 헤집게 해서는 안 된다.

2011. 09. 16.

06 | 과유불급 시대의 '리만(李萬)노믹스'

- 마음만 편한 복지라도 좀……

과유불급(過猶不及)이란 말이 있다. 사전적으로는 '지나침은 오히려 미치지 못함과 같다'는 뜻이다. 중용을 소중히 여기라는 가르침이 숨어 있는 말이다. 쉬운 예로 하루 밥 세 그릇이면 되는데 네 끼나 다섯 끼 먹으면 오히려 좋지 않다는 이야기다. 요즘 같으면, 마음속에 기분 좋게 남아 있어야 할 좋은 일이, 자랑이 도를 넘는 바람에 오히려 꺼림하게 남게 된다는 이야기가 된다. 그럴 때 전라도 사투리로 "껄쩍지근하다"는 표현이 있다.

요새 꼭 그런 느낌이다. 소말리아 해적들에게 납치된 삼호주얼리호를 구출해낸 청해부대의 '아덴만 여명작전' 이야기다. 이야기 자체는 엄청나게 통쾌하고 기분 좋은 뉴스였다. 납치될 때마다 큰돈을 주고서야 인질을 빼내올 수 있었고, 때마침 '천안함'과 연평도 사태로 국민과 군의 사기가 바닥에 떨어져 있을 무렵이었다. 그야말로 국민들의 갑갑한 가슴을 탁 트이게 하고 군이 자신감을 되찾은 쾌거였다.

허나 처음부터 좀 찜찜했다. '껄쩍지근'했다. 제1보가 청와대의 생중계 방송으로 시작되었다. 대통령의 직접 발표였다. 이명박 대통령이 직접 작전 명령을 내려, 청해부대 장병들이 성공적으로 해적들을 제압하고 인질들을 구출해냈다고 했다. 그리고는 계속해서 몇 날 며칠을 TV에서 그 작전 이야기가 주요뉴스로 나왔다. 구제역은 그정도로 보도하면서도 그 뉴스에 대해서는 그랬다. 같은 내용도 여러 차례 반복되었다. 야당의 대표란 분이 대통령의 '작전능력'에 찬사를 보내기까지 했다. 군사기밀까지도 다 까발려놓았다. 급기야 여당 내부에서조차 '과잉 홍보'라는 지적이 나오기에 이르렀다.

복기(復棋)를 해볼 필요가 있다. 물론 대통령은 국군통수권자다. 때문에 대통령이 직접 작전명령을 내렸다 해서 이상할 건 없다. 그러나 이 '작전명령' 부분은 국방부의 이야기를 들어보면 약간 차이가 있어 보인다. "한민구 합참의장이 김관진 국방장관에게 승인을 건의하고, 국방장관이 대통령의 승인을 받았다"는 게 국방부 브리핑 내용이다.

'승인'이 곧 '작전 명령'일 수 있다. 그러나 <청와대 참모들은 2~3일 전까지만 해도 "작전은 현지 부대가 판단해서 진행할 것이며, 청와대는 결과만 보고받을 뿐"이라고 신중한 태도를 보였으나, 작전이 성공적으로 끝나자 대통령을 전면에 부각시켰다>는 보도도 있다. 게다가 MB는 '가로채 생색내기' 전력까지 있다.

지금은 '규모나 방법'에서 이런저런 이야기가 나오고 있지만 아랍에미리트 원전수출 때도 그랬다. 한전이 거의 다 성사시켜놓은 단계에 뛰어들어 자신의 노력으로 '국운 융성의 기회'가 만들어졌다고 생색을 내던 것을 우리는 기억한다. 그때나 지금이나 다 과유불급이다. 그래야 할 필요가 절실했겠으나 오로지 생색내기에 너무 급급해하는 것 같다. 아무도 그럴 엄두를 못 내고 있을 때 대통령이 혼자 고안해내 지휘한 작전이나 명령이 아닌 이상 '작전 능력'에 대한 찬사 받을 일도 없다.

제1보는 국방부가 발표하는 게 모양새가 좋았다. 작전에 대한 엠바고(보도유예)도 국방부가 국방부 출입기자단에 요청했었다. 그것도 이유다. 작전성공 발표에 "대통령의 승인을 받아 작전을 수행했노라" 덧붙이면 되었다. 그리고 청와대 대변인이 별도로 "대통령은 국민과 함께 청해부대 장병들의 노고를 치하한다"정도로 발표했으면 딱 맞았다. 그게 중용이다.

21일 오후 삼호주얼리호의 선사인 삼호해운의 대표이사가 기자회견을 한다. 그의 첫마디는 "이명박 대통령님께 감사를 드립니다"였다. 해외의 프로권투시합에서 우승하고 귀국하는 복서가 공항에서 대통령에게 감사인사를 하던 5공 '땡전 시대'를 연상시키는 대목이었다. 챔피언을 태운 비행기가 서서히 멈추면, 기관원이 재빨리 트랩을 뛰어올라가 기내에서 선수를 먼저 만났다.

이윽고 챔피언이 두 손을 흔들며 내려와 중계방송 아나운서 옆자리에 앉는다. "챔피언 되신 것을 축하합니다. 우선 소감부터 한 말씀 해주시죠." 아나운서가 예정된 질문을 하면, 챔피언은 기다렸다는 듯이 대답한다. "먼저 전두환 대통령각하께 감사드립니다." 5공 때 세계챔피언을 땄거나 국제대회에서 승리하고 귀국하는 선수들은 대개 이렇게 중계방송 인터뷰를 시작했다. "경애하는 장군님의 하해와 같은 은덕으로……"와 별로 다를 바 없다.

물론 "내가 명령해 작전을 수행했다"고 대통령이 직접 발표했는데 그에게 감사하지 않을 수 없었을 것이다. 그러나 자연스럽게 '그쪽'으로, 그와 비슷한 흐름으로 가는 것 같아서 안타깝기 그지없다. 그저 "무엇보다 목숨을 걸고 우리 선원들을 구출해주신 청해부대 장병들께 큰절 올립니다. 정부에도 감사드립니다" 했으면 될 일이었다. 그 정도가 중용이었다. 그랬으면 이렇게 느끼하고 '껄쩍지근'한 느낌은 들지 않았을 듯싶다.

뒤이어 구출작전 3일 전의 청해부대 1차 작전 실패를 보도했던 <부산일보>, <미디어오늘>, <아시아투데이> 등 3개 언론사가 청와대 기자실에서 쫓겨났다. 구출작전에 대한 엠바고를 지키지 않았다는 이유였다. 엠바고는 국방부가 국방부 출입기자단에 요청했는데도 기자를 몰아낸 것은 대통령이 있는 청와대였다. 대통령실은 '몰아내는 조치' 내용을 청와대 출입기자실인 춘추관에 '공고문'으로 내붙였다. 으스스한 이야기다. 분명한 과유불급이다. 너무 많이 나간 것 같다. 삼호해운 대표의 '대통령께 감사'도 마찬가지다.

요즘 만발한 복지 논쟁에도 바야흐로 과유불급이 철철 넘쳐나고 있다. 특히 야당의 '복지 논의 점화'를 놓고 정부여당이 신경질적인 반응까지 보이는 것은 이상하다 못해 수상한 느낌까지 든다. '무상복지 3+1'을 내건 것만으로도 '나라를 망쳐먹는 행위' 쯤으로 몰아치고 있다. 그러나 복지는 이제 도도한 시대적 흐름일 뿐만 아니라 이미 '지출만 하는 부담'도 아니다.

필자는 경제분야에는 문외한에 속하지만, 복지는 '사회적 투자'라고 하는 학자들의 주장에 설득력이 있어 보인다. 벌이가 없거나 적으면 결혼율이 낮아지고 초혼연령도 높아진다. 저출산·고령화 사회로 갈 수밖에 없다. 지금 이 나라가 그렇다. 지원(복지)이 반드시 필요해진 상황이 됐다. 어쩔 것인가. 고용안정을 도모하기 위해 비정규직과 양극화 문제에 매달리면서 주거복지에도 눈을 돌려야 한다고 했다. 노동생산성과 경제성장률의 개선을 위해서도 그래야 한다고 했다. 또 있다. 여성의 노동참여를 촉진하는 것도 성장률을 끌어올리는 길이라고 볼 때 육아와 보육복지도 필수적이다.

따라서 고용안정·주거복지·보육복지는 '사회적 투자'라 했다. 결혼율이나 저출산 문제 해결과도 다 연결되는 이야기다. 의료문제나 초중고생들의 급식문제까지도 사회적 투자로 봐야 한다고 했다. 당장 해결방법이 나오는 도깨비 방망이는 없을 것이다. 그러나 적어도 그런 이정표를 세울 필요가 있다. 방안을 찾아 나서야 한다는 건 맞는 이야기다. 무슨 피해의식 때문인지, 들어보지도 않으려 하면서 공짜 시리즈니, 퍼주기 복지니, 망국적 복지 포퓰리즘이니 하는 건 그야말로 과유불급이다.

요즘 오세훈 서울시장은 잔뜩 화가 나 있다. 서울시내 초등학교 전면 무상급식 문제 때문이다. 시의회와 한판 붙어 있다. 정확하게 말하자면 서울시내 초등학교 6개 학년 중 5·6학년 학생들의 무상급식 이야기다. 1·2·3학년은 교육청이 맡기로 했고 4학년은 서초·강남·송파·중랑구를 제외하고는 구청이 다 무상급식에 동의한 상태다. 5·6학년 급식비용 695억 원을 내놓을 수 없다는 이야기다. "도움이 필요 없는 부유층 아이들에게까지 공짜 밥을 줘서는 안 된다"는 논리다.

시장후보 때 그는 '3무 학교'를 만들겠다고 공약했다. '준비물 없는 학교'도 포함돼 있었다. '도움이 필요 없는 부유층 아이에게도' 공짜로 준비물을 대주는 내용이었다. 안상수 한나라당 대표의 출신 지역구인 과천에서는 2001년부터 전면 무상급식을 하고 있다. '도움 필요 없는 부유층에도' 공짜 밥을 주고 있다. 오 시장은 "어느 쪽을 지지하는지 주민투표해보자" 했다. 무상급식을 전면 수용한 김문수 경기지사가 안타까웠던지 한마디 했다. "학생들 밥을 먹이니 안 먹이니 하는 문제로 주민투표 한다는 게 누구에게 득이 되는 것인지……"라고 걱정했다.

그러나 오 시장은 자기가 무너지면 MB정권의 '무상복지 반대' 전선이 무너지는 것으로 보고 있는 것 같다. 보도에 따르면 그는 '주민투표에 지더라도' 6·25 때 낙동강 전선 사수하듯이 전면무상급식 막겠다고 목청을 높였다. 과유불급이다. MB정권의 고민하지 않을 수 없는 부분은 아마도 '4대강 사업'과 '부자감세'인 듯하다. 4대강 사업에 돈을 쏟아 붓다보니 '복지'에 쓸 돈이 없는 것이다. 그렇다고 부자감세 정책은 절대로 바꿀 수 없는 '신성불가침'일 것이다. 진퇴양난일 것이다.

'Trickle down 이론'이라는 게 있다. 부유층을 더 부자 되도록 밀어주면, 그 부(富)가 아래로 흘러 저소득층도 혜택을 보게 돼 경기를 자극한다는 이론이다. '李'명박 대통령과 핵심참모 강'萬'수 씨가 신봉하는 경제이론으로 알려져 있다. 부유층을 지원했다. 부자감세도 그런 것이었다. 부가 아래로 흐르지 않았다. 부자들만 더 부자가 됐다. 양극화만 더 심해졌다. 과유불급 정책이었다.

사람들은 한국에서의 이 이론을 파산한 미국 '리먼브라더스(Lehman Brothers)' 은행에 빗대어 말한다. 'Lehman(李萬)omics'라 했다. MB정권은 '복지'를 위해 '더 부자 된' 세금 거둘 생각이 추호도 없다. 오히려 그들의 '바람막이'가 되고자 한다. 다 '무상복지 결사반대'와 이어지는 이야기다. 가슴 아픈 이야기다. 복지란 행복이다. 최소한의 행복은 '속상하지 않고 마음이 편함'이다. MB정권은 우리가 그 정도의 행복만이라도 복지로 누릴 수 있게 해주면 안 되겠는가.

2011. 01. 28.

07 | 바른길 놔두고
한눈이나 파는
‘안티 서민’ 공화국

– 원점에서부터 따져볼 때

바야흐로 ‘전세 불안’이 폭발 국면에 접어들었다. 전셋집을 못 구해 아우성을 치며 이리 뛰고 저리 뛰는 게, 천하대란이라도 일어나는 느낌이다. 여느 때의 한겨울이면 전세시장은 비수기인데, 작년 가을부터 이어져온 성수기가 멈출 기세를 보이지 않는다. 게다가 올 겨울은 얼마나 추운가. 한파주의보와 경보가 꼬리를 무는 엄동설한이다. 서민들은 참으로 견디기 힘든 겨울을 보내고 있다.

이 같은 전세 ‘난리’는 쉴 틈도 없이, 봄철의 ‘진짜 성수기’와 이어질 것이다. 이유는 간단하다. 시장에 나온 전셋집은 적은데 찾는 사람이 많다. 그러면 집값은 치솟게 돼 있다. 지금까지 살던 가격으로 재계약이 이뤄지는 전셋집은 이미 없다. 전국의 전세금이 2009년 3월 이래 23개월 연속 올랐다고 했다. 작년 12월 한 달 동안 1%에 이어, 올 1월에도 0.9%나 뛰었다고 했다.

때문에 서울 강남에서는 2억 원 하던 전세가 4억 원으로 두 배된 경우도 적지 않다는 이야기까지 들린다. 전세입자들은 보증금을 감당

할 수 없어 변두리로, 변두리로 싼 전셋집을 찾아 나서고, 그도 안 되면 서울에서 수도권지역으로 밀려나기도 한다. 한 통계는 서울을 비롯한 수도권에서 이처럼 점차 외곽으로 밀려나가는 전세주민들이 최고 140여만 명에 이를 것으로 추정했다.

서민들이 손해를 보는 대목은 또 있다. 낮은 금리 때문에 집주인들은 보증금을 굴려야 별 이익이 없다고 보고, 아예 임대 형태를 바꾸기도 한다. 전세를 월세로 바꿔 내놓거나, 보증금을 낮춰 받으면서 월세를 따로 받는 반(半)전세도 많이 등장했다. 이 '난리'의 원인을 살펴보면, 배후에 이명박 정권의 주택정책이 자리 잡고 있다. MB식 주택정책이 참으로 절묘하게도 서민층만 골라 힘들게 하는 중이다.

기본적으로 이 정부의 주택정책은 서민·중산층보다는 주택소유자와 건설업체의 편의를 위하는 쪽에 초점이 맞춰져 있다. 2008년 이 정부 출범하면서 강만수 씨가 "건설경기를 정상화하지 않으면 우리 경제는 어렵다"고 목소리를 높인 것과 맥을 같이한다. 바로 '삽질 국부론'이다. 주택분야에서도 아파트 분양이 잘돼야 건설업계가 활기를 띠고, 그래야 나라 경제가 좋아진다는 이야기였다.

아파트를 재건축할 때는 일정비율의 임대주택을 짓도록 되어 있었다. 서민주거를 위한 용도였다. MB정부 들어 이 의무조항이 폐지되었다. 뿐만 아니다. 이 정부는 2009년 9월부터 국민임대주택단지를 분양 위주의 보금자리주택으로 변경 승인해줬다. 수도권 8군데를 포함해 전국 31개 지구를 그렇게 했다. 서민층 전월세 물량을 줄여서 중·대형 주택의 분양물량을 늘려준 것이다. 충분히 예상할 수 있는 부작용에 대한 대책은 마련되지 않았다.

무분별한 뉴타운 개발과 재개발 사업에서도 전세대책은 없었다. 동시다발적으로 공사판이 벌어지면서 전·월세가 대부분인 단독·연립·다

세대 등 소형주택들이 무더기로 철거되었다. MB정권 들어선 2008년부터 작년까지 서울에서만 그렇게 헐려 나간 집이 9만 7,000여 채였다. 공급된 집은 4만 5,000여 채, 헐려 나간 집의 절반도 못 되었다. 보금자리 주택이 시가보다 싸게 공급돼 주택가격 안정에 기여하는 것은 순기능이다. 그러나 미분양 아파트에는 눈도 주지 않고, 전셋집을 전전하며 보금자리주택 분양 기회를 기다리는 큰손 전세입자들이 적지 않다는 게 업계의 진단이다. 전반적인 전세사정을 놓고 볼 때는 보금자리주택의 역기능이다. 그것도 감안해야 했다.

또 있다. 통계청에 따르면 '자기 집'에 큰 관심이 없는 1~2인 가구가 빨리 늘어가고 있다. 그 같은 현상이 소형임대주택 수요에 적지 않은 영향을 주리라는 예측은 얼마든지 가능했다. 이런 모든 문제를 알고 풀어내야 할 정부가 현상조차 파악하지 못한 채 사실상 손을 놓고 있었던 게 문제였다. 작년 가을 이사철에 전세금이 급등국면에 접어들었을 때도 정부는 그랬다. 태연했다. "심각한 상황이 아니다." "전세금 상승은 일시적 현상"이라 했다.

구제역 바라보듯 했다. 구제역 다루듯 했다. 지난달 '대책'이라는 것을 내놓으면서도 "우려할 상황은 아니다"고 정부는 큰소리를 쳤다. 업계에서는 '전세대란' 못지않게 정부의 그 같은 '시각'이 더 큰 문제라고 걱정을 한다. 주택관련 대책은 다른 것과 달리 오늘 수립해 당장 시행에 들어가더라도 입주가 가능한 건 적어도 1년 이상의 시일이 걸려야 한다고 했다.

주택정책 주무부처인 국토해양부가 온통 4대강 사업에만 매달리다 보니 이 지경에 이르렀다는 소리도 나온다. 정부가 부자감세 같은 데나 신경 쓰다 보니 서민들의 고통쯤은 외면할 수밖에 없었을 것이라는 지적도 주목을 끈다. 바른 주택정책의 수립과 시행은 정부입장에서는 그야말로 따로 돈 안 들이고 베푸는 서민용 주거복지다. 그런 '복지' 베푸는 게 힘들거나 귀찮다면 서민들에게 박탈감이나 고통 느끼지 않도록 만이라도 해줄 수는 있을 것이다. 적어도 그건 도리다.

입만 열면 '친서민'을 말하면서도 MB정권은 그렇게 서민들 반대쪽으로 가는 길을 골라서 걸었다. 주택정책에서뿐만 아니다. 도처에서 그랬다. 한 나라의 살림살이 모습은 다른 데 살필 것 없이 예산을 들여다보면 다 나온다. MB정권의 '안티(Anti) 서민' 행태는 예산 날치기 처리과정에서부터 극명히 나타났다.

방학 중 결식아동 급식지원 예산이 사라졌다. 급식이 끊기는 방학 동안 굶는 아이들 25만 명의 점심 밥값이었다. 작년까지 줄곧 계상돼 집행돼오던 예산이었으나 한순간에 날려버렸다. 날치기 처리를 목전에 두고 허겁지겁 우선순위를 매기다 보니 서민용 복지예산은 뒤로 밀려갈 수밖에 없었을 것이다. 빈곤층 생계급여 예산, 영유아 예방접종 확대 예산, 기초노령연금, 장애인연금, 저소득층 국민연금 보험료 지원 예산 등 '민생·교육·복지 예산' 1조 1,000억 원이 그렇게 삭감되었다.

MB정권의 사전에 '서민'이나 '민생'이나 '복지'란 말은 없었기 때문인지도 모른다. 대신 그렇게 급하지도 않고 당장 필요하지도 않을 뿐만 아니라, 심지어 예상치도 않았던 예산들이 우선순위에서 앞자리를 꿰차고 사업권을 따내는 이변을 연출했다. 물론 서민이나, 민생이나 복지와는 전혀 관계가 없는 것들이었다. 대표적인 사례가 '형님 이상득 도로'다.

포항~영덕 고속도로는 이상득 의원 주변지역이어서 '형님 예산' 논란이 일던 건설 사업이었다. 국가재정법에 따라 조사한 이 고속도로의 예비타당성 지수는 0.33이었다. 타당성 1이 넘어야, 들어가는 비용에 비해 실익이 있다는 평가를 받게 돼 있다. 말하자면 이 고속도로는 건설하지 않는 게 타당하다는 결론이 나 있었다. 그런데도 이 도로는 "영덕이 낙후지역이라 지역 균형발전차원에서 건설해야 한다"는 이유가 붙어, 2조 5,000억 원의 예산이 통과되었다. '형님'은 역시 막강했다.

포항~삼척 철도건설(700억 원)과 울산~포항 복선전철사업(520억 원)도 그랬다. 이들 2개의 사업은 특히 감사원이 "사업의 타당성을 재조사하라"고 지적해, 당초 예산에 한 푼도 계상되지 않았으나 희한하게도 되살아났다. 우선순위가 뒤바뀐 것이었다. 예산은 두말할 나위 없이 아껴서 소중하게 써야 한다. 필요한 곳에 정당한 우선순위에 따라 쓰여야 한다.

이른바 끗발에 따라 예산집행 순위가 정해져서는 안 된다. 국민들이 낸 피땀 어린 세금이기 때문에 그렇다. '형님' 주변에서는 그렇게 예산이 흥청망청 쓰이고 있는데도 중요한 국가사업을 하면서 '형님' 쓰는 돈의 수십 분의 1이 없어 쩔쩔매며 피를 말리는 곳도 있다. 여수엑스포는 2012년 5월 전남 여수에서 93일간 열리는 세계적인 해양박람회다. 엑스포로는 1993년 대전에 이은 두 번째다.

100여 개 나라가 참여하리라 했다. 인구 30만 명에 재정자립도 29%인 여수시는 요즘 죽을 지경이다. 하루 10여만 명씩 950만 명의 국내외 방문객이 예상되지만 시내의 도로망이 골목수준이기 때문이다. 연간 쓸 수 있는 전체가용재원이 400억 원에 불과한 이 소도시는 엑스포 때문에 이미 1,400억 원의 빚을 얻어 썼다. 도로확장·개설비용 540억 원이 절대적으로 필요하지만 정부는 도로법 핑계를 대며 계속 고개를 내젓고 있다. 자치단체 도로는 자체 건설토록 돼 있다는 이야기다.

그러나 여수 사람들은 할 말이 있다. 대전엑스포 때는 대전 시내

도로 건설비용으로 정부에서 1,549억 원이나 도와줬다. 18년 전에 그 랬다. 그때도 도로법은 있었다. 하지만 정부 실무부처로서는 드러내 놓고 말은 못해도 딱한 사정은 있어 보인다. 돈이란 돈은 모두 4대강과 '형님' 주변 같은 데로 몰려가버렸으니 도와줄 여력이 있을 리 없다.

문제는 어느 것이 바른 씀씀이냐 하는 의문이다. 이와 함께 바른길 놓아두고 한눈이나 파는 정권은 아닌지, '친서민' 아닌 '안티 서민'의 길을 찾아가는 정권은 아닌지, 지금은 그런 문제를 원점에서부터 따 져봐야 할 때다.

2011. 02. 10.

08 | 정부가 팔 걷고 주도한 권력형 사기사건

– 짝퉁들이 판치는 나라

아프리카 출장길에서도 그의 위세는 대단했다. 명색은 자원외교를 표방한 순방길이었지만, 규모나 여행 수준은 가히 '행차'급이었다고 동행했던 한 기업인은 전했다. 2010년 10월 하순이었다. 총리실·지식경제부·국토부·농진청·석유공사·가스공사·광물공사·한국전력공사 등 정부부처와 공기업의 고위 실무자들이 그를 수행했다. 여기에 SK에너지·코오롱·STX·포스코·삼성물산·현대종합상사·현대자동차·현대건설의 임원 등이 '자발적으로' 참여해, 모두 28개 기관 57명이나 되는 일행이었다.

프로펠러 비행기까지 통째로 전세 냈다. 아프리카의 짐바브웨·잠비아·모잠비크의 하늘을 열흘 넘게 누비고 돌아다녔다. '왕과 형님의 남자' 박영준 당시 지식경제부 차관 이야기다. 자원외교를 중시하라는 대통령과 '형님'의 뜻에 따라, 박 차관은 지식경제부 발령 2개월 만에 이 같은 대규모 대표단을 이끌고 바람을 일으키며 아프리카를 돌았다. 그는 통도 크고 힘도 셌다. 그러나 아무리 '왕 차관'이라 해도, 차관이면서 출장길에 비행기까지 전세 내는 '간 큰' 공무원이 있다는 이야기는, 필자가 과문한 탓인지 몰라도 아직 들은 바 없다.

그래서였을 것이다. 일행 중 그에게 잘 보이려 하지 않은 사람은 공무원이건 기업인이건 한 명도 없었다고 했다. 물론 전직이었던 국무총리실 국무차장 때도 그는 자원외교 명목으로 아프리카를 들락거렸다. 2009년 8월부터 14개월 동안 모두 4차례 아프리카 10개국을 방문했고, 그때마다 모두 기업인과 함께 갔다. 스스로도 '자원외교의 선봉장'이라 자랑했다. 그러나 그의 행적에는 항상 조마조마한 대목들이 붙어 다녔다. 그리고 그예 사단이 났다.

그가 작년 5월 카메룬에까지 달려가, 다이아몬드 개발권을 따준 CNK마이닝이라는 신생 자원개발업체가 있다. 그 CNK 주변에서 이상한 일이 끝없이 일어난다. '박영준'이란 이름이 두어 발짝 뒤에서 그림자처럼 따라다녔다. 외교통상부의 에너지 자원대사의 이름도 그 뒤를 따랐다. 작년 말 CNK가 카메룬에서 매장량 4억 2,000만 캐럿의 다이아몬드 광산 개발권을 따냈다는 발표가 나왔다. 4억 2,000만 캐럿은 전 세계 연간 다이아몬드 생산량의 2배에 달하는 규모다.

희한하게도 CNK의 발표보다 외교 통상부의 보도 자료가 먼저 나왔다. '자원외교의 성공적인 사례'라는 내용이었다. 카메룬 정부의 광물시험 연구소 건립을 위해, 한국 국제협력단 무상 원조자금 700만 달러가 건너갔다. 다이아몬드 개발권과 관련이 있을 것이라는 이야기가 나왔다. 'CNK의 다이아몬드 개발' 보도 자료는 외교통상부에 의해 올 6월 또 한 차례 배포되었다. 원래 자원 에너지를 담당하는 부처는 지식경제부인데도, 외교통상부가 이상하게도 두 번씩이나 총대를 메었다.

박영준 당시 지경부 차관이 '절묘하게 움직였을 것'으로 보는 사람들이 적지 않았다. '매장량'도 사실이 아니었다. 한나라당의 정태근 의원은 "외교부가 '1995년부터 97년까지 그 지역에 대해 UNDP가 조사한 보고서에도 4억 2,000만 캐럿 이야기가 나와 있다'고 덧붙여 발표한 것은 거짓"이라고 말했다. "그 무렵의 UNDP 보고서에는 그런 내용이 아예 없고, 그 10년 전인 1985년, 87년 보고서에, 그것도 '다이아몬드가 매장되어 있을 가능성이 있다'는 내용이 적혀 있을 뿐"이라 했다. "외교부가 전혀 사실도 아닌 것을 인용해 거짓말을 했다"고 지적했다.

정부가 연거푸 두 번씩이나 '개발' 보도 자료를 내는데도 주식 값이 안 뛰면 이상한 일이 된다. CNK의 주식은 3,400원에서 1만 8,000원까지 수직 상승을 한다. 바로 그때 CNK 대주주 등 핵심 관계자들은 주식을 팔아 폭리를 취했다. 주가 조작이었다. 그리고 주식 값은 폭락했다. 애꿎은 투자자들만 나가 떨어졌다. 이것이 이른바 'CNK사건'의 개괄적 내용이다. 김성환 외교부장관은 국회에서 "송구스럽게 생각한다"고 머리를 숙였다. 권재진 법무장관은 청와대 민정 수석으로 있던 올 3월 CNK사건을 대통령에게 보고했다 했고, 내사 끝에 박 차관이 사퇴하는 쪽으로 정리돼, 공직을 떠났다는 보도도 나왔다.

CNK사건은 착오나 과실에 의해 일어난 사건이 아니었다. 이 나라 정부까지 팔 걷어붙이고 나선, 철저한 관(官) 주도의 사기사건이었다. 정부가 개입하지 않았다면 투자자들은 그렇게 비싼 값 주고 주식을 샀을 리가 없다. "정부가 사실상의 주범"이란 이야기는 그래서 나온다. 그래서 CNK사건은 정부가 저지른 전형적인 '짝퉁 자원개발사건'이 되었다. 짝퉁은 기본적으로 제조과정에서 실수로 잘못 만들어진 불량품이 아니다.

애당초부터 가짜나 모조품을 만들어 진품처럼 속여 팔기 위해, 작정을 하고 덤벼 생산해낸 유사제품을 말한다. 분명한 고의성이 있다는 이야기다. CNK사건은 정부 쪽 유력자 몇몇이 작정을 하고 일으킨 사기사건이라는 이야기다. 국민들은 궁금하다. CNK를 비호한 윗선은 어디까지인가, 그들은 얼마나 깊숙이 이 사건에 관여했는가, 주식 팔아 폭리를 취한 돈이 사례금으로 흘러간 대목은 없는가, 그런 것 모두를 알고 싶다.

미얀마에서도 박영준 씨와 관련된 '짝퉁 의혹'사건이 불거졌다. 역시 신생 자원개발업체인 KMDC가 미얀마에서 해상 가스전 광구 4곳의 탐사개발권을 따냈다. 작년 1월, 당시 국무총리실 국무차장이었던 박영준 씨가 미얀마로 날아가 꼭지를 딴 이후, '적극적으로 지원'한 끝에 올해 1월 사업권을 땄다고 했다. KMDC의 이영수 회장은 박영준 씨와 함께 2007년 대선 때 이명박 후보의 당선을 위해 양대 사조직을 이끌었던 '개국공신'이었다.

이상한 일은 사업권을 따내기 5개월 전인 작년 8월, 문제의 광구가 이미 우리 정부에 의해 '빈(dry) 광구'로 판정받았다는 사실이다. 석유공사·가스공사·광물공사 등으로 꾸려진 지식경제부의 대규모 합동조사단이 문제의 4개 광구를 점검한 끝에, 그렇게 결론을 내렸다고 했다. 왜 그 '빈' 광구의 사업권을 따냈을까, 박영준 씨와 이영수 회장은 그 이유를 알고 있을 것이다.

'짝퉁'이란 의혹은 거기서 비롯된다. CNK처럼 '뻥튀기'를 해 주식에서 '한탕'하려 한 게 아니냐는 의혹을 제기하는 보도도 있다. 박영준 씨는 누구인가. 의혹투성이로 남은 민간인 불법사찰사건의 배후로 지목됐다가, 국무총리실에서 지식경제부 차관으로 '피신'해간 MB정권 실세 중의 실세다. '형님' 이상득 의원의 심복 중의 심복이다. 총리실에 있을 때는 이상득 의원에게 싫은 소리를 했다 하여, 한나라당의 중진 의원들 뒷조사까지 한 장본인으로 알려져 있다.

MB정권 들어 자원개발예산은 짝퉁들의 '놀이비용'이 되었다는 이야기가 파다하다. 2006년 431억 원이던 자원 개발 예산은 2010년 3,664억 원으로 늘었다. 코스닥에 상장한 신생 중소업체들이 정권의 짝퉁 실세들을 등에 업은 뒤, 이 돈을 빼내 자원개발 한다며 허위정보 흘리고는, 주식 값 띄워 시세차익 챙긴 다음 파산한다고 했다. CNK나 KMDC 모두 그런 짝퉁이라 했다.

2008년 초 MB정권이 들어서면서 본 계약이 체결된 쿠르드 원유개발사업도 짝퉁 자원개발사업이었다. 고의성은 없었으나 국민을 향한 '선전욕심'에 급급한 나머지, 제대로 '알아보지도 않고' 사업을 밀어붙였다. 선전차원에서는 큰 효과를 보았다. '쿠르드 대박'이니 뭐니 대문짝만 한 제목으로 언론들은 열을 올렸다. 추정되는 원유량이 19억 배럴로 이 나라 2년 치 소비량이라 했다. 그러나 헛돈만 4,400억 원을 날렸다. MB정권의 선전욕심이 바로 짝퉁이었다.

그런 짝퉁 선전욕심은 여론 조작을 목표로 한다. 입시를 앞둔 초중고교생들이 친(親)정부 기사에 "잘한다"는 내용의 댓글을 달면, 봉사활동으로 인정해준다는 충격적인 소식이 최근 보도되었다. 행정안전부에서 예산을 지원받는 민간단체 '선플달기운동'이 그런 짓 한다고 했다. 정부관련 기사 등에 선플("잘한다"는 내용의 댓글) 20개를 단 것이 확인되면 봉사활동 확인증을 발급해주고, 악플("나쁘다"는 내용의 댓글)을 달 경우 봉사활동 확인증을 신청해도 발급해주지 않는다고 했다.

정부 하는 일에 박수를 유도하고 있다는 점에서 아무리 선의라 해도 질 나쁜 짝퉁이라는 지적을 면키 어렵다. 한창 배워갈 나이의 학생들에게 표현의 자유를 제한하는 학습을 시키는 건 위헌이요, 비민주적 행위다. 게다가 '봉사활동'은 교육이다. 교육 기본법 제6조는

'교육은…… 정치적 파당적 또는 개인적 편견을 전파하기 위한 방편으로 이용되어서는 아니 된다'고 규정하고 있다.

아르바이트를 고용해, 정부를 비판하는 기사에 악플을 달게 하거나, 이름을 대면 알 만한 단체들에게 돈을 대주며 '물타기 데모' 하게 하는 것도 다 같은 여론 조작의 수법들이다. MB정권은 특별히 그런 짝퉁을 잘한다. '달인'의 수준이다. 그래서일까, 나라가 온통 짝퉁 천지다. 짝퉁 공화국이다. 바른길 걸어가는 것 마다하는 짝퉁 정권이기 때문에 그럴 것이다.

정부가 건강하지 못한데 나라 형편이 좋아질 리 없다. 세계경제포럼(WEF)이 조사한 이 나라의 국가 경쟁력이 MB 집권 후 수직 추락한 것으로 나타났다. 2007년 11위에서 4년 만인 올해 24위로 주저앉았다. 나라가 건강해질 기미도 보이지 않는다. 글로벌 경제위기의 쓰나미는 몰려오는 중이다. 슬프고 숨 막히는 일이다.

2011. 09. 28.

09 | 국정에서 손 떼는 것도 방법이다

— MB, '결단'을 검토해야

<대통령 언행의 신뢰도 고찰>쯤 되는 주제는 대단한 연구대상이 될 게 틀림없다. 근래 들어 이명박 대통령의 말과 행동을 보면서 그런 생각을 해봤다. 특히 믿어지지 않는 때, 그래서는 안 될 장소에서, 도저히 믿을 수 없는 이야기들을 마구 쏟아내는가 하면, 절대로 믿기 어려운 짓까지 저지르고 있어, 더욱 그런 생각이 들었다.

사정이야 불가피했겠지만, 사람이 살아가면서 할 수 있는 이야기가 있고, 해서는 안 될 이야기가 있고, 해서는 안 될 짓이 있다. 측근들이 비리로 사직 당국에 불려 다니고 쇠고랑을 차는 판에, "우리는 도덕적으로 완벽한 정권"이라는 '가슴 철렁한' 소리를 했다. 놀라웠다. 그 때 그가 해서는 안 될 이야기였다. 요 며칠 전에는 거짓말해서는 안 되는 국회에서 피를 토하듯 자신의 정직성과 진정성을 강조했다. "정직한 대통령으로 남으려 한다"고 했다. "나를 믿어 달라"며 "나는 진실하게 하려는 사람"이라고도 했다.

'거짓'과 '불신'이 그의 '상표'라고 많은 사람들이 믿고 있는 판국이다. 그런 때 다른 사람도 아닌 그가 간곡한 표정으로, 터무니없게도 다른 것 아닌 '정직'과 '신뢰'를 자신의 전유물인 것처럼 마구 들먹였다. 그러더니 급기야 내곡동 쪽에서 '범죄행위'까지 드러나기에 이르렀다. 사저파동이 나자 청와대는 그동안 내곡동 땅을 청와대와 MB의 아들이 공동 매입했다고 주장했으나, 실은 MB가 땅값을 대고 아들 이름으로 명의 신탁한 사실이 밝혀지고 있다.

사저파동의 책임을 지고 사퇴한 전 청와대 경호처장이 입을 열었다. 명의신탁이 확실하다면 그것은 부동산실명제법 위반이다. 물론 범죄행위다. 범인은 대통령 부자다. 참혹한 이야기다. 사람들을 극도의 혼란에 빠뜨리는 피니쉬 블로우가 되기에 부족함이 없는 행실이다. 가식(假飾)에 찬 그의 말과 행동은 그렇게 계속 이어져 왔다.

'촛불' 때도 그랬다. 청와대 뒷산에 올라가 반성했다며 잘못했다며, 두 번이나 애처로운 목소리로 사과를 하고는, 돌아서서 바로 '촛불' 뒤통수 '깔' 장도리 찾아 들고 나섰다. 금방 들통 날 일, 태연하게 해댔다. 서울시장 보궐선거 다음 날, 그는 "선거에서 보여준 젊은 세대의 뜻을 새기겠다"고 했다. 바로 그날 그는 '촛불' 때 '명박산성'을 쌓아 '소통차단'을 결행한 뒤 문책됐던 어청수 전 경찰청장을 청와대 경호처장으로 임명했다. 그는 '양치기' 대통령이었다.

2009년 9월 7일이었다. 지금도 그의 목소리가 귀에 생생하다. "방송을 장악하려 한다는 일부 주장이 있지만 사실이 아니다" 했다. KBS 이사들에게 임명장을 주면서 한 기막힌 이야기였다. 그러나 MB가 최시중 씨 앞세워 이 나라 언론 이 모양 이 꼴 만들어놓은 것 천하가 다 안다. 그러면서 조중동과 부도덕한 거래해온 것 모르는 사람 별로 없다. 그 최 씨는 그늘에 숨어서 '종편'들과 짜고 천하대란 흙탕물 일으키면서도, 항상 더할 수 없이 온화하고 인자한 미소를 머금으며 카메라 앞에 섰다.

MB는 자주 자기는 권력을 가지고 일하는 사람이 아니라고 말한다. 그러나 그가 '검찰로 정치하는 선수'임을 모르는 이 많지 않다. 노무현 전 대통령이 어찌하여 죽음의 길을 택했는지도 우리는 안다. 흔히들 언론과 검찰을 양대 개혁대상으로 지목하지만, 정작 지목받아야 할 임자는 뒤에 따로 있다. 눈 크게 뜨고 자세히 보면 한 손에 언론, 다른 한 손에 검찰이라는 쌍칼을 들고 서 있으면서, '아닌 척하는' MB의 모습이 보인다.

최근 여당인 한나라당의 한 최고위원이 그런 그를 지칭해 "유체이탈(幽體離脫) 화법을 쓴다는 비판이 있다"고 말했다. 유체이탈이란 통상 사람이 죽을 때 넋이나 혼이 육체를 빠져나가는 것을 일컫는다. 그러나 여기서는 죽은 상태를 말하는 건 아니므로, 몸뚱이를 빠져나간 넋이, 따로 놓여 있는 자기 육체를 자기 것 아닌 것처럼 남 보듯 하고, 육체는 육체대로, 넋이 빠져나가 제정신이 아닌 상태를 말하는 듯하다.

그래서 제대로 사리 판단이 되지도 않는, 정신 나간 말과 행동이 따로따로 튀어나온다는 이야기일 것이다. 물론 일부러 그렇게 보이도록 하는 것일 수도 있다. 요약하자면 정신 못 차리는 사람이 넋 빠진 소리 자주한다는 이야기다. 진실과 정의를 외면하는 말과 행동을 일삼는다는 이야기다. 거짓과 위선을 매달고 다닌다는 이야기다. 그 최고위원은 MB가 그렇게 "민생을 소홀히 하고선 자화자찬하고, 개혁 요구에는 딴 사람 이야기하듯 한다"고 했다.

MB가 미국의 공영 라디오(NPR)와 독점 인터뷰를 했다. 이 인터뷰에서도 '유체(幽體)가 이탈(離脫)'된 소리가 나왔다. "FTA를 반대하는 건 반미 성향을 지닌 극소수의 국민"이라 했다. "이 소수 집단은 무슨 일이 있을 때마다 제일 먼저 거리로 뛰쳐나와 불만을 쏟아내곤 한다"

고 했다. 그가 NPR과 인터뷰한 날은 국회를 방문해, FTA를 반대하는 야당 대표에게도 간절한 목소리로 비준을 부탁한 15일 바로 그날이었다. 그는 그날도 두 얼굴의 처신을 했다.

오죽했으면 NPR은 MB와의 인터뷰를 보도하면서 "이명박 대통령은 점점 더 강한 결속력을 발휘하고 있는 반(反)FTA 시위대를 맞이하고 있다"고 비교적 객관적인 별도의 취재내용을 덧붙였다. 한미 FTA와 관련해 그는 많은 이야기를 하고 있으나, 솔직한 심정으로 그의 말을 어디까지 믿어야 할지 감을 잡을 수가 없다. 그가 국회에서 제의했다는 '비준 후 3개월 내 재협상'만 해도 그렇다.

우리 쪽 국회 비준을 거쳐 협정이 발효되면, 두 나라 정부는 협정문에 따라 현안을 논의할 공동위원회(서비스・투자위원회)를 '90일' 이내에 만들도록 되어 있다. 그 '90일'이 바로 MB가 말하는 '3개월'이 아니냐는 것이다. 그렇다면, 원래 그러도록 돼 있는 공동위원회에 ISD(투자자・국가소송) 문제를 상정하겠다는 것은 손 안 대고 코 푸는 생색내기가 아니냐는 것이다. 그것도 ISD에 대한 근본적 해결방안이 될 수 없는 내용을, "국회 비준해주면" "미국에 제안하겠다"는 식으로, 흥정하듯 내민 게 아니냐는 것이다.

그 위원회에서 두 나라 정부가 고치기로 합의한다 해도, 그 조항은 오바마도 마음대로 못하는 미국 국회를 통과해야 한다. 어렵고도 어려운 이야기다. 한편에서는 FTA가 발효되면 전기・가스・수도 요금을 비롯한 여러 물가가 오를 수밖에 없다는 전문가들의 우려가 나오고 있다. 캐나다와 멕시코 같은 미국대비 약소국들이 이 협정 때문에 손해 뒤집어쓰는 피해자가 되었다는 사례들도 속속 보도되고 있다.

MB는 무슨 이유로 FTA 비준에 이토록 목을 매는지 의심스럽다. 왜 2012년 1월에 한미 FTA는 꼭 발효되어야 하는가. 더 폭 넓은 공감대를 확보한 뒤 3개월이나 6개월 뒤에 비준하면 안 되는 것인가. 내곡동 사태까지 접하면서, 믿음이 가지 않는 MB의 말과 행동 때문에 하는 소리다. 그가 무슨 짓을 하고 있는지 불안해서 하는 소리다.

한 나라의 대통령이 앞뒤 다르고 겉과 속 다른 유체이탈식 언행으로, 국민들을 헷갈리게 하고 불안하게 하는 것은 참으로 비극적인 상황이다. 서울시장 보궐선거 뒤, 실정(失政)과 관련해 "국민에게 사과하라"는 여당 쇄신파 의원들의 요구에 MB는 "침묵이 나의 답변"이라 했다. 국민들의 속을 뒤집어놓은 대답이었다. 그래서 "대통령에게 더 이상 예의를 지킬 여유가 없다"는 여당 중진의 항변에 민초들은 공감한다.

형님에게 돈 벼락을 안겨준 남이천IC 1km도 안 되는 곳에서 MB의 사돈댁인 효성그룹이 골프장을 건설 중인 사실도 밝혀졌다. 교통량도 별로 없는 그곳을 골라, 우리들이 낸 세금으로 IC를 만드는 이유가 분명해졌다. 땅값이 폭등하면서 형님과 사돈댁이 떼돈을 벌게 되었다.

MB의 가장 큰 잘못은 대통령 취임 이래 줄곧, 옳지 않은 것이 옳은 것을 제어하는 풍토를 조성해온 데 있다. 자기 입으로 외친 공정사회를 스스로 깨부순 데 있다. 그 밑바탕에 거짓과 위선이 자리 잡고 있는 것으로 보인다. 가증스러운 내곡동 사태도 "국민들은 속여도 괜찮다"는 발상에서 빚어졌는지 모른다. "왜 들켰나"를 놓고 짜증내고 있을 것 같다.

그러나 지금은 한나라당 핵심부에서까지 험한 소리가 나오는 이유를 심각하게 살펴야 할 때다. 무릎 꿇고 기도하면서 결단을 검토해야 할 필요가 있다. 그 자리에 있는 것이 더 이상 나라에 보탬 되지 않는 상황이라면, 모든 것을 '시스템'에 일임하고 국정에서 손을 떼는 것도 한 방법이라고 본다. 그가 다른 사람 아닌 '가장 도덕적이고 믿을 수 있어야 할' 대통령이기 때문에 하는 소리다.

2011. 11. 21.

10 | 수렁에 빠진 4대강……
MB, 아직도 행복한가

- 지금이라도 박근혜는 '말'을 해야

　　　심각한 문제점들이 잇달아 드러나고 있는 4대강 사업을 놓고, 정부가 사태를 호도하기 위해 우격다짐의 칼을 뽑아드는 몸짓을 보였다. 특히 현장을 조사한 환경단체 관계자들이 이른바 '보(洑)'의 균열과 누수 등 안전문제를 지적하는 데 대해서도, "사실에 입각하지 않은 내용을 발표할 경우 법률적 대응방안을 검토하겠다"며, 다른 사람도 아닌 국토해양부 장관이 앞장서서, 사실상의 협박을 서슴지 않는 상황까지 벌어졌다.

　환경단체 관계자들은 정부 측이 무슨 까닭에서인지 4대강 구조물들의 설계도면조차 공개하지 않고 있으며, 실상파악을 위한 현장 접근까지 방해받은 적이 많다고 볼멘소리를 한다. '보'의 안전문제만을 따져보기 위해서라도, 하루속히 투명한 상태에서의 민관합동조사가 필요하다고 목청을 높인다.

　민간전문가와 환경단체 관계자들로 구성된 '생명의 강 연구단'이 4대강의 16개 보 현장조사 결과를 발표한 것은 1월 16일이었다. 이날

발표에서 특히 주목을 끈 것은 박창근 관동대 교수(토목공학)가 지적한 4대강 보의 안전문제였다. 박 교수는 낙동강의 구미보·낙단보 등 적어도 6개 보에서, 보의 안전에 직접적인 영향을 미치는 물받이공의 유실로 인해, 심각한 문제가 생길 수 있음이 직간접으로 확인됐다고 밝혔다.

물받이공이 없어지면 보 본체를 받치고 있는 밑 부분 모래가 물에 쓸려 내려가게 되고, 모래 위에 세워져 있던 보가 필경 기초를 잃어 동강날 수도 있다는 경고였다. 정부 측은 아마도 "보가 동강날 수도 있다"는 대목에 몹시 속이 상했던 모양이다. 박 교수 발표 사흘 뒤인 1월 19일, 긴급조치시대 대검 공안부장쯤 되는 사람이 "국론(國論)분열조장행위 엄단하겠다" 하던 식의 협박이 나왔다.

이 나라 국회의사당 의원회관, 취재기자들까지 다 모인 공개된 자리에서 당당하게 나온 문제제기였다. 사고의 가능성을 지적하며 걱정하고 경고하고 공동조사를 제의한 것은, 법률적으로 대응할 만한 '사실에 입각하지 않는 내용'도 아니었다. 참으로 희한한 나라다. 민간인 전문가가, 수십 조 원을 쏟아 부은 초대형 사업현장을 찾아다니며, 정부도 파악하지 못한 '사고의 가능성'을 자력으로 찾아내, "빨리 손써야 한다"고 알려준 '고마운' 행위를 놓고, "입 다물지 않으면 없애버리겠다"고 위협하는 것과 별로 다르지 않은 모양새다.

"지적해줘서 고맙습니다. 함께 가서 현장을 확인하고 위험을 사전에 막읍시다"라고 해야 할 일이었다. 오죽하면 한나라당 비상대책위원회의 한 위원이 꾸짖고 나섰다. "정부정책을 비판하는 사람에 대해

법적으로 대응하는 것은 온당치 않다"고 했다. 보의 안정성과 함께 갈수기의 수질악화, 농지침수피해 등은 단순한 기우가 아니라며 야권 및 시민단체와 함께 공동실태조사를 하는 게 옳다고 촉구했다.

권도엽 국토해양부 장관이 '협박'을 하고 있을 무렵, 행정안전부에서는 지방자치단체 관계자들을 불러, 설 연휴를 맞아 대대적인 4대강 홍보활동을 벌이도록 지시하고 있었다. 지역새마을 협의회, 바르게 살기, 4대강 단체 등을 통해 4대강 보 방문 환영 현수막도 걸도록 했다. 문제점 많은 '4대강 여론'을 돌리기 위함이었을 것이다. 아마도 '생명의 강 연구단'의 안전문제 제기를 보고받은 MB 쪽에서, 질책과 함께 '법률적 대응 검토'를 포함한 '자상한' 독려가 있었던 것으로 보인다.

4대강 이야기가 나올 때마다 "참으로 별스럽다"고 느끼는 대목이 있다. 박근혜 한나라당 비대위원장의 '4대강 침묵'이다. 4대강 문제에 대한 박 위원장의 침묵은 이미 '은(銀: 웅변)보다 나은 금(金: 침묵)'도 아니고, '신비로움'의 단계도 벌써 벗어났다. 무언가 견해를 밝혀야 할 '때'를 놓친 듯하다. 혹시 비상대책위원 가운데, 4대강 사업에 대한 '색깔'이 분명한 사람들을 적지 않게 임명한 것으로, 자신의 의견을 표시했다 말할 수도 있을 것이다.

그러나 그건 대권에 도전하겠다는 정치인으로서 책임 있는 자세가 아니다. 지금이라도 분명히 '말'을 할 필요가 있다. 4대강 사업은 박근혜 위원장이 그러듯이 그냥 그렇게 넘어갈 수 있는 간단한 문제가 아니다. 4대강 사업은 시작단계에서부터 졸속과 속임수와 무리수의 연속이었다. '동지상고 잔치판' 이야기를 빼놓고 보아도 그렇다.

당장 지금 주목받고 있는 보의 안전문제도 분명한 '댐'을 '보'라 우기며 공사를 벌인 데 원인이 있다고 전문가들은 말한다. 원래 보(洑)란 우리가 시골에서 보았듯이, 논에 물을 대기 위해 1m 남짓 높이의 둑을 쌓고, 흐르는 냇물을 가두어두는 곳을 말한다. 강이나 호수를 가로지르는 큰 구조물을 세워 많은 물을 저장하는 댐과는 근본적으로 다르다. MB정권은 4대강 16군데에 그렇게 사실상의 '댐'을 건설하면서 '보'라 선전했다.

강원도 횡성군 강림면 월현리에는 냇물을 가로지르는 길이 86m, 높이 4.8m의 아담한 콘크리트 구조물이 있다. 댐이다. 현지 관청에서도 이 구조물은 안흥댐이라 부른다. 브리태니커백과사전에도 안흥댐이라 적혀 있다. 4대강의 이른바 '보' 16개 가운데 안흥댐과 같거나 작은 곳은 하나도 없다. 길이는 260~953m에 이르고 이 중 8개 보는 길이가 500m 이상이다. 국제 대(大) 댐 협회(ICOLD) 기준으로 대(大) 댐(길이 500m 이상, 높이 10m 이상)에 해당하는 보도 4개나 된다. 모두 '보'가 아니다.

이렇게 엄청난 규모의 구조물인 '댐'을 '보'라 우긴 데는 까닭이 있었다. 국가재정법상 투자의 적정성 여부를 따지게 되어 있는 예비타당성 조사를 비켜가기 위해서였다(보는 예비타당성 조사대상이 아니다). 문제는 그다음에 생겼다. 댐은 댐에 걸맞은 기준에 따라 튼튼한 기초공사 등을 해야 했다. 그러나 사실상 댐이므로 댐의 개념에 맞춰졌어야 할 설계 등이 상당수 그냥 이름대로 보의 기준에 맞춰 허술하게 짜맞춰졌다고 했다. 당연히 안전 문제가 생길 수밖에 없었다고 전문가들은 안타까워한다.

거쳐야 할 절차를 생략하면서 졸속과 속도전 공사가 뒤따랐고, 그자체가 무리수가 되었다. 댐에서의 '누수'는 건설업계에서는 결코 용납될 수 없는 금기사항이다. 그 때문일 것이다. 4대강 공사 관계자들은 보에서 물이 새는 것을 절대로 누수라 하지 않았다. 우리말 사랑일까, '물 비침 현상'이라고도 했고, '물 번짐 현상'이라고도 했다(토

4대강 사업 공사 현장. ⓒ프레시안(최형락)

목공학교과서에도 없는 용어라 했다). 그리고는 반드시 "별거 아니다"는 토를 달았다. 환경단체 관계자들은 "다음 단계에서는 '물구멍 커짐 현상'이나 '보 무너짐 현상'이라 할 것인가" 하고 묻는다. 솔직해야 한다는 이야기다.

문제는 '보의 안전문제'가 설사 해결된다 해도, '4대강'은 이미 발을 뺄 수 없을 정도의 깊은 수렁에 빠져 있다는 점이다. 당초 MB정권이 4대강 사업을 시작하면서 첫 번째 목적으로 내세웠던 홍수예방은 그 자체가 거짓이었다. 누차 이야기했고 이미 입증됐듯이, 4대강 본류에는 홍수가 없었다. 지천과 지류가 홍수지역이었다. 4대강 본류에 대한 과도한 준설로 역행 침식 현상이 이어지면서, 지천 지류의 홍수는 그 피해 정도가 더 심해지게 되어 있다.

16개 보에 물을 가두면 수질은 더 나빠질 수밖에 없다. 벌써 함안보와 합천보 상류 지역은 녹조(綠藻)와 갈조(褐藻)가 많이 번식해, 조류

(藻類)발생 경보직전의 수준에 이를 정도로, 수질이 나빠졌다는 전문가들의 설명이다. 각 보마다 물이 채워지면, 수위가 높아지면서 인근 수백만 평의 농지가 침수된다. 정부도 알고 있다. 농민들의 생업문제가 난감해질 것이다. 준설해내면 또 쌓이는 모래 때문에 당초 MB가 기대했던 수심 6m의 뱃길도 쉽지 않을 것이다.

4대강의 한해 유지비가 2,600억 원이 되리라던 정부의 예측은 시행도 해보기 전에 빗나갔다. 일부에서는 6,000억 원에 이를 것이라고도 했고, 1조 원을 훨씬 웃돌 것이란 예측도 나왔다. 그렇게 많은 돈 들이고도, 계속해서 세금 끝없이 쏟아 부어야 할 일이 남은 것이다. 독일의 한 하천 전문가는, 4대강 사업의 후속비용을 지속적으로 부담할 경제력을 가진 나라는 지구상에는 없을 것이라 했다. 요컨대 비싼 돈 들이고 백해무익한 재앙을 불러들였다는 이야기다.

작년 10월 22일 이명박 대통령은 경기도 여주군 한강 이포보에서 열린 '4대강 새 물결맞이' 행사에서, "오늘 저녁 정말 행복하다"고 했다. 그 한 달 뒤 필리핀 국빈 방문길에서, MB는 "4대강 사업을 하지 않았다면 한국도 국토의 상당부분이 방콕처럼 침수되어 국민이 고통받았을 것"이라고 자랑했다. 거듭 말하지만 근래 들어 4대강 본류에서는 홍수가 일어난 적이 없는데도 그는 그렇게 계속 거짓말을 해댔다.

그 때문이었으리라. 극심한 물난리를 겪었던 태국의 총리가 지난 12월 15일 조선일보 기자와 만나 '4대강'을 배우기 위해 2012년 봄에 한국을 방문키로 했다는 뜻을 밝혔다. 국제적으로도 감당할 수 없는 거짓말을 해댄 결과다. '4대강'과 관련해 그가 지금도 정말로 행복하게 느끼고 있는지 궁금하다. 어찌 됐건 문제는 해결해야 한다.

이런 모든 사태, 예컨대 보의 안전문제, 지천지역의 홍수피해 증가문제, 수질 악화문제, 농경지 침수문제, 끝없는 세금 퍼붓기 문제, 국제적 거짓말 수습문제 등을 일거에 해결할 방안이 있다. 먼저 이명박 대통령이 진실 앞에 겸손하고 솔직해져야 한다. 그리고는 결단해야 한다.

　일부에서 폭파해야 한다는 이야기까지 나왔지만, 4대강의 보들은 철거하는 게 순리다. 빠를수록 좋다. 단돈 10원이라도 더 들어가기 전에 그래야 한다. 그게 이익이다. 4대강의 모든 문제를 해결하는 가장 경제적인 방법이 될 것이기 때문에 하는 소리다.

2012. 02. 01.

5부 · 얼치기들의 비틀 걸음

그레샴 법칙의 나라—빼앗긴 이명박 5년의 기록—

01 조랑말 세 마리,
무대에서 내려오라

— 2010년 민주당의 비극

민주당의 죄는 크게 두 가지다. 하나는 한나라당이 주장하는 이른바 '잃어버린 10년'을 더 이어가지 못한 점이다. 쉽게 말해서 정권을 내준 게 첫 번째 죄다. 또 하나, 민주당이 2012년 총선과 대선에서 이기리라고 생각하는 사람들이 별로 없다는 냉엄한 현실이 주목받는다. 나라가 이 꼴인데도, 이 물 좋은(?) 판에 민주당은 오히려 지금 패배를 예약하고 있다고 보는 사람들이 너무 많다. 그게 두 번째 죄다.

이명박 정권이 들어선 이후 오늘에 이르기까지 민주주의는 이 모양 이 꼴이 되었고, 부유층과 대기업 중심의 경제정책 아래서 극심해진 양극화로 서민생활은 피폐해졌다. DJ가 무려 40년 전에 갈파한 '4대국 보장론'조차 읽어내지 못하는 정권, 그 절름발이 외교 실력으로 남북문제를 비롯한 곳곳의 외교전쟁에서 손해를 자초하고 있는 게 현 정권이다. 그런 정권만큼도 국민의 지지를 받지 못하고 있는 게 이 나라 제1야당 민주당이다.

국민의 눈물을 닦아줄 줄도 모르고 감동도 꿈도 주지 못하고 있다. 한나라당만큼도 고민하지 않고, 한나라당이 속으로 느끼고 있는 만큼의 절박함도 읽을 수 없다. 서민을 위하는 척 시늉을 하는 데서도 민주당은 한나라당에게 선수를 빼앗기고 있다. 어느새 전당대회가 흥행에서 참패했다는 보도가 나오는 이유도 바로 거기에 있다. 국민들 특히 서민들이 고단해진 마음을 기대고자 하는 자리에 민주당은 이미 없는 것이다. 1년여 전에 정치판과 담을 쌓은, 그래도 조금은 애정이 남아 있는 필자의 눈으로 본 민주당의 모습은 지금 그렇다.

다 알다시피 2012년은 국내외적으로 요동치는 한 해가 될 것이다. 미국 대선이 있고, 러시아에선 푸틴 총리의 명실상부한 권좌복귀가 예상된다. 김일성 탄생 100주년으로, 김정일 국방위원장이 강성대국을 완성하겠다고 호언한 것도 2012년이다. 이 나라도 2012년은 매우 중요한 한 해가 된다. 민주당은 어찌할 것인가. 그런 걱정이나 하고 있는 것인가. 공천권 같은 잿밥에 더 한눈을 파는 것은 아닌가.

걱정스러워 보이는 민주당의 한가운데에 이른바 '빅3'가 있다. 일부 잔재주꾼과 계속 옮겨 다니며 기생(寄生)하는 데 익숙한 486들의 모습도 보인다. 무엇보다도 빅3의 '2012년 경쟁력'을 놓고 말들이 많다. 셋 다 이미 실험이 끝난 사람들 아니냐는 평가도 나온다. 그래서일까 누군가 세 사람을 세 마리의 조랑말이라 했다. 어디에 내놓아도 의젓한 기품과 기상이 느껴지는, 천 리를 질풍처럼 달리는 위풍당당한 준마(駿馬)와는 거리가 너무 멀다는 이야기다.

참아왔으나 먼저 손학규 씨에 대해 말 좀 해야겠다. 이 나라 어느 법률이나 어느 정당의 당헌·당규에도 손학규 씨의 피선거권을 제한하는 대목은 없다. 본인의 소신과 능력에 따라 어떤 정당에 가입하거나 어떤 선거에 나가는 것을 막을 수는 없다. 적어도 법률적으로는 그렇다. 그러나 결론부터 말하자면 한나라당 출신의 손 씨가 태생이나 성장과정이 전혀 다른 대척정당 민주당에 와서 다른 것도 아닌 당대표나 대선후보가 되고자 하는 데에는 문제가 있다고 본다. 무엇보다 도리가 아니다.

손 씨는 한나라당에서 대변인(신한국당 대변인)과 YS정권의 보사부장관, 한나라당 경선을 통해 당선된 경기지사를 역임했다. 그러나 그는 더 이상 성공하지 못했고(MB·박근혜에 이은 3등을 거듭했다), 성공할 가능성이 없자 이념까지 차이가 있는 민주당에 옮겨온 것으로 알려졌다. 말하자면 X팀의 2군 선수다. 그 선수가 Y팀의 1군에 들어와 "주장 자리를 내놓으라"고 하는 것은 도리가 아니다.

민주당에 온 뒤 2007년의 대선후보 경선도 치렀고, 통합민주당의 대표까지 하는 검증절차를 거치지 않았느냐고 말할 수도 있다. 그러나 그가 대선후보 경쟁에 나설 수 있었던 것은 후보경선의 흥행에 급급한 나머지 서둘러 판을 벌이던 와중에서, 그야말로 '검증절차'를 거치지 않고(노무현 전 대통령만 손 씨의 능숙한 변신을 가리켜 '보따리장수'라 빗댄 적이 있다) 벌어진 분명한 잘못이었다고 본다. 민주당도 잘못했고 손 씨도 잘못한 것이었다. '한나라당 손학규 씨'였기 때문에 그렇다.

'통합민주당의 대표'도 당과 당의 통합과정에서 전당대회 아닌 '당무위원회'의 추대 형식을 빌려 대표가 된, 일종의 '급조된 축소판 체육관 선거' 절차를 거친 것이었다. 때문에 "가령 손 씨가 대통령 후보라도 된다면 한나라당 3등 선수와 한나라당의 새로운 1등 선수가 대권 경쟁을 하게 되는 것이냐"는 난감한 질문을 하는 사람도 있다.

더구나 손 씨는 신한국당 대변인을 하면서 못 할 소리를 적지 않게 쏟아낸 것으로 알려져 있다. 물론 대변인이라는 '자리' 때문에 불가피

했다 할 수는 있으나, 대변인이 당에서 써주는 내용을 그대로 읽기만 하는 자리가 아닌 것은 우리가 다 아는 바다. '손학규 신한국당 대변인' 시절의 신문에 기록된 '어록'을 보면 민주당과 지도부를 향한 그의 신념에 찬 날카로운 논평을 도처에서 엿볼 수 있다.

민주당의 전신인 국민회의를 <원초적으로 태어나지 말았어야 할 정당>(1996년 1월 16일)이라 단정했고, DJ를 <행동하는 흑심(黑心)…… 흑색선전이 입신의 경지에 이르렀다>(1996년 1월 20일) 매도했으며, DJ가 도청설을 제기하자 <정신이상자의 망발>(1996년 1월 26일)이라고도 했다. 노무현 대통령에게는 <경포대>(경제를 포기한 대통령)라는 혹평도 서슴지 않았다. 아무튼 그런 그가 지금 '원초적으로 태어나지 말았어야 할 정당'의 당 대표와 대선후보를 하겠다고 나선 셈이다.

그는 이번 전당대회를 앞두고 지방을 돌면서도 민주당원들에게 그런 전력을 전혀 말하지 않았다. 감췄다. "김대중 대통령과 노무현 대통령의 유지를 받들겠다"는 소리를 들었다는 사람도 있고 듣지 못했다는 사람도 있다. 어찌 됐건 그는 입당을 하면서 또는 그 뒤에라도 '지난날'을 열거하면서 석고대죄는 아닐지라도, 진심어린 사과와 용서를 비는 '씻김'의 모습을 적어도 당원들에게는 보여줬어야 했다. 그런 게 다 사람의 도리다. 그냥 구렁이 담 넘어가듯 할 수는 없지 않은가.

손학규 씨가 당권과 대권에 도전하는 지경에 이른 데에는 정동영 씨와 정세균 씨의 책임이 적지 않다. 손 씨가 적어도 그런 도리에 어긋나는 생각을 품을 수 없도록 당이 건강과 실력을 지켜왔어야 했다는 이야기다.

2500여 년 전 공자의 가르침 중 '정치의 요체'라며 지금도 흔히 인용하는 대목이 있다. 바로 먹을 것(食)과 국방(兵) 그리고 믿음(信) 세

가지다. 제자 자공(子貢)이 물었다. "셋 가운데 하나를 버린다면 무엇을 먼저 버릴까요?" "兵을 버려라." "나머지 둘 중 또 하나를 버려야 한다면 어느 것을 택할까요?" 공자가 대답한다. "信을 지켜라. 누구에게나 죽음은 있는 것이나 백성들에게서 믿음이 없으면 나라가 설 수 없다." 오늘날에도 하나도 틀림이 없는 진리다.

2007년 대선에서 정권을 뺏긴 책임의 한복판에 각인되어 있는 '원죄(原罪)'는 차치하고라도, 정동영 씨에게는 그 믿음(信)과 관련된 이야기가 항상 붙어 다닌다. MBC 기자였던 정 씨를 정계에 끌고 나와 정치를 시작시킨 사람은 권노갑 씨로 알려져 있다. DJ가 권 씨의 천거를 받아들였다고 했다. '정풍(整風)'을 외치며 그 권 씨를 2선으로 후퇴시킨 사람이 바로 정 씨라 했다. 레임덕이 시작된 김대중 대통령을 민주당에서 탈당토록 한 것도 바로 정 씨 등 이른바 '천신정 그룹(천정배·신기남·정동영)'이었다. "불가피했다"고 말하는 사람도 있으나 "배신이었다"고 단정하는 사람이 적지 않다.

서울 동작구에서도 그의 '약속'과 '신뢰'에 관련된 이야기가 살아 있다. 2008년 총선 때 뜬금없이 연고도 없는 동작 선거구에 출마한 정 씨가 선거운동기간 내내 열심히 외치고 다닌 '약속' 때문이다. "동작에 뼈를 묻겠다"고 했다. 그러나 선거에서 낙선한 그는 동작을 떠나 미국에 갔다가 1년 뒤 전주 덕진 선거구 재보선에 출마해 국회의원이 되었다. 동작에서 그의 당선을 위해 죽기 살기로 몸을 던졌던 '팬'들이 느낀 허탈감은 대단했던 것으로 알려졌다. 그래서일까 '1회용 정치인', '인스턴트 정치인'이라는 소리도 들린다.

전당대회 직전의 당대표였다는 점에서 정세균 씨는 '지금의 민주당'에 대해 책임이 가장 큰 사람이다. 당 안팎에서 사람들은 그의 '당대표 2년'에 대해 리더십 없고 야당성 없는 무기력한 모습이었다며

"존재감 없었다"거나 "민한당 대표"라고 말들 한다. 그러나 그는 사적(私的)인 이해관계에서는 철두철미했던 것으로 전해진다.

임기 내내 자기계보·자기조직 만들기에 총력을 기울였으며 이는 대외적으로 번듯한 당의 모습을 만들어내기보다는 당대표 재선을 노린 것이었다고 보는 사람들이 많다. 특히 6·2지방선거 때도 이명박 정권의 실정에 대한 반사이익으로 민주당이 승리는 했으나, 공천 내용에서는 압도적인 사당화(私黨化) 공천이라는 평가가 훨씬 우세하다. 당 운영에서도 그는 직·간접으로 사적 인연이나 이해관계에 얽힌 잡음이 잇달았으며, 명분 없는 처신이 눈총을 받기도 했다.

지방선거를 3개월 앞둔 지난 3월 정 씨의 친동생이 갑자기 여론조사 회사를 세우고 영업을 시작했다. 중당앙의 일부 당직자들은 '대표 친동생'이 여론조사 회사를 세웠다는 '힌트'를 던져주고, 민주당의 지방선거 출마희망자들은 앞을 다퉈 '일감'을 그쪽에 맡겼다. 다른 사람도 아닌 당대표 동생이라는 데 어떻게 모른 척할 수 있겠는가. 그 '땅 짚고 헤엄치기' 영업 때문에 다른 회사들은 고전에 고전을 거듭했다.

정 씨는 미디어법 파동 직후 의원직 사퇴서를 내고도 추후 의원직에 복귀하는 순간 밀린 세비를 한꺼번에 챙겨갔으며(천정배·최문순 의원은 반납했다) 특정인의 사적 이해관계를 뒷받침해주기 위해 유성엽 의원(정읍·무소속)의 민주당 입당을 끝내 허락하지 않았다. 명분 없는 일이었다. 2009년 4월 정동영 씨의 전주출마를 막기 위해서 정 씨는 "앞으로 지방에 출마하지 않겠다"고 선언해놓고도 최근 무주·진안·장수 지역구 위원장을 신청, 그 자리에 앉았다.

이제 이야기를 끝내야 할 때다. 앞서 열거한 '조랑말' 세 마리로는 민주당이 '2012년'을 기약할 수 없다는 게 절대 다수의 의견인 것으로 보인다. 민주당과는 관계없는 김두관 씨 등의 이야기가 시중에 끝없이 나도는 것도 그 때문일 것이다.

천 리 길을 기세 좋게 짓쳐 나가야 할 이 엄숙한 시점에서 해야 할 일이 있다. 먼저 조랑말 세 마리는 무대에서 내려와야 한다. 셋이 함께 모여 합동기지회견을 통해 사퇴를 결의하는 게 좋다. 다소 설익었더라도 의욕 넘치고 정신이 건강한 준마 한 마리를 고른 뒤 "온몸을 던져 돕겠노라"고 선언할 필요가 있다. 틀림없이 '빅3'도 살고 민주당도 다시 우뚝 설 수 있을 것이다. 국민들도 큰 감동을 느끼고 부푼 꿈을 꿀 것이다.

2010. 09. 27.

| '나라의 정상화',
목표 삼고 걸어가야

– 문재인이 잊지 말아야 할 '노무현의 채무'

　　총선과 대선이 1년 앞으로 다가왔다는 것만으로도 정치판은 요동치게 돼 있다. 거기에 서울시장 재보선까지 불거졌으니 바람이 거세지지 않을 수 없다. 특히 서울시장 재보선을 앞두고, 안철수 서울대 융합기술대학원장과 박원순 희망제작소 상임이사 등 '거물'들이 선거판에 뛰어들 기세라, 한바탕 큰 회오리가 불가피해 보인다. 야권의 정치판 지각변동은 그래서 초미의 관심사로 떠올랐다. 야권의 선거판을 이야기하려면 당연히 제1야당이 화두(話頭)가 되어야 하는데도, 요즘 민주당은 별로 주목받지 못하는 정당이 되어 있다.

　　대선까지를 포함해 시중의 이야기를 들어보면, 문재인 노무현 재단 이사장, 김두관 경남지사, 안철수 원장, 박원순 이사 등이 요즘 주로 화제의 중심이 되고 있으나, 손학규 대표를 비롯한 민주당 잠룡(潛龍)들은 우선순위에서 밀리는 느낌이다. 민주당과 그 잠룡들에 대해서는 작년 전당대회(2010년 10월 3일)를 앞두고 필자가 <프레시안>에 쓴 칼럼을 통해 소회(所懷)를 밝힌 바 있다.

특별히 더 말을 보탤 큰 상황변동은 없다. 허나 그 전당대회 이후 오늘에 이르기까지의 민주당 모양새와 관련해, 몇 마디 아쉬움을 말해본다면 이렇다. 내부적으로 기대가 적지 않았던 것으로 알려졌으나, 한마디로 손학규 씨가 당대표 된 후 민주당은 한 일이 없다. 분당 재보선에서 손 대표 스스로 당선되면서 적지 않은 점수를 땄으나, 그때뿐이었다, 그 이후 지금까지 그 점수 모두 다 까먹었다. 당이나 손 대표의 지지율이 그걸 말해주고 있다. 이명박 정권이 이렇게 죽을 쑤고 있는데도 그랬다.

사실 그 분당 선거에 대해서도 다르게 해석하는 사람들이 적지 않다. 분당 재보선은 손대표가 당선된 선거가 아니라, 강재섭 씨가 낙선한 선거라는 것이다. 야권의 대선후보 자리를 놓고도, 모든 여론조사에서 문재인 이사장이 손 대표를 확실히 추월했다. 설사 문재인 이사장이 대선후보를 포기하더라도, 그 자리에 김두관 지사가 나서리라고 보는 사람들까지 적지 않다. 서울시장 재보선 후보도 안철수 원장과 박원순 이사의 폭발적인 기세를 부인할 사람이 거의 없어 보인다.

손학규 대표는 서울시장 재보선에서 '야권통합후보'를 세우자고 제의했고, 문재인 이사장의 '혁신과 통합'은 총선과 대선을 염두에 둔 '통합'을 겨냥하고 있다. 그 두 선거의 '야권통합후보' 논의에서도 제1야당인 민주당은 중심권에 설 수 없을 것으로 보인다. 따로 자기네 후보가 있을지 없을지 분명치 않기 때문이다. 적어도 지금 보기에는 그렇다. 그런 상황에서 문재인 이사장의 '혁신과 통합'은 오늘(6일) 창립대회를 갖고 공식 출범한다.

요컨대 문제는 대선과 서울시장 재보선의 주연급 후보가 모두 민주당 밖에 있는 인사들이고, 그들 모두가 민주당에 대해 거의 전혀 매력을 느끼지 않고 있다는 사실이다. 민주당이 흡인력을 상실했다는 이야기다. 그것이 민주당과 손 대표가 처한 뼈저린 현실이다. 제1야당인 민주당의 내부 아닌 외부에서 야권인사들이 민주당을 '소 닭 보 듯' 하면서, 결집하고 몸집을 불려갈 수 있었던 이유에 대해 주목해야 한다. 민주당이 어떻게 이어져온 정당인데, 제1야당이면서 적어도 지금, 불임(不姙) 정당의 길을 걸어가는 게 아닌가 하는 우려를 지울 수가 없다. 너무나도 안타까운 이야기다.

손학규 대표의 '한나라당 전력(前歷)'과 리더십, 특히 판단력을 말하는 사람들이 적지 않다. 햇볕정책과 관련해, 한나라당 냄새 물씬 풍기는 "종북(從北)"이니 뭐니 하기도 했다. '한·EU FTA' 사건을 일으키기도 했다. 'KBS 수신료 합의' 사건도 일어났다. 다른 곳도 아닌 국회의 당대표실에서 최고위원들이 따로 논의한 내용들이, 그것도 KBS에 의해 그대로 도청돼 한나라당에 건너간, 지극히 엄중한 사건이 일어났다. 희한한 것은 그게 지금 '별 반발도 없이 조용한 가운데' 유야무야 되고 있다는 점이다.

그 사건이 일어난 게 6월 23일이었다. 그 나흘 뒤에 손학규 대표는 청와대에서, 별 내용도 성과도 없이, 이명박 대통령과 단 둘이, '그저 밥만 먹고 오는' 영수회담을 했다. 가서는 안 될 자리였다고 말하는 사람들이 많았다. 내부에서 '골품제(骨品制)' 이야기가 나도는 가운데, "누구는 천골이냐"는 볼멘소리가 나오고, '상왕(上王)'들의 '수렴청정'에 따라 주민등록 옮겼다는 사람 소문도 떠돈다. 대충 이게 지금 민주당 쪽의 집안 사정이다. 아쉽고 또 아쉽다.

필자는 앞서 말한 작년 9월 27일 자 칼럼의 말미에 조랑말 아닌 준마(駿馬)에 대한 '기다림'을 썼었다. 필자 나름으로는 2012년 대선에서 한나라당에 맞서 기세 좋게 천 리 길을 짓쳐 나갈 준마(駿馬)에 대한 '대망론(待望論)'이었다. 지금 민주당에 그 같은 준마는 없어 보인다. 아직 결론을 내 단정하기에는 이르지만, 최근 각종 여론조사에서 야권 대선후보 선두로 떠오른 문재인 이사장에게 관심을 갖는 사람들이 늘고 있다.

우선 지역적으로 한나라당 박근혜 대표의 절대 지지권역인 영남에서, 지지표를 둘로 나눠 가질 수 있다는 게 강점으로 비쳐지고 있다. 경남 태생인 그가 부산 경남에서 우위를 확보한다면 '일을 낼' 수도 있다는 것이다. 그러나 그보다 더 큰 그의 현실적인 강점은 노무현 전 대통령과 거의 평생을 함께 해온 '동반자'라는 이력인 듯하다. 말하자면 '노무현의 적통(嫡統) 후계자'라는 이야기다. 노무현 전 대통령이 생전에 추구하던 민주주의 가치를 이어받아 발전시킴으로써, 지금 뒤틀릴 대로 뒤틀려 있는 이 나라를 '정상화(正常化)'시킬 수 있으리라는 사람들의 기대가 다른 무엇보다 큰 것 같다.

'권위주의의 탈피'와 '반칙 없는 공정한 사회', '혁신과 분권' 이런 것들을 신념으로 지켜온 노무현 전 대통령의 일생이 많은 사람들의 가슴에 끈끈히 남아 있어서일 것이다. 특히 대통령 노무현이 분권을 추진하며, 삼권분립체제를 굳건히 뒷받침하면서, 지자체에 많은 권력을 나눠주고, 국정원이나 검찰 등 권력기관을 '사유화'하지 않은 것은 MB정권과 너무나도 대조를 이루는 대목이다. 그가 보여준 민주주의에 대한 확신과 실천은 그 하나만으로도 더할 바 없는 공적으로 남는다.

문재인 이사장은 최근 펴낸 '운명'에서 '살아남은 자의 책무'에 대해 말했다. '그가 남기고 간 숙제에 대해 고민해야 한다'고 썼다. "이제 노무현 시대를 넘어선 다음 세대를 준비해야 한다"고 했다. 노무현 전 대통령이 남기고 간 숙제를 가장 확실하게 풀어내며 다음 시대를 준비해야 할 책무를 말하고 있는 것으로 읽힌다.

따지자면 노무현 전 대통령에게도 적지 않은 과오가 있다. 국민들 마음에 상처를 준 대목도 있다. 그것 역시 그가 남긴 숙제다. DJ는 평화적 정권교체와 정권 재창출까지 이뤄냈으나 노무현은 정권 재창출에 실패한 대통령이었다. 바로 그 때문에 MB정권이 들어섰고, 지금 국민들이 이 고생을 하고 있다. 좀 심한 말로 "국민들에게 재앙을 안겨준 셈"이라 말하는 사람도 있다.

동서화합을 이뤄내지 못한 것도 그의 과오다. 호남 고립주의를 배격하기 위해 노력은 했다 하나 결과적으로 영남 패권주의를 극복하지 못했다. 특히 "예뻐서 날 찍어준 줄 아느냐 이회창 씨 미워서 찍었지." 이 말 한마디가 호남사람들에게 안겨준 상처는 결코 작은 게 아니었다. 그럴 만한 '분명한' 사정은 있었으나, 어찌 됐건 그는 열린우리당을 창당하면서 집권당을 분열시킨 대통령이기도 했다. DJ에 대한 대북송금 특검도 결행했다. 다른 정당도 아닌 한나라당과의 대연정을 추진하면서 그 많은 지지자들에게 아픔도 안겨줬다.

그렇게 아파한 사람들을 따스하게 손잡아 주지 못한 것은 '노무현의 채무'였다. 그것도 자신의 '채무'임을 문재인 이사장은 잊어서는 안 된다. 후계자로서의 도리다. 그런 게 다 '통합'이기도 하다. 그런 결의도 필요하다.

물론 '재목으로서의 문재인'에 대해서는 아직은 더 지켜봐야 한다. 그러나 '운명'의 길을 걷기로 결심했다면 그는 이제 스스로 '자기의 얼굴'을 만들어가야 한다. 다음 달 서울시장 재보선 이후 정치판에는 한바탕 태풍이 올지도 모른다. 또 내년 총선 이후에는 젊은 사람들과 한바탕 격한 경쟁을 치러야 할지도 모른다. '자기 얼굴'은 그래서 필요하다. 그렇게 노무현으로부터도 자유스러워져야 한다.

항상 바라보며 추구해야 할, 양보 못할 가치는 '나라의 정상화'다. 그가 어떤 길을 걷건, 그를 포함한 우리 모두가 목표 삼고 걸어가야 할 가장 큰 명제임에 틀림없다. 그만큼 이 나라가 지금 엉망의 수렁에 빠져 있어서 거듭하는 소리다.

2011. 09. 06.

03 | 리모델링으로는
안 된다. 신축하라

- 정치판에 태풍이 온다

누군가 "이렇게 더러운 선거 처음 본다"고 했던가. 아닌 게 아니라 이번 서울시장 보궐선거 기간 중 '더러운 것' 원 없이 보았다. 아마 여당으로서도 여한이 없을 것으로 보인다. 겉으로는 '네거티브 아닌 검증'이라는 공장 간판을 내걸고 '네거티브 대량생산'에 몰두하면서 정치적 이익도 적지 않았던 것으로 전해진다. 무엇보다도 네거티브로 'MB 심판론'의 확산을 이만큼 막아낸 것은 망외(望外)의 소득이 된 것 같다.

시기적으로 '내곡동 사저 의혹'까지 불거진 시점이었으므로 선방(善防)했다는 이야기다. 다른 사람도 아닌 그 MB의 정당 후보가 '정직한 변화 누구입니까'라고, '정직'이란 단어가 적힌 현수막을 내거는 정도였으니, 선거 결과와는 상관없이 "네거티브 전략이 성공한 것 아니냐"고 말하는 사람도 있다. 정부 쪽에서도 수고 많이 했다. 원래 불법은 단속하게 돼 있는데도 불구하고, 새삼스럽게 "SNS 불법 단속하겠다"고 거듭 '협박'해댄 것도, 왜 그러는지 모른 사람 거의 없다.

특히 검찰은 무슨 기부금을 수사하겠다고 했다가, 선거 끝나고 하겠다며 수상한 페인트 모션을 써 관심을 끌기도 했다. 방송통신위원회를 비롯해 검찰·경찰 다들 애썼다. 심지어 중앙선거관리위원회도 그 수고 대열에 합류했다. SNS를 통한 '투표참여 독려'까지 제동을 걸어주었다. 이 나라 민주주의 시계가 이렇게까지 뒤돌아갔나 놀라울 뿐이다. 그러나 뭐니 뭐니 해도 '더러운 선거'를 위해 가장 수고한 것은 역시 언론이었다.

네거티브 공장에서 생산된 제품들을 검증 없이 홍보하는 데 노고를 아끼지 않았다. 민주언론시민연합이 지난 10일부터 10일간 분석한 자료를 보면, 방송 3사와 조중동이 이번 보선에서, 한나라당 후보를 위해 얼마나 열과 성을 다했는지 드러나 있다. 나경원 후보 쪽에서 제기한 '의혹'들은 여과 없이 그대로 내보내고, 그 '의혹'에 대해 박원순 후보 쪽이 해명하는 내용을 방송하면서, 양쪽 후보가 공방을 벌이고 있다고 보도했다.

'공방'은 공격과 방어이므로 "공방을 벌였다"는 보도는 맞는 말이다. 그러나 제기된 의혹은 검증절차를 거쳐야 했고 균형도 필요했다. 사후에라도 사실이 밝혀지면 "지난번 A후보가 제기한 ○○의혹은 사실이 아닌 것으로 밝혀졌다"고 따로 보도하는 게 공정(公正)이다. 3방송은 열흘 동안 나 후보의 의혹 17건과 박 후보의 의혹 31건을 보도했다. 검증노력이나 추적보도는 별로 눈에 띄지 않았다. 공정보도 훈련이 안 되어 있기 때문이었다. 사실은 이게 군사독재시절에 뿌리를 둔 배냇짓이다. 누가 시킨 짓거리인지 다 아는 일이다.

조중동의 편파보도는 정도가 좀 더 심했다. 나 후보의 의혹 10건에 박 후보의 의혹은 55건이나 되었다. 특히 동아일보의 경우, 나 후보의 의혹 1건에, 박 후보의 의혹은 21건이나 써 제쳤다. 게다가 이들 신문은 박 후보에게 전가의 보도인 색깔까지 덧칠해 흠집 내는 데 '사력'을 다했다. 아마도 종편 채널과 관련해서, '황금채널확보' 문제와 '직접광고영업' 문제가 미정인 상태라, 더욱 기를 썼을 것이다. 그야말로 더러운 선거였다. 그러나 역설적으로 바로 그 때문에 이번 보선은 더욱 의미 있는 선거가 되었다.

이제 서울시장 보궐선거는 끝났다. 남은 건 무엇인가. 엄청난 크기의 회오리바람과 엄청나게 거센 태풍이 몰려올 것이다. 여건 야건 피할 수 없을 것이다. 정치판을 삼켜버릴지도 모른다. 그 한복판에 안철수라는 이름이 있다. 필자가 '병 걸렸는지' 몰라도 그것은 냉엄한 현실이다. 그렇게 인정할 수밖에 없다. 정치판 근처에 한 번도 가본 적이 없는 안철수 서울대 융합과학기술대학원장이, 불과 닷새 정도의 정치활동만으로, 이 나라의 차기 대권후보로 수년간 1위의 자리를 고수해 오던 박근혜 한나라당 전 대표를 지지율에서 앞섰다. 아무리 생각해봐도 불가사의한 일이다.

그러나 정확히 말하자면, 안철수 현상이라는 태풍을 일으킨 건 사실 안철수 원장이 아니었다. 대다수 국민들의 갈증이었다. 더러운 선거판이 된 이번 보선을 자랑스러운 선거로 이끌어낸 것도, 그들의 갈증이었다. 그리고 그들은 소중한 것을 정치판에 깨우쳐주었다. 더러움이나 비상식이나 지저분한 과거는 이제 버리자는 것이다. 바라는 것은 더럽지 않음이요, 새로움이요, 맑음이요, 깨끗함이다. 상식과 원칙과 건강함이다. 미래에 대한 믿음이다. 이런 '타는 목마름'을 적셔줄 몇 모금의 생명수다. 그 갈증에 정치권은 대답을 해야 한다.

©프레시안(최형락)

　이번 재보선은 예사 재보선과는 성격이 판이해서, 결과를 놓고 정치권은 이해득실 계산과 활로 찾기에 고민을 거듭할 것이다. 특히 서울시장 보선에서 후보도 못낸 민주당은 고민의 깊이가 더할 게 분명하다. 그러지 않아도 선거 전부터 당 안팎에서, 대통합이니, '50 대 50'이니, '접수개혁'이니 하는 이야기가 줄곧 흘러나오고 있다. 구체적인 움직임도 감지된다. 그러나 분명히 할 게 있다. 지금 정치권이 가야 할 길은, 공급자의 입장이나 현실적인 유불리를 따지기보다는, 수요자인 국민의 눈높이를 잣대 삼고 걸어가는 게 바른 행로로 보인다.

　공급자들끼리는 이런저런 논의와 흥정이 있을 수 있겠으나, 지금 대다수 국민들의 기대는 분명하다. 낡은 틀의 기성 정치권에 대한 혐오감과 새로운 정치세력의 출현에 대한 기대가 말할 수 없을 정도로

크다. 그 갈증을 해소해주는 것이야말로 정치권의 책무다. 많은 사람들이 우선, 적어도 MB정권의 '잃어버린 5년'은 확실히 정리돼야 한다고 소원한다. 이런 이상스러운 정권은, 더 이상 발을 붙이지 못하게 해야 한다고 믿고 있다.

정치판을 새로 짜고 새롭게 출발해야 한다는 목소리들이 점점 더 힘을 얻어가는 것도 그 때문인 듯하다. 특히 무기력한 야권에 대한 안타까움도 간단치 않아 보인다. 새로 짜는 정치판은 지금껏 정치적 계기가 있을 때마다 그래 왔듯이, 지분을 정해 나눠먹기를 하고, 이합집산을 하는 모습이어서는 안 될 일이다. 잿밥에만 관심 있는 사람들 얼기설기 엮어놓고, 포장만 그럴 듯하게 해서 내놓는 판이어서는 곤란하다. 저토록 갈망하는 국민들의 갈증을 해소해줄 수도 없다. 아무리 좋게 보아도, 리모델링 수준을 벗어날 수 없을 것이다.

리모델링으로는 안 된다. 한 번 바람에 날아가 버릴 수도 있다. 지금은 신축(新築)이 필요 한 때다. 다세대 주택이 아닌, 대다수 국민들에게 감동을 주는 번듯한 새집이 나와야 한다. 적지 않은 아픔도 있고 현실적으로 고통도 예상되지만, 그런 산고(産苦)를 겪고서라도, 이 나라 정치판이 바뀌지 않으면 미래는 기대할 수 없다. 그만큼 잘못되어 있다.

보수·진보라는, 이른바 색깔에 대한 논란도 분명히 하고 갈 필요가 있다. 대통령부터 정체불명의 해괴한 보수의 의자에 앉아, 자기가 정통보수라고 큰소리치고 있는 게 이 나라 자칭 보수 우파들이다. 그 사이비 보수에 맞서 있는 이른바 진보 진영도, 진정한 의미의 진보모습은 아니다. 보수와 별로 차별화돼 있지도 않으면서, 진보라고 울타리 치고 있는 모양새도 보인다. 어쭙잖은 보수·진보 논리에 매몰되지 말고, 옳고 그름, 상식과 비상식이라도 분명히 가려내는 건강한 정치세력을 기대해본다. 편 갈라 배타적 이익이나 추구하는 정치꾼들 집합소가 되지 말라는 소리다.

새로운 정치판을 이야기할 때마다, 입으로만 개혁이니 혁신이니 하면서, 본질을 비껴가는 행태가 되풀이되지 말았으면 하는 희망도 있다. 특히 나이가 젊다는 이유로 개혁세력을 자처하던, 이른바 386들의 상당수가 '단물'을 찾아 '기생'해가며, 이 나라 야당에 끼친 폐해를 말하는 사람들이 적지 않다.

지난 3일 야권의 서울시장 후보 경선에서, 분명한 두 갈래의 흐름이 보였다. 40대까지는 박원순 후보를 지지했고, 50대 이상은 박영선 후보에게 표를 몰아주었다. 젊은 층이 지지한 박원순 후보는, 고령층이 지지한 박영선 후보보다 나이가 네 살이나 많다. 나이가 많다 해서 덜 개혁적이라는 공식은 허구에 불과하다. '386=개혁세력'이란 잘못된 도식은 이젠 버려야 한다. 번듯한 새집을 짓되, '단물'만을 찾아다니는 사이비 개혁·혁신세력을 경계해야 한다는 이야기다.

내년 총선과 대선을 치르고도 건강을 되찾지 못한다면 이 나라는 희망 없는 나라가 될지도 모른다. 절대다수 국민들이 정치권을 주목하고 있는 것도 그 때문일 것이다. 정치 쪽에서 맑은 물이 솟아 윗물이 되고, 그 윗물이 아래로 흘러 세상 더러운 것들 시나브로 씻어내려 보내는, 그런 꿈을 꿔본다.

2011. 10. 27.

04 "한명숙 대표,
비례후보 반납하는 게 최선"

– 민주당 지도부 무릎 꿇고 사죄해야

시청앞 광장이었다. 촛불을 든 수많은 사람들의 한쪽 편에서, 대학생으로 보이는 일단의 젊은이들이 숙연한 자세로 노래를 부르고 있었다. '대한민국은 민주공화국'이라는 헌법 제1조의 노래였다. 연신 눈물을 훔쳐대고 있는 사람도 있었다. 사람들이 자꾸자꾸 모여들었다. 그 밤에 유모차를 밀고 나온 젊은 엄마 모습도 눈에 띄었다. 그들은 큰 것이나 많은 것을 요구하고 있지 않았다. 그저 '바른 나라 바른 대통령'을 갈망하고 있었다. 가슴이 터질 것 같았다. 콧날이 시큰해 왔다.

들킬까봐 그때 필자는 고개를 옆으로 돌렸다. 그 기억이 어제처럼 새롭다. 벌써 4년 전 이야기가 되었다. 그때 많은 사람들은 2012년의 선거와 투표일이 빨리 왔으면 하고 바랐다. 별로 잘 쓰지도 못했고, 제대로 짚어 내지도 못한 필자의 칼럼에 까지도 그들은 댓글을 달며 그 희망을 말하곤 했다. 어서 투표일이 되었으면 좋겠다고 했다. 손이 근질근질해 참기 힘들다고도 했다.

다른 나라 총선이나 대선도 그러하지만 이 나라에서도 투표행위는 의사표시의 방법이 제한돼 있다. '△△를 반대한다'거나 '△△를 응징한다'는 의사표시를 할 수 없게 되어있다. 그저 지지하는 사람(정당)의 이름 옆이나 아래 칸에 동그라미 붓 뚜껑으로 지지의사를 표시하는 방법이 '고작'이다. 그래도 그 방법을 통해서 사람들은 '지지'도 하고 '응징'도 한다.

그러나 난처한 경우가 생길 수 있다. 응징하고자 하는 사람(정당)은 있는데, 지지하는 사람(정당)이 없거나 중간에 지지 할 마음이 없어졌을 때 문제가 생긴다. 지지할 마음이 있던 사람이 계속 '헛발질'하고, '자살골'이나 집어넣어 지지를 잃어버렸을 때 그렇게 된다. 이럴 때 사람들은 그냥 투표를 포기해 버린다. 그렇게 응징받아야 할 쪽이 덕을 보게 되는 경우도 생긴다.

투표를 통해서 MB정권 응징을 다짐했던 적지 않은 사람들이 요즘 난처해졌음을 말하고 있다. 특정세력을 응징하기 위해서라도 그 반대쪽을 지지 할 준비가 되어 있었으나, 지지받아야 할 사람들이 계속해서 한눈 팔며 '뻘짓'만 하고 있다는 이야기다. 선거를 목전에 두고 민주당이 공천과정에서 국민들에게 보여준 모습은 그저 단순한 '뻘짓' 차원이 아니었다.

비리와 관련해 법원 1심에서 유죄 판결을 받은 사람을 사무총장에 내세우더니, 다 같은 조건인데도 누구는 되고 누구는 안 되는 저울고장 제멋대로 공천에, '상왕' 등 몇 사람이 자기 몫 계속 요구하며 힘겨루기를 해대고, 계파 간 이해 다툼이 극을 이루는 난장판이 벌어졌다. 요즘 보도의 주된 흐름이다.

한두 군데가 아니다. 친노 486 봐주느라고 대신 민주계가 코피 쏟았다는 이야기는 오래전에 들렸다. 비리문제로 기소된 사람이 공천을 받았다가, 탈당 절차와 함께 공천을 반납하고 당에서 나가더니, 무소속 출마를 감행했다. 당 지도부에서 그 지역에 민주당 공천자를 내지 않는 '신종 꼼수'를 부리기도 했다. 그것도 486 봐주기라 했다.

경제민주화 한다고 119 특별위원회 만들어 놓더니, 위원장으로 세운 사람 제치고 외부인사 데려다 그 위원장 몫으로 공천 주었다. 그는 당초 전주 덕진에 공천을 신청했으나, 수도권에 전략공천 하겠다고 강제로 뽑아다가, 몇날 며칠 서울지역에서 이리저리 뻉뻉이 핑퐁친 끝에 결국 빈 손 만들었다. 특정인의 계파라 그리됐다는 소리도 나온다.

나눠먹기 '잔치'는 비례대표 공천과정에서 절정의 모습을 드러낸 것으로 전해졌다. 최고위원들을 비롯한 지도부 거의 모두가 제 사람 심기에 '혈안'이 되었었다고 했다. 한명도 못 챙긴 사람도 있기는 하나, 대부분 적어도 한 자리 씩은 차지했고, 특별히 두 명 이상씩 거머쥔 사람들 이름도 나왔다. 정가에 파다하다.

MB식 화법으로 치자면 그건 외부에서 신경 쓸 일이 아닌 '민주당 내부사정'(방송사 파업에 대해 MB는 "방송사 내부사정"이라 했다)일 수 있다. 실제로 민주당도 지도부가 국민 눈치 신경 안 쓰고 겁 없이 그렇게 결행한 듯하다. 허나 그래서는 안 될 일이었다. 지난 달 만해도 민주당이 제1당 되는 것 의심하는 사람 별로 없었다. 그러나 지금은 민주당이 제1당 되리라고 믿는 사람 거의 없다.

지도부가 그 지지율 다 엿 바꿔 먹었다. 오만이 꽃을 피우고 교만이 열매를 맺으면 그렇게 되어있다. 잘못된 공천 바로 잡는 데서도 민주당은 새누리당과 차이를 보였다. 새누리당은 비교적 즉각 즉각 조치가 이뤄졌으나, 민주당은 질질 끌면서 어떻게 그냥 넘어가 보려는 '노력'이 뚜렷이 보였다. 국민들의 눈높이에 맞추지 못했고, 민심

무시할 방법을 모색하는 듯 했다. 그저 계파별 나눠먹기에 열과 성을 다했다.

그래서였을 것이다 선거를 눈앞에 두고 최고위원인 박영선 MB정권 비리 및 불법비자금 진상조사특별위원장이 최고위원과 특별위원장직을 사퇴했다. 공천과정이 이 꼴 된 데 대해, 누군가 지도부가 국민에게 사죄해야 도리라고 생각했노라고 했다. 당을 좌지우지하는 '보이지 않는 손'이 있다고 했다. 반성해야 한다고 했다.

'촛불광장'에서 눈물 보이던 젊은이들과 유모차 아기엄마에서부터, 4대강 바라보며 가슴 치는 사람들, 부자감세로 빚어진 서민경제 파탄 속에서 고통 감내하고 있는 민초(民草)들, 남북관계 파탄으로 불안해하는 사람들, 선거를 손꼽아 기다리던 그 많은 사람들에게 민주당은 무어라 말을 해줘야 한다.

그토록 선거 날을 고대하고 고대하던 그들에게, 그리고 지금 엄청나게 화가 나있는 그들에게 민주당은 왜 좌절과 배신감을 안겨줬는지 까닭을 밝혀줘야 한다. 지지한다며 붓 뚜껑을 눌러 줄 대상이 사라진데 대해 설명해줘야 한다. 투표장에 가야할 이유가 없어진데 대해 무언가 대답을 해줘야 한다. 정치란 원래 백성의 눈물을 닦아주는 것이라 했던가. 해결책을 내놓아야 한다.

따지고 보면 박영선 최고위원 혼자 책임 질 일도 아니다. 지금은 박 최고위원의 사퇴 선언에 대해서, 당 대표가 국민들에게 해명을 해줘야 할 때다. 그것은 타는 목마름으로 MB정권 심판을 소원하다 민주당으로부터 배신을 당한 사람들에 대한 최소한의 예의이기도하다.

지금 할 수 있는 가장 확실한 대답은 아마도 한명숙 대표가 비례대표 후보를 반납하는 결연한 모습을 보이는 게 아닐까 싶다. 그리고는 대표직만을 지닌 채 전국의 격전지를 돌며 백의종군하는 의연함을 보여야 한다.

당 대표의 비례후보 반납은 2004년 총선 때 노인 폄하 발언으로 정동영 당시 열린우리당 의장이 후보를 사퇴한 전례도 있다. 적어도 그 정도는 돼야 국민들의 생채기 난 마음을 조금이나마 달래 줄 수 있다고 본다.

당 지도부도 그냥 있어서는 안 된다. 이른바 상왕을 포함한 지도부 전원이 좌우 한줄로 늘어서서 무릎을 꿇어야 한다. 이마가 땅바닥에 닿도록 절하며 사죄해야 한다. 반성하며 새롭게 각오를 다져야 한다. 투표일 손꼽아 기다리던 국민들에게 지금이라도 희망과 용기를 심어줘야 한다.

2012. 03. 22.

05 | 언론 여론조작이 판세 뒤집은 '부정선거'

– "언론이 바로 서야 나라가 바로 선다"

　　　　　박정희 후보의 것이건 김대중 후보의 것이건, 유세 화면은 사전에 철저한 '손질'과정을 거쳤다. 박정희 후보의 화면은 사람들이 많이 모여 있어야 했고, 열기가 뜨거워 보여야 했다. 허나 김대중 후보의 화면은 박정희 후보의 것과 차별화 되어야 한다는게 '지침'이었다. 청중이 드문드문 서있는 장면을 골라서 방송에 내보내야 했다. 1971년 4월 제7대 대통령 선거 때 그랬다. 필자는 그 방송사의 입사 3년차인 병아리 기자였다.

　　중앙정보부의 '지시'가 어명(御命)처럼 행세하던 때였다. 군말 없이 영상을 만들어 가던 선배들의 모습이 지금도 기억에 있다. 보도국도 촬영실도 다 말을 못했다. 부끄러운 이야기지만 선배들조차 그러던 때인데다, 선배들 담배 심부름까지 해야 했던 시절이라 필자는 무어라 말을 할 계제가 못 되었다. 그해 5월에 치러진 제8대 국회의원 선거 때도 그랬다. 여당 유세는 사람이 많고 야당은 청중이 듬성듬성 해야 했다.

그때와 다르지 않은 '영상조작'이 이번 제19대 총선에서도 등장해 맹위를 떨쳤다. MBC노조는 편파화면의 빈도와 행태까지 밝히며 보고서를 내 놓았으나, 꼭 그 보고서가 아니더라도 조금만 관심 있게 TV뉴스를 본 사람은, MBC 뿐만 아니라 거의 모든 방송들이 어떤 식으로 영상을 손질해 내보냈는지 대개는 짐작한다.

박근혜 새누리당 비대위원장은 항상 거리의 많은 인파속에서 바람을 일으키며 웃었다. 한명숙 민주당 대표는 겨우 두세명이 함께 걸어가거나 회의하는 장면이 적지 않게 나왔다. 차별화 되었다. 박근혜 위원장 옆에는 항상 자기 이름이 적힌 어깨띠를 메고 지역후보가 함께 했으나, 한명숙 대표는 지역후보의 모습이 보이지 않는 경우까지 있어 "누구를 지원하고 있는지"하는 생각이 들게도 했다. 대체적으로 활기가 느껴지지 않는 화면이었다.

특히 앵글의 편파성은 심했다. 예를 들자면 서울시청 앞 광장에 수많은 사람들이 모였을 때 광장 옆 건물의 1층이나 2층쯤에서 찍은 화면과, 빌딩 옥상에 올라가 전체광경을 촬영한 화면은 느낌에서 보통 차이가 나는 게 아니다. 그런 식으로 비교되는, 서로 상반되는 형태의 영상을 얼굴에 철판도 깔지 않고 태연히 내 보냈다. 방송들이 그랬다.

때 마침 파업 중이라 조금도 기자들 눈치 볼 필요 없이, 거리낌 없이 그런 짓 했다는 이야기도 들린다. 영상 뿐 만이 아니었다. 기사 내용도 그랬다. MBC노조는 "선거기간 중 총선보도 역사에 길이 남을 최악의 편파 뉴스가 나갔다"고 목청을 높였다. 그러나 영상 조작은 앞서 말한 1971년 대통령 선거가 효시 아니었나 싶다. 말하자면 이번 총선의 TV뉴스는 정확히 41년 전으로 시계바늘이 되돌려진 상태에서 전파를 탔다는 이야기다.

물론 전두환 군부통치시대에도 여론조작은 무수히 많았다. 그러나 아무리 그렇다 해도 아버지 때 저질러진 '불공정'이 딸의 시대에 또 등장한 것은 참으로 가슴 아픈 일이 아닐 수 없다. 한국적 비극이다. 한 해설가는 이번 총선에서 승패가 갈린 요인을 놓고 "새누리당에는 박근혜가 있었고, 민주당에는 박근혜가 없었기 때문에 그리됐다"고 말했다. 박 위원장이 특별한 리더십으로 어려운 형편의 한나라당을 구원하고, 승리를 이끌어 냈다는 이야기일 것이다.

그러나 정확한 표현인지에 대해서는 이론이 있을 수 있다. 선거의 전 과정을 통해 언론이 보여준 총체적인 편파보도를 감안한다면, "새누리당에는 박근혜가 있는 것처럼 (언론에 의해) 비쳐졌고, 민주당에는 박근혜가 없는 것처럼 비쳐졌기 때문에 그리 됐다"는 게 바른 표현이 될듯하다. 한명숙 대표의 리더십에 다소 문제가 있다 치더라도 그렇다.

이번 총선에서 가장 큰 변수로 작용한 게 '김용민 막말 파문'이었다고들 말한다. 이론을 다는 사람이 없다. 민주당에서도 그랬다. 그 때문에 3040유권자들의 투표율이 낮아졌고, 지역적으로는 충청·강원에서 영향이 적지 않았다고 했다. 어떤 언론사에서는 김용민 막말이 야권 연대의 15개 의석(비례포함)을 날렸다고 했다.

이번 총선에서 2000표 차이 이내로 승패가 갈린 지역구가 19곳이었다. 이중 11개 지역구를 막판에 새누리당이 가져갔다. 그 '막말' 때문에 초박빙지역의 야권 단일 후보들에게 1~3% 포인트씩의 마이너스 효과가 나타났고, 그게 바로 야당 우세였다가 여당 차지로 넘어간 초박빙 지역이라고 전문가들은 말한다.

요컨대 막말 파문 때문에 새누리당으로 넘어간 의석수가 대충 11~15석이라는 이야기다. 그게 넘어가지 않았다면, 야권연대는 151~155석으로 과반 의석을 차지 할 수 있었다는 이야기가 된다. 막말 파문에다 불을 지피기 위해 결사적으로 노력했던 언론들의 역할이 새삼 주목을 받는 이유가 바로 거기에 있다. 결론부터 말하자면 김용민 후보의 막말은 용서받기 어려운 내용이었다. 김 후보는 사퇴해야 마땅했다.

방송사들은 4일부터 연일 주요뉴스가 그 이야기였다. 상황 진전도 없는 같은 내용을 계속해서 뉴스 앞머리에 지겹도록 내보냈다. 조선일보는 4일부터 사설을 포함해 모두 41건의 기사와 칼럼을 쏟아 내놓은 것으로 보도되었다. 방송과 신문들이 거의 다 그랬다. 그러나 언론의 그런 보도행태는 도가 지나쳤다. 너무 나갔다. 균형 감각이나 공정성도 무시되었다.

발행부수는 적어도 진보 성향의 신문들은 '김용민 사퇴'를 요구하는 사설을 실어 균형을 잡기도 했으나, 방송과 조중동 등 신문들은 달랐다. 별도로 도덕성 문제가 불거진 새누리당 후보들 모두에게는 전혀 다른 잣대를 갖다 대면서 편파보도의 깃발을 높이 들어 올렸다. '막말파문'이라는 이름의 '여론조작'에 죽기 살기로 매달렸다는 소리는 그래서 나온다.

암에 걸려 숨진 친동생의 부인을 성폭행 하려 했다는 새누리당 후보가 있다. 피해자인 '제수씨'가 증언을 하고, 그녀의 아들인 조카가 후보인 큰아버지와의 대화를 녹음했다는 녹취록까지 들고 나왔다. 당선자가 된 본인은 펄쩍뛰고 있으나, 피해자가 다른 사안도 아닌 '제수씨 성폭행 미수' 문제를 거짓으로 들고 나온 것 같지는 않다.

다른 사람의 태권도 관련 논문을 거의 '복사'하다시피 했다(표절 수준이 아니었다)고 했다. 그렇게 박사학위를 받아 대학교수까지 되었다고 했다. 그 부정한 소행을 감춘 채 IOC선수위원에 당선 돼 세계적 명사 행세를 하고 있는 후보도 있다. 이들 사안은 '막말'을 훨씬 뛰어넘는 '부도덕' 사례였다. 그러나 언론이 이들에게 들이댄 기준은 '막말'의 경우와는 너무도 달랐다. 부도덕에 대한 질타대신 '후보 간 비난사례' 정도로만 보도하기도 했다. 그나마 입 다문 언론도 있었다.

일본이 우리 땅 독도를 분쟁지역으로 삼아, 국제사법재판소로 끌고 가려 하는 것은 널리 알려진 이야기다. 그 독도를 "현실적인 분쟁지 역으로 봐야 한다"는 일본논리를 대변한 어처구니없는 후보도 있다. 듣기에 따라서는 독도가 우리 영토도, 일본영토도 아니라는 기가 차 는 이야기가 된다. "오래전 쓴 글이라 기억도 잘 나지 않는다"고 그는 발뺌한 것으로 보도되었다.

그가 서울대 동문 카페에 이 같은 글을 올린 것은 7~8년전 이었다. 김용민 후보가 인터넷 성인 방송에서 막말을 한 것도 7~8년전 이었 다. 다른 것도 아닌 '독도 망언'을 한 새누리당 후보에 대해서도 언론 은 무언가 말을 해야 했다.

언론의 편파보도를 통한 여론조작이 선거 판세를 완전히 뒤집어 놓았다. 민주당으로서는 여소야대의 기회를 놓쳤다고 억울해 할 수도 있을 것이다. 그러나 민주당은 귀 기울여야 한다. 작년 10월의 서울시 장 보궐선거때도 언론의 편파보도는 다름없이 극심했다. 그런데도 박 원순씨는 당선됐다. 여론조작으로 '공제'되고도 남을 만큼의 지지가 있기 때문이었다.

편파보도 공제 말고도 민주당은 그동안 공제된 게 적지 않았다. 우 선 공천과정에서 오만에 들떠 계파별 나눠먹기나 하다 공제된 게 많 았다. 막말파문에서 결단 못 내리고, 곁눈질로 '나꼼수의 오만' 눈치 보며 공제 당한 것도 만만치 않았다. 기생(寄生)을 전문으로 하는 486 들이 깎아먹는 공제에도 대비해야 했다.

민주통합당의 출범 때부터 줄곧 주목받던 '친노세력의 자기성찰 부족현상'은 선거가 지나서도 계속되고 있다. '공제' 차원이 아니라 궁핍한 재산에 살림살이 거덜 낼 수도 있음을 깨달아야 한다고 말하는 사람들이 적지 않다. 다소곳해져야 한다는 이야기다.

그래도 이 이야기의 결론은 '언론의 여론조작' 쪽으로 가야 한다. 이 나라의 내일을 생각할 때 언론 편파보도가 그만큼 심각한 지경에 와있다. 선거에서도 언론은 편을 갈라놓고 사실보도를 외면한 채 자기편 후보의 잘못 덮으면서, 다른 후보의 허물만을 사생결단의 자세로 부각시켰다. 그게 이번 선거다. 그런 여론 조작으로 선거결과를 뒤집어 놓는 건 언론이 저지르는 부정선거다. 앞으로 대선도 있다.

지금은 언론이 얼마나 나쁜 짓 할 수 있는지를 곰곰이 따져봐야 할 때다. 헌법조항대로 국민으로부터 나와야 할 이 나라의 권력이, 특정 방송과 신문의 편파보도와 여론조작을 통해 나오는 이 기막힌 상황을 모두 나서서 결사적으로 막아내야 할 때다. 언론이 바로 서지 않으면 결코 나라가 바로 설 수 없다.

2012. 04. 16.

06 지미 카터는 '좌빨', 김정일은 '수꼴'?

– '좌우' 타령 이제 그만

"이번 대선은 친북좌파와 보수우파의 대결이기 때문에 중요하다." 2007년 8월 29일, 한나라당의 이명박 대통령 후보는 서울 여의도 한나라당사를 찾아온 알렉산더 버시바우 주한 미국대사에게 이렇게 말한다. '보수우파'의 대칭이 되는 말은 '진보좌파'이고, 당시 그의 경쟁자인 민주당의 정동영 후보에게 '친북'이라고 단정할 만한 특이한 점이 없었는데도, MB는 굳이 그 말을 골라 썼다.

말하자면 이게 보수 기득권 수호 정당인 한나라당이 정치적 대결 상대인 민주당을 바라보는 시각이었다. 버시바우 대사는 그로부터 1년 전인 2006년 7월 김영삼 전 대통령에 대해 "보수적이고 다혈질이며, 대부분의 정책 사안에 대해 매우 제한적인 지식을 가지고 있다"고 본국에 보고한, 그 미국대사다. 그런 그가 그 뒤에라도 MB를 뭐라 평가했을지 궁금하다.

아무튼 버시바우 대사와 만나 MB가 그런 이야기를 한 지 4년 뒤인 2011년 4월, 한나라당은 강원도지사와 '분당을' 국회의원 재보선에서

MB와 마찬가지로 '좌우' 타령을 했다. 그리고 패배했다. 관심거리는 그 뒤를 이어 회자되고 있는 이야기들이다. 특히 한나라당 텃밭으로 알려진 '분당을' 선거 결과를 놓고는 말들이 무성하다. 보수신문들은 민주당 승리·한나라당 패배가 '분당우파의 반란'이라 했고, '분당좌파의 출현'이라는 소리도 들린다.

정치판에서의 좌우파 구분이 시작된 것은 1789년 프랑스혁명 직후 소집된 국민의회에서 부터였다. 의장석에서 볼 때 오른쪽에 왕당파가 앉고, 왼쪽에 공화파가 앉은 게 그 기원이다. 대체적으로 우파는 보수성향이고, 좌파는 개혁·진보성향이라는 게 정설로 되어 있다. 유럽에서의 좌파는 1차 대전 이후, 파시즘의 위협과 세계대전의 폐허 속에서 민주주의를 감싸고 지켜낸 역사를 가지고 있다. 그들이 정치적으로 지향하는바(political orientation)의 핵심은 바로 민주주의였다.

그러나 이 나라에서는 기득권층의 특별한 목적에 따라 좌우가 구분되어왔다. 좌파는 공산주의 체제의 신봉자이고, 우파는 자유민주주의 체제 신봉자라는, 터무니없는 2분법까지 등장했다. 그렇게 좌파는 타도대상이 되었다. 그러나 엄밀히 말하자면, 그런 구분 방식에 의해 구별돼 행동하는 좌파는 이 땅에 존재하지도 않는다. 실제로 국법질서를 문란케 하는 좌파 사범이 있다면, 그것은 그것대로 실정법의 잣대로 엄격히 처리하면 되는 일이다.

해방 직후 살아남기에 급급했던 친일 세력들은 자신들의 부끄러운 모습을 숨기면서, 기득권을 지켜내기 위해 발버둥을 쳤다. 이승만 주변에서 우선 우파를 자처하며, 정적들에게 좌파라는 빨간색을 사정없이 덧칠해댔다. 색깔논쟁을 부추겨 죄 없는 사람을 좌파로 만들고, 죽이기까지 했다. 조봉암도 그렇게 사형당했다. 적지 않게 자유당으로 몰려간 친일 기득권 세력들은 5·16이 일어나자, 이번엔 민주공화당으로 달려갔다.

군사독재세력과도 혼재되면서, 그들은 정치적으로 반대쪽에 서 있는 진보세력들을 친북·종북·좌익·빨갱이로 규정해가며 갖은 수난을 안겨주었다. 그 피해그룹의 한가운데에 김대중(DJ) 전 대통령이 있다. 그는 1970년 '4대국(미·일·중·소) 보장론'과 함께 통일 방안을 제시하면서, 일찌감치 '빨갱이'가 되었다. 보수 기득권 세력들이 그렇게 조작했다. 그러나 그가 4대국 보장론을 외친 지 40년이 지난 지금, 우리 눈앞에 있는 6자회담은 다름 아닌 '4대국에 남북한이 함께 하는' 회의체로 자리해 있다. 대통령에 출마하지 않았다면, 대통령이 되지 않았다면 그는 '좌빨(좌익빨갱이)의 수괴'가 되지는 않았을 것이다.

그 죽을 고비를 안 겪고, 그 감옥살이도 하지 않았을 것이다. '좌빨'의 연장선상에서 햇볕 정책도 추진했고, 정상회담의 대가로 4억 5,000만 달러를 북에 건넸다고도 했다. 그러나 그 4억 5,000만 달러는 현대가 북한 지역의 7대 독점 협력 사업의 선투자 개념으로 준 것이었다. 2009년 7월 이명박 정부의 통일부가 국회에 제출한 자료에도 그렇게 적혀 있다. 특검 공소장에도 나와 있다. 퍼주기 했다고들 말하지만, 서독에서는 동독으로 매년 32억 달러씩 건너갔으나, 남측에서 북한에 건너간 것은 연간 1억 달러(민간부분 3,000만 달러 포함)였다.

최근 북한에 다녀온 지미 카터 전 미국 대통령은 격한 어조로 기자회견에서 말했다. "인권 중 가장 중요한 것은 사람들이 먹을 수 있는 권리를 보장하는 것"이라 했다. "한국과 미국 정부가 의도적으로 북한으로 가는 식량 지원을 억제하는 것은 명백한 인권침해"라고 단정했다. 그저 식량 지원을 촉구하는 정도를 넘어, '지원방해'라고 지적했다. 그것도 북한 주민에 대한 '인권침해'라는 '고약한' 표현을 쓰며, 한국 정부를 비난했다.

이 나라에서 어느 누가 이 정도로 정부를 꾸짖었다면, '좌빨' 이상의 욕을 먹었을 것이다. 보수언론들이나 기득권층이 눈에 쌍심지를 켰을 것이다. 뉴욕타임즈(NYT)도 4월 29일 자 사설에서 비슷한 이야기를 하고 있다. "미국이 남한의 반대로 대북 식량 지원을 끊은 것 같다"며 "왜 오바마가 MB정부와 똑같은 실수를 저지르는지 이해하지 못한다"고 했다. '친북'이나 '종북' 수준이다. 허나 진정한 의미에서의 우파나 좌파는 이 땅에 없다고 본다.

지미 카터 전 미국 대통령이나 뉴욕타임즈가 '좌빨'일 수는 없다. 한때 남로당에 가담했다 해서, 박정희 전 대통령이 빨갱이일 수 없다. 물론 김대중 전 대통령도 빨갱이일 수 없다. MB는 스스로 보수우파라 했으나, 그의 행적을 보면 이상한 대목이 눈에 띈다. 대통령이 된 뒤 잠실 롯데 고층빌딩을 허가해주면서, 그는 "안보차원에서 문제가 있다"며 반대한 공군 참모총장을 해임하기까지 했다. 보수층이 들끓었다. 보수우파가 할 수 있는 일이 아니라 했다. 진실이 밝혀지지 않았으나, MB의 그 같은 행태는 따로 평가받아야 할 일이지, 보수나 진보로 구분해 말할 수 있는 것은 아니다.

목숨까지 걸고 기득권을 지켜내는 게 보수우파라면, 북한의 김정일 위원장도 '수꼴(보수꼴통)'에 해당한다. 일찍이 아버지가 '왕'으로 있는 유복한 집안에서 자라 대를 이어 왕이 되고, 기득권을 사수하기 위해 무자비한 숙청도 했을 것이다. 아들이 또 왕이 되는 판이다. 그러나 아무리 그렇다고 '김정일=보수'라 하는 건 이상해 보인다.

아무튼 특정한 목적을 달성하기 위해 어떤 현상이나 사람을 작위적이고 도식적으로 구분해, 틀에 집어넣는 것은 결코 바람직하지 않다. 특히 정치적 이익이나 기득권을 보호하기 위해 곰팡내 나는 '좌우'의 구분 방식까지 끄집어내, 악용하는 건 더 이상 안 된다. 이번 강원도와 분당의 재보선에서 집권당 측이 '좌우' 타령을 늘어놓은 것도 오히려 역효과를 냈음이 분명하다. '저질 타령'은 이제 그만 하는 게 좋다.

분당에 '좌우'는 없었다. '좌우'로 규정하고자 하는 사람들만 있었을 뿐이었다. '반란'을 일으킨 우파도 없었고, 새로 '고개를 든' 좌파도 없었다. 그런 이야기들은 그게 필요한 박물관이나 강의 노트 속으로 들어가는 게 옳다. 그저 유불리와 옳고 그름이 있을 뿐이었다.

진절머리가 날 정도로 부도덕한 정권의 행태를 보면서, 눈을 뜬 젊은이들이 늘어났을 뿐이었다. 그들이 자신들에게 얼마나 유리하거나 불리한지, 집권세력의 지금 하고 있는 짓들이 바른지 그른지를 판단했을 뿐이었다. 정치권이 앞으로 착안해야 할 대목은 바로 거기다. 거기에 이 나라 정치가 가야 할 길이 있다.

2011. 05. 09.

07 | '땅 내주고 쌀 바꿔 먹기', 방조만 할 것인가

— 왕따당하며 손뼉 치는 분단 당사자

영토는 헌법이 규정하고 있다. 제3조다. '대한민국의 영토는 한반도와 그 부속도서로 한다'고 정했다. 북한의 헌법도 '조선반도와 주변도서를 조선민주주의 인민공화국의 영토'로 규정하고 있다. 물론 '한반도와 그 부속도서'나 '조선반도와 주변도서'는 하나인 같은 땅이다. 따라서 '새만금'처럼 간석지를 개간해 새로 생긴 땅은 별도로 칠 때, 남북이 제각각 영토라고 주장하는 땅의 면적은 똑같아야 옳다. 그러나 다르다. 약간의 차이가 있다. 백두산 때문이다.

6·25 직후, 중국의 펑더화이(彭德懷) 사령관이 '중국 참전비용 북한부담'을 요구함에 따라 북한이 백두산 면적의 45.5%인 250㎢를 중국 측에 떼어줬기 때문이다. 북한 면적이 그만큼 줄어 국토가 좁아진 셈이다. 그러나 남측의 계산으로는 중국에 준 그 땅도 여전히 우리 땅이다. 중국은 유달리 땅과 자원 욕심이 많다. 반면 북한은 겉보기로는 '땅 인심'이 후해 보인다.

중국은 어느새 백두산을 창바이산(長白山)이라는 자기네 쪽 이름으로 부르며, 유네스코 자연유산 및 세계지질공원 등재를 추진하고 있다. 백두산 땅 절반은 소유권이 중국으로 넘어간 경우이지만, 근래 들어 북한의 광권(鑛權) 등 돈이 될 만한 각종 개발권들이 중국으로 중국으로 줄지어 건너가는 중이다. 아시아 최대의 노천 철광산인 북한의 무산광산은 이미 2005년에 50년 개발권이 중국으로 넘어갔고, 중국과의 국경에 가까운 두만강 쪽 북한 광산들도 중국자본이 무리를 지어 몰려들고 있다.

지금은 청친·김책·함흥 등 북한 내륙지방에까지 중국자본이 손을 뻗치고 있다고 했다. 자원을 팔아서라도 돈을 만지고 연명을 해가야 하는 북한 경제의 절박함이 중국의 '땅 넓혀가기' 욕심과 맞아 떨어지는 것이다. 중국이 특별히 눈독을 들이는 데가 있다. 북한의 나선(나선·선봉)경제 특구 중 나진항이다. 나진항은 라진반도와 소초도·대초도로 둘러싸여 있어 선박의 안정성이 보장되는 데다, 수심이 깊고 겨울에도 얼지 않는 이상적인 항구다.

이 항구를 통해 동해 뱃길을 열어간다는 게 중국의 간절한 염원이다. 김정일 위원장의 이번 중국 방문길에서는 결론이 나지 않았으나, 북한 측이 나선특구를 중국에 대폭 개방하는 대신 중국은 라진항의 부두 확장과 첨단기업의 대규모 진출을 성사시키는 등 '빅딜'이 이뤄질 것으로 관측된다. 중국은 이와 함께 북한의 만성적인 식량난 해결을 지원하고, 압록강 하구의 북한섬 황금평을 개발해준다는 계획도 전해지고 있다.

이처럼 중국으로 하여금 북한 경제를 대대적으로 개선토록 함으로써, 교류협력의 발길을 끊은 이명박 정부에 의존하지 않겠다는 게 김정일 위원장의 속셈이라는 '대북소식통의 분석'도 보도되었다. 중국과 북한 땅을 잇는 대대적인 교통인프라도 구축되고 있다. 철광석 수

송을 위해 북한의 무산과 중국 지린성 난핑을 잇는 철도 건설과, 나선개발을 위한 북한-중국 통로 6곳 등이 새로 개발·정비되고 있다. 중국이 철도를 새로 놓거나, 낡은 다리와 도로를 보수·포장해주는 작업이다. 북한과 중국은 그렇게 날로 '친해지고' 있다.

북한경제의 중국 의존도가 오래전에 남한 의존도의 2배를 돌파했다는 보도도 나왔다. 남북관계는 날로 멀어지는 느낌이다. MB정권이 판을 그렇게 이끌어가고 있다. 그게 결코 이익이 아니라는 평가가 꼬리를 무는데도 그렇다. MB정부 출범 이후 3년간, 남북관계 경색으로 인한 남측의 직접적인 경제손실이 45억 8,700만 달러에 이르고, 북한측 손실은 8억 8,300만 달러라는 분석도 있다. 현대 경제연구원이 생산 및 부가가치 유발 등 간접적 손실을 뺀, 남북 간 경제 교류 협력 중 상업적 거래만을 대상으로 파악한 내용이다.

'천안함' 이후 정부는 5·24 대북제재조치를 발동시켰다. 북한은 이 조치로 1년간 최대 3억 달러까지 현금수입이 줄었으며, 이는 북한이 벌금을 무는 것과 같다고 MB정부는 쾌재를 불렀다. 그러나 좋아할 일이 아니다. 우리 측 대북경협 기업들이 오히려 더 심각한 타격을 입고 있다. 교역업체 154개 중 121개가 5·24 조치로 사업을 중단했고, 19개 업체는 사업재개가 불가능해졌다고 했다. 그간에만도 104개 기업이 입은 손해액이 4,030억 원(3억 6,000만 달러)이라 했다.

남북의 벌어진 '틈'을 중국기업들이 사정없이 파고드는 중이다. 바야흐로 북한에서 중국경제가 춤을 춘다는 소리도 있다. 이대로라면 북한경제는 결국 중국 경제의 손바닥 위에서 움직일 것이라는 우려도 나온다. 그래서 (언젠가는 와야 할) 통일을 놓고 땅이 꺼지게 걱정하는 사람들이 적지 않다. 6·25 참전 대가로도 땅을 받아갔고, 곳곳의 광권 확보와 동해 쪽 뱃길을 얻기 위해 중국은 야금야금 땅의 사용권을 늘려가고 있다. 그렇게 중국이 온통 깃발을 꽂아놓은 북한 땅에, MB가 학수고대하는 '급변사태'가 당장 온다 해도 통일이 쉽겠는가 하는 걱정이다.

아무런 전략도 없이 손 놓고 구경만 하는 판국이 너무나도 걱정이라는 것이다. 게다가 중국에는 '동북공정'까지 있다. 고조선과 고구려와 발해가 중국의 역사라는 게 동북공정이 몰고 가는 주장이다. 우리의 역사인 이들 나라가 고대 중국의 동북지방에 속한 지방정권이라는 것이다. 속으로는, 북한도 '과거 중국의 지방정권인 고구려 땅에 지금 있는 나라'라고 생각하는지도 모른다. 실제로 김정일 위원장이 중국을 방문 중이던 5월 25일 중국의 한 매체가 <북한이 중국의 성(省)이 되어야 한다>는 기고문 형식의 글을 실어 충격을 주었다.

가치중국망(價値中國網)이란 이름의 이 매체는 북한이 자신의 국가를 지켜내려면 중국에 가입해 중국의 편제 밖 성(省)이 되어야 한다고 했다. 이를 위해 북한이 따라야 할 조건으로, ① 중국과 전면적 협력조약체결, ② 중국적 체제건립으로 중국의 노선이행, ③ 중국해방군의 북한주둔, ④ 핵무기의 중국 이전 등 4개 항을 내걸었다. "이는 역사적으로 부속국이나 보호국과 같은 것"이라고 지적한 이 매체는 "북한이 중국의 부속국이 되면, 10년이면 먹고 살 만해지고 30년 뒤 한국과 대등해지면, 중국에 의지해 현대화를 실현할 경우 북한의 반도통일에 희망이 있다"고 했다.

이름 없는 매체의 '헛소리'쯤으로 치부해버리면 그뿐이지만, 중국은 언론이 당국의 마음에 들지 않는 내용도 마음대로 보도할 수 있는 나라가 아닌 것으로 알려져 있다. 아무 '개념' 없이 "(김정일 위원장이) 지금 다행히 중국을 자주 왔다 갔다 한다" 말할 때가 아니다. 김위원장이 '자주 왔다 갔다' 하며 중국과 자꾸 더 친해지는 것을, MB

가 '다행'이라고 생각한다면 큰일이다. '왕따'당하면서도 박수를 치는 '사오정' 형국이다.

'북한과 중국'보다 '남과 북'이 더 '자주 왔다 갔다' 해야 한다. 북한은 중국보다 우리와 더 친해져야 한다. 그게 '다행'이다. 바로 우리가 분단 당사자여서 그렇다. 때문에 MB가 고집대로 배곯는 동족에게 인도적인 쌀 지원은 하지 않더라도, 통일을 위한 식량지원은 해야 한다. '땅 내주고 쌀 바꿔 먹기'는 막아야 한다. 특정국 경제에 예속되는 것은 막아줘야 한다. 북한은 지금 타도 대상이 아니라 관리해가야 할 대상이기 때문에 그렇다. 그렇게 가야 통일이 쉬워진다.

북한과 중국이 '자주 왔다 갔다' 하는 것을 지금 MB가 '진짜 당사자'인 신분도 잊은 채, 좋아하며 손 놓고 '방관'만 하는 것은, '땅 내주고 쌀 바꿔 먹기'를 '방조'하는 것이다. '땅 내주고 쌀 바꿔 먹기'를 방조하는 것은 작지 않은 잘못이다. 통일로 가는 역사에 죄인으로 남을 수도 있음을 깨달아야 한다.

2011. 06. 01.

08 | 미쳐 돌아가는
세상이 도래하는가

— 자칭 '보수', 건강해져야 한다

　　　　　　바야흐로 미쳐 돌아가는 세상이 도래하는 느낌이다. 정상적인 사고방식으로는 이해되지 않는 희한한 이야기들이 예사소리처럼 둥둥 떠다니고 있는데도, 자주 들은 이야기라선지, 사람들은 이제 별로 놀라지도 않는다. 온라인과 오프라인에서 그렇게 실성해 넋빠진 '사건'들이 이 땅의 초여름을 끈적끈적하게 누비는 중이다.

　이른바 '부산저축은행사건'이 터질 때만 해도 그 정도에 이르지는 않았으나, '고엽제 매립의혹'이 폭로되고 '남북비밀접촉' 사실이 불거지면서, 이들 세 사건을 하나로 엮어내는 '미친 짓'까지 고개를 들었다. 김 아무개라 자신을 소개한 한 네티즌의 주장은 줄거리야 초등학생용 만화 정도의 수준이지만, 최근 이곳저곳에서 눈 부릅뜨는 유사한 억지소리와 궤를 함께하는 것 같아, 우려스러움이 증폭되고 있다.

　'광주의 특정고교 인맥이 주도한 금융마피아 사건(그렇게 불렀다)'이 터져, '남한 친북좌파세력'이 수세에 몰리고 있다는 데서 이야기는 시작된다. 그 '금융마피아 사건'을 은폐하고, '친북좌파'들을 살리기 위해, '미군의 고엽제 매립의혹'이 제기됐으며, 북한이 '남북비밀접촉' 사실을 폭로했다는 스토리가 등장한다. 내년 대선을 앞두고, 김정일 정권이 남북한 좌익세력을 총동원해 대한민국을 분열시키려는 계략이라 했다.

여느 때 같으면 온라인을 떠도는 '그냥 해보는 헛소리'라 보고, 웃어넘기거나 무시해버릴 수도 있으나, 문제는 그뿐만이 아니라는 데 있다. 엊그제 '반값 등록금 시위'나 6·10 민주항쟁 기념일과 관련해서도 터무니없는 소리는 나왔다. 보수단체들은 유인물에서 반값 등록금 집회는 "갈등과 분열을 조장하는 내란 시도"라 했고, "6월 10일은 수치스러운 반란의 날"이라 단정했다. 그래서였을까, 학생들에게 정부는 등록금 내기 힘들면 유급지원병으로 군대나 가라고 했다.

허나 '반값 등록금'은 이 나라 한나라당 이명박 대통령후보의 대선 공약이었다. 6·10 민주항쟁을 기념하는 행위를 좌파행사라 시비해

청계광장에 모인 시민들. 일부 한나라당 의원은 반값 등록금 집회에 대해서도 '색깔론'을 제기했다. ⓒ프레시안(최형락)

서도 안 될 일이었다. 어느 대목이 '수치스러운 반란의 날'인지 알 수가 없다. 심지어 남과 북의 수뇌가 합의해 발표한 6·15 선언을 '반역 선언'이라며 폐기하라고 악도 쓴다. '국가 정통성'과 '정부 차원 외교 행위의 일관성과 연속성'을 깡그리 부정하라는 이야기다.

"친북좌파가 창궐하고 있다"는 목소리도 들린다. "종북세력은 북쪽이 그렇게 좋으면 북으로 보내라"는 외침도 있다. "나는 북쪽이 좋은 종북세력"이라 하는 사람 별로 눈에 띄지 않고, 전처럼 감옥에 갈 만한 '사상범'이, 따로 모여 악을 써야 할 만큼 있어 보이지 않는데도 뜬구름 잡듯 자기들끼리 그런다. 온라인상에도 그런 소리가 부쩍 늘었다.

특히 4·27 재보선 이후 보수우파를 자처하는 사람들이 지나친 위기감을 느끼는 듯하다. 김 아무개 씨도 내년 대선을 걱정하고 있다. 자신들의 '안위'에 대한 두려움 때문에, 자기들 빼고는 모두 '종북'이나 '좌파'로 몰아대고 있는 건 아닌지 하는 의심이 들 정도다. 때맞춰 대통령은 '80년 광주학살은 북한 특수부대 소행'이라는 주장에 동조하는 인사를 헌법기관인 민주평화통일자문회의 수석부의장(장관급)에 발탁했다.

발탁된 분은 '5·18 유네스코 세계기록유산 등재반대' 청원운동을 주도한 '국가 정체성회복 국민협의회'의 발기인이었으며, 현재도 극우성향 단체인 국제외교안보포럼의 이사장을 맡고 있다. 천주교 정의구현 사제단을 '반미·좌익단체'로 규정하기도 했다. 알다시피 5·18은 대한민국 정부가 공식적으로 인정한, 분명한 민주화운동이고, 최근 유네스코가 이를 인정했는데도 대통령은 그랬다. 이 나라 정부와 세계가 인정한 민주화운동을 대통령이 부정한 꼴이 되었다.

앞서 김 아무개 씨의 주장은 "이번 고엽제 사건에 미국 좌파와 한국 좌파가 연계돼 있는지도 면밀히 검토해야 한다"는 턱없는 내용까지 포함돼 유통되고 있다. 특히 한미동맹을 위태롭게 하는 한미주둔 군지위협정(SOFA) 개정 등 "일부 좌익세력의 무리한 요구에 흔들림이 있어서는 안 된다"는 간곡한 목소리도 적혀 있다. 에이전트 오렌지 등으로 알려진 그 맹독성 약제는 비무장지대를 중심으로 이 땅에서도 뿌려졌다.

마스크나 장갑도 끼지 않은 채 맨손으로 철모에 받아 뿌려댔던 이 땅의 불쌍한 병사들은 이미 고령자들이 되었다. 고엽제 피해자로 남아 말할 수 없는 고통을 받고 있다. 어느 미군기지 어느 지점에 '드럼통'들이 묻혀 있는지 밝혀지지도 않았다. 더 이상의 처참한 비극을 막고 뒷수습을 위해서라면, SOFA 아니라 SOFA 할아버지라도 개정을 검토해야 한다. 미국에 대한 '애정 유무'와는 별개의 문제다.

'무리한' 요구를 해서라도 '흔들림'은 있어야 한다. '일부 좌익세력' 아니라도 그 문제는 요구해야 옳다. 그게 미국에도 좋다. 물론 한미동맹에도 좋다. 더구나 '국가와 민족을 생각'하는 건 '보수'의 중요한 덕목이 아니던가. 그러고 보면 이 나라 보수의 우두머리임에 틀림없는 이명박 대통령부터 진정한 의미의 보수는 아니다. 국가와 민족을 위한 민주주의와 인권을 원천적으로 심각하게 후퇴시켰다. 금융권 인사나 물가관리에서 보듯, 시장의 자유와 자율을 깔아뭉갰다.

공동체를 살아가며 이끌어가야 할 명예와 도덕성이 물 건너간 건 이미 오래다. 국민들에게 거짓말을 밥 먹듯 했다. 국민을 우습게 알면서 불안하게 했고, 지금도 고통스럽게 하고 있다. 이야말로 사이비 보수에 엉터리 보수다. 세계적으로 통용되고 있는 '정통 보수우파'의 잣대를 놓고 따져 봐도 도저히 해석이 되지 않는 게 이 나라의 자칭 우파요, 자칭 보수다. 해괴한 우파요, 해괴한 보수다. 바로 한국형 우파, 한국형 보수다.

자기들끼리 배타적 울타리를 쳐놓고, 자의적으로 구분해 명명(命名)한 '좌파'들을 향해 손가락질해대는 게 한국형 사이비 보수의 본 모습이다. 이 땅의 보수라 자처하는 사람들은 이제부터라도 보수로서의 제자리를 찾아야 한다.

한눈이나 팔면서, 자기편이 아니라고 멋대로 경계선 그어대며 종북이니 빨갱이니 단정해 비난을 일삼는 건 자신들을 위해서도 좋은 일이 아니다. 이 나라 사이비 보수들은 건강해져야 한다.

2011. 06. 14.

09 | 선조와 인조의 아픈 역사, 되풀이되는가

― MB 사저 논란과 촛불 트라우마

        이 땅의 역대 임금 가운데 경호와 안전을 가장 염려한 왕은 조선조 제14대 선조였다. 물론 제22대 정조 임금도 그러했으나, 그는 일부 정적들로부터의 안위를 걱정한 것이지, 선조처럼 불특정 다수 백성들로부터의 위협은 신경 쓰지 않았다. 선조는 남달랐다. 특히 임진왜란 때 의주로 몽진해 가던 길에 겪었던 참담한 일들은 '트라우마'가 되어 평생 그를 따라다녔다.

  1592년 4월 30일 선조가 도성을 버리는 순간, 분노한 백성들은 경복궁과 창경궁에 불을 질렀다. 장졸들은 대부분 도망치고, 따르는 호위병은 100명이 채 되지 않았다. 민심은 왕에게서 멀리멀리 떠나 있었다. 왕은 개성에서 백성들로부터 돌팔매질도 당했다. 평양에서는 중전이 타고 있는 말을 백성들이 때리기도 하였다.

  숙천에서는 누군가 관아 담벼락에 '국왕 일행이 강계로 가지 않고 의주로 간다'는 낙서를 해놓았다. 선조 행방을 일본군에게 알리기 위함이었다. 함경도에서는 귀양 와 있던 하급관리가 임해군과 순화군 등 두 왕자를 사로잡아 일본군에 넘기기까지 하였다. 백성들은 그렇게 화가 나 있었다. 선조는 한양이 수복되고 일본군이 남하한 뒤에도, 의주에서 돌아가려 하지 않았다. '성중지변(城中之變: 백성들이 일으키는 변란)'을 두려워했다고 전해진다.

이명박 대통령의 내곡동 사저 소동에서 선조의 트라우마를 떠올리는 것은 '과민'일 수도 있다. 그러나 우선 MB는, 고향이나 전에 살던 집으로 돌아가지 않는 이 나라 최초의 대통령이 될 것으로 보인다. 분명히 예삿일은 아니다. 더구나 지금 이루어지고 있는 과정이 별스러운 것이고 보면, 더욱 그런 생각이 든다. 살집을 마련하면서, 남 몰래 아들 명의로 땅을 사들였다가, 세상에 알려지자 "명의를 바꾸겠다" 하는 것도 그렇고, 아들로부터 그 땅을 다시 사 등기를 이전하면서, 아버지가 취득세와 등록세를 또 내겠다는 것 또한 그렇다.

애당초부터 그런 절차를 거칠 심산이었는지, 상당히 옹색해 보인다. 자초지종을 따져볼 필요가 있다. 그쪽의 설명도 땅 투기는 아니고, 순전히 '경호와 안전' 문제 때문에 그렇다고 했다. 대통령이 전에 살던 논현동 집의 대지는 300평이나 된다. 결코 작은 평수가 아니다. 그 300평에는 퇴임 대통령의 '안전'을 보장할 만한 경호시설이 들어갈 수 없다는 이야기다. 층수를 다소 조정한다든지, 약간의 가림막을 활용한다든지 하는 정도면 되지 않을까 하는 게 우리 같은 민초들의 생각이지만, 자기들 내부에서는 '어리석은 소견'으로 결론이 난 모양이다. 하여간 내곡동의 MB 사저는 우리 보기에도 퇴임 대통령의 안전이 특별히 강조된 주택이 될 것 같다. 전체 부지 788평 가운데 MB가 살 집이 차지하는 땅은 140평이고, 경호시설 부지는 648평으로 잡혔다. 경호시설 부지가 사저 부지의 4.6배나 된다. 그만큼 경호를 중시하는 집이다.

MB도 현장에 와 집터를 둘러보았다고 했다. 대지가 300평이나 되는데도 논현동 집에 살 것을 포기한 것이나, 내곡동 집에서 유별나게 경호 쪽에 신경을 쓰고 있는 것은 3년 전의 '촛불시위 충격' 때문일 것이라는 견해가 설득력이 있어 보인다. 석 달여 동안 이 나라 국민 300만 명이 촛불을 켜들고 태풍처럼 휘몰아친 시위였다. 옛날로 치자면 그게 바로 선조가 겁을 낸 '성중지변'이다. 그 엄청난 인파가 한목소리로 함성을 질러대며 규탄한 것은 MB 한 사람이었다.

무서웠을 것이다. 대통령은 두 번이나 "잘못했다"며 무릎을 꿇었다. 선조와는 정도의 차이가 있을지 몰라도, MB에게 촛불시위는 분명 작지 않은 트라우마가 되어 뇌리에 자리 잡았을 것이다. 내곡동 MB 사저는 그래서 '경호 최우선주의'의 주택이 될 것으로 보인다. 게다가 내곡동 사저는 정문 쪽만 길에 면해 있고, 나머지 주변은 모두 산이다. 전부가 군사보호 구역이라 사람들이 쉽게 접근할 수 없다는 이야기도 들린다. 5분만 가면 성남 비행장이라고 말하는 사람도 있다.

다소 이론도 있으나 선조는 조선왕조 임금들 가운데 가장 무능한 왕으로 꼽힌다. 고종도 그렇다고 하나, 그는 시대적 배경을 참작해야 한다는 견해가 우세하다. 선조의 무능은 콤플렉스에서 비롯된다. 그는 조선왕조에서, 서자 출신으로 보위에 오른 첫 번째 왕이었다. 그게 콤플렉스였다. 자신의 정통성이 문제돼, 언제 왕위에서 쫓겨날지 모른다는 불안감에 줄곧 시달렸다. 재위기간 내내 자신의 왕권에 도전할 요인들을 차단하고 제거했다. 왜란 중에도 장수와 의병장들이 전투에서 이기는 것을 경계하고 두려워한 왕이었다.

전투에서 계속 이겨 백성들의 신망이 높아지자, 이순신을 파직하고 죄를 뒤집어씌워, 고문까지 한 임금이었다. 의병장 김덕령에게 역적 누명을 안겨 죽인 것도 그런 콤플렉스에서 빚어진 일이었다. 이런 콤플렉스는 해괴한 조치들과 함께 국정 난맥으로 이어졌다. 정세 판단 능력도 없었다. 임진왜란 2년 전, 일본에 통신사를 보내 실정을 알아 오라 했다. 일행 4명 중 3명은 일본의 침략 가능성을 경고했으나, 왕이 총애하는 동인 김성일만은 "풍신수길은 절대 쳐들어오지 못한다"고 보고했다. 그 말 믿었다가 참화를 당했다.

성현(成俔)이 피난길의 임금에게 평양에서 작심하고 쓴소리를 한다. 국정 수행상의 잘못을 하나하나 열거했다. △ 사치스러운 토목공사, △ 왕실측근의 침탈행위, △ 외교실패, △ 공평치 못한 상과 벌, △ 막혀버린 언로(言路), △ 가혹한 세금 등이 문제라고 조목조목 지적했다. 절묘하게도 오늘의 MB 정권 폐해를 그대로 옮겨놓은 것 같다. 선조는 고치지 않았다. 그때뿐이었다.

실정(失政)과 왜란으로 권위를 잃은 선조는 전란극복의 공을 모두 명(明)나라에 돌렸다. '재조지은(再造之恩)'이란 말을 차용해왔다. '망해가던 조선을 다시 일으켜 세워준 명나라의 은혜'라는 뜻이었다. 자신이 의주까지 몽진해 간 것은 '명나라의 군대를 끌어들이기 위한 전략'이었고, 또 자신은 '명나라 군대를 불러들여 나라를 구한 구국의 임금'이라는 논리를 펴고자 했다. 그렇게라도 해서 콤플렉스에서 벗어나려 했다. 틈만 나면 명나라 군대 막사에 찾아가 조선군을 폄훼하면서, 일개 하사관 정도의 명군에게도, 격에 맞지 않고 비굴하게 보일 정도로 극진한 예의를 표했다. 열심히 '재조지은'을 외쳐댔다.

MB에게도 선조처럼 콤플렉스가 따라다니는 것으로 보인다. '촛불 트라우마'에서 비롯되었을 것이다. 대선에서 500만 표나 되는 큰 차이로 대통령에 당선되었고, 총 정원 299명 중 170여 명이나 되는 국회의원들을 거느린 자랑스러움이 그에게는 있었다. 그런데도 그는 TV로 생중계되는 가운데 전 국민에게 두 차례나 사과했다. 그러면서 그는 대통령으로서의 권위가 사정없이 꺾였다고 느꼈을 것이다. '권위를 상실한 대통령'이란 콤플렉스가 그를 휘감았을 것이다. 상습 위장전입이라는 범법행위와 병역 미필을 포함한 도덕적인 흠결도 작지 않은 콤플렉스로 자리 잡았을 것이다.

"우리는 도덕적으로 완벽한 정권"이라는, 묻지도 않은 터무니없는 말을 해댄 것도 다 콤플렉스에서 연유했을 것이다. 그는 '촛불 트라우마'와 '권위상실 대통령 콤플렉스'에서 벗어나기 위해 발버둥을 쳤다. 촛불시위자들이 반성하지 않는다고 목청을 높였다. 그의 추종자들과 함께 '촛불시위=유죄'를 만들어보기 위해 혼신의 노력을 경주했다. 특별히 신영철 대법관이 서울 중앙지방법원장이었을 때, 촛불시위자들을 '죄인' 만들기 위해 눈물겨운 노고를 아끼지 않았던 것은 우리가 다 아는 바다. 그는 그 공로로 대법관이 되었다고 사람들은 믿고 있다.

그러나 집시법의 야간 옥외집회금지 조항과 전기통신 기본법의 표현의 자유 제한 조항이 헌법재판소에서 잇따라 헌법 불합치와 위헌 결정을 받는다. 촛불시위는 아무 죄 없는 당당한 의사표시 행위였음이 밝혀진 것이었다. 그러나 촛불시위의 도화선이 되었던 광우병 보도관련 MBC PD들에게는 언론사상 유례가 없는 해괴한 일이 벌어졌다. 대법원에서는 무죄가 확정되었는데도, 오히려 MBC 회사 내에서 사소한 트집을 잡아, 어처구니없게도 온 신문에 대문짝만 한 사과광고를 내고, 관련 PD들에게 감봉·정직의 중징계 처분을 내렸다.

<다소의 수사적(修辭的) 과장이 있더라도 전체적인 맥락에서 보아 보도내용이 진실에 합치된다면 그 보도의 진실성은 인정된다>는 대법원의 '일관된 생각'은 무시되었다. 사실은 그게 어떻게 해서든지 '촛불시위는 잘못된 것'이라고 못 박고, '권위를 상실한 대통령'이라

는 콤플렉스에서 벗어나보려는 MB와 그 추종자들의 처절한 몸부림이었다. 그 연장선상에서 벌어진 코미디였다. 다 안다. 최고 통치자의 콤플렉스는 터무니없는 외고집을 부르고, 이는 국가와 국민을 불행하게 할 수도 있다는 점에서 주목할 필요가 있다.

민주주의를 파탄 내면서 추악한 형태로 언론을 장악했다. MB 스스로도 잘 알 것이다. 서민경제도 남북관계도 모두 파탄 냈다. 전임자와는 무조건 반대의 길로 가고자 하는 엇나간 외고집도 발원지(發源地)는 콤플렉스라고 보는 의견들이 지배적이다. 콤플렉스와 외고집은 그래서 심각한 국면을 유발할 수 있다. 특히 균형감각을 상실한 MB의 편향외교는 선조·인조의 외곬 외교와 너무 많이 닮았다. 선조가 시작한 '재조지은' 이데올로기는, 광해군의 균형외교와는 다른 길을 가고자 하는 인조에 의해, 기어이 일대 살육과 치욕으로 이어졌다.

후금(後金)에 이은 청(淸)나라는 말하자면 '떠오르는 해'였다. 그런데도 선조처럼 인조는 '지는 해'인 명나라만을 죽어라고 섬겼다. '괘씸죄'에서 비롯된 두 차례의 호란(胡亂) 참극이 일어났다. 이 나라 백성 수십만 명이 살해되거나 청나라로 끌려갔다. 영화 <최종병기 활>은 바로 그 무렵의 이야기다. 필경 삼전도(三田渡)에서 인조는 청의 태종에게 삼궤구고두(三跪九叩頭: 세 번 무릎을 꿇되, 한 번 꿇을 때마다 두 손을 땅에 대고 세 번씩 머리가 땅에 닿게 하는 항복의식)의 예를 올렸다.

지금 미국이 명나라에 해당하고 중국은 청나라로 보아야 한다고 단정해 말할 수는 없다. 그러나 이 복잡한 국제정세를 헤쳐 가며 국익을 확보하려면, 어떤 한 나라만을 편향되게, 그것도 '지는 해'를, 밑지면서까지 열심히 추종하는 것은 현명한 일이 아니다. 전 세계로 번지고 있는 '반(反)월가 시위'가 시작된 바로 그 미국에서, 폼 내며 의회 연설 한 번 하는 대신, 우리가 한미 FTA에서 적지 않은 손해를 보게 되었다고 걱정하는 사람들이 너무 많다.

실제로 MB가 삼전도에서 무릎 꿇고 절하는 일은 없겠지만, 못지않은 피해를 자초하고 있는 것 같아 안타깝다. 안보에서도 그렇고 경제에서도 그렇다. 균형 감각이 필요하다. 교역 규모와 지정학적 측면을 보더라도 지금은 중국을 좀 더 주목할 필요가 있다. 한국의 소는 미국산 사료를 먹기 때문에, 한국 쇠고기는 진짜 한국산이 아니라거나, 대통령은 뼛속 깊이 친미이고 친일이라는 철없는 소리도 그렇게 분별없이 해대서는 안 된다.

형태는 다를지라도, 다시 또 선조와 인조의 아픈 역사가 되풀이 되는 것은 아닌지 걱정이다. 뒤늦었을망정 MB가 '올바름'을 잣대 삼고, 트라우마와 콤플렉스에서 벗어나기를 소원할 뿐이다.

2011. 10. 17.

10 | 얼치기 저격수의 비극

– 홍준표의 지피(知彼) 지기(知己)

1996년 YS의 손에 이끌려 초선 국회의원이 될 때부터 홍준표 의원은 날리던 저격수였다. 상관도 잡아넣은 '모래시계 검사'라는 전력도 있었다. 국회의원 배지를 단 '저격수 홍준표'가 항상 조준하고 있던 표적은 DJ였다. 그의 주군(主君)인 YS와 정치적인 라이벌로, 대척점에 서 있었기 때문이었다. 특히 1997년 대통령 선거를 전후해서, 그가 끈덕지게 물고 늘어졌던 것은 DJ가 노태우 전 대통령으로부터 받았다고 스스로 고백한 '20억 원' 문제였다.

대통령 선거를 앞두고 DJ 주변에서조차, "그 이야기를 지금 털어놓으면 어쩌자는 것이냐"고 만류하던 그 20억 원이었다. DJ가 받았다는 20억 원은 역시 노태우 전 대통령이, 1992년 대선 때 YS에게 건넸다고 자서전에서 밝힌 3,000억 원의 0.67%에 불과한, 그야말로 좁쌀 규모였다. 2002년 대선 때 이회창 후보 측이 차떼기로 받은 823억 원과 비교해도, 2.4%에 불과한 액수였다. 그런데도 그 무렵 DJ는 그런 홍준표 의원을 부담스러워했던 것으로 알려졌다. 홍 의원은 '무서운 저격수'

였던 것이다.

작년 10월 서울시장 보궐선거 때, 홍준표 당시 한나라당 대표가 "나경원 선거대책위원회에 맡겨 놓았더니 헛발질만 한다"고 불평하며, 저격수가 갖춰야 할 '3박자'에 대해 강조한 보도가 있었다. 첫째, fact(사실) 검증, 둘째, naming(사건 이름 붙이기), 셋째, 정무 감각으로, 그중에서도 사실 검증이 가장 중요하다고 강조한 것으로 전해진다. 그러면서 그는 "나는 그렇게 공격하고도 소송 한 번 당해보지 않았다"고 자랑했다는 것이다.

사실관계와 상황을 정확히 파악해야 '공격'에서 이길 수 있다는 이야기일 것이다. 말하자면 이는 '지피지기(知彼知己)면 백전백승(百戰百勝)'이란 병법에 해당한다. 문자 그대로 적을 알고 나를 알면, 싸우는 대로 다 이긴다는 뜻이다. 적의 전력과 형편을 자세히 알아야 하는 것 못지않게, 나의 처지나 사정도 객관적으로 잘 파악하고 싸워야 한다는 소리다.

혹시라도 억지 부리며 내 힘을 과대평가하고 있지는 않은가, 내 약점은 없는가, 내 처지가 공격하기에는 적절치 않은 상태는 아닌가 하는 점까지를 면밀히 살펴야 한다는 이야기다. 그게 바로 겸손하고 정직한 '지기'다. 소크라테스도 "너 자신을 알라" 하지 않았던가. 허나 '저격수 홍준표'는 '지피(知彼)'에는 강하나 '지기(知己)'에는 약한 듯하다. 바로 그가 새겨들어야 할 이야기다.

정가에서는 그가 '지기'를 잘못해서 위태로웠던 때가 많았고, 실제로 적지 않게 손해도 봐왔다고 말들 한다. 자기 쪽인 YS의 '3,000억 원' 이야기를 모른 채, 상대방인 DJ의 '20억 원'을 '저격'한 것도, 이제와 생각하면 그냥 우스운 이야기일 수도 있다. 그러나 8·24 무상급식 투표 결과를 놓고 "사실상 이긴 것"이라 한 것이나, 10·26 재보선

투표 결과를 두고 "이긴 것도 아니고 진 것도 아니다"라고 했다가, 여론의 뭇매를 맞은 것도 '지기'를 잘못해서 생긴 '참화(慘禍)'로 지적된다.

당대표가 자기 당의 처지를 제대로 파악하지 못한 오해에서 비롯된 사태였다. 그런 그가 최근 한나라당 김종인 비대위원 등을 향해 "사퇴하라"며, 앞장서서 또 저격수 노릇을 한 것도 바로 '지기'가 안 돼서 생긴 소동으로 보인다. 다른 사람이라면 몰라도, 그가 그래서는 안 될 일이었다. 김종인 씨의 18년 전 전과 사실을 지적했으나, 홍 전 대표는 그보다 더 가까운 12년 전, 국회의원직까지 잃었던 선거법위반 전과자였다. 그런 처지를 계산하지 않은 듯하다. '얼치기 저격수'란 이야기는 그래서 나온다. 누구의 편을 들자고 하는 이야기가 아니다.

'지피'보다 '지기'가 약한 홍 전 대표의 처신을 필자가 집요하게 거론하는 데는 까닭이 있다. 홍 전 대표는 그 까닭을 알고 있을 리도 없고, 알아야 할 이유도 없다. 그러나 의원직 상실에까지 이른 자신의 유죄를 인정하지 않는 그의 부적절한 처신을 비판하다가, 필자는 30년 넘게 다니던 신문사를 떠난 아픈 기억이 있다. 악연이라면 악연이다. 그가 대법원의 확정 판결로 의원직을 잃은 것은 1999년 3월 9일이었다. 그는 자신이 선거법을 어겨서 법원이 그렇게 판결한 게 아니라, "DJ 저격수에 대한 정권의 표적 사정"이라고 외치고 다녔다.

아무리 전후사정을 살펴봐도 오해의 소지는 없어 보였는데도 그랬다. 중앙일보 논설위원이던 필자는 그 점을 기명 칼럼으로 지적했다. 칼럼은 4주 만에 한 번 씩 차례가 돌아오는 그해 3월 18일 자 신문에 실릴 예정이었다. 그러나 데스크인 송 아무개 논설주간은 뚜렷한 이유도 없이 필자 칼럼의 게재를 거부했다. "뭘 조무래기 국회의원을 갖고 그러느냐"고도 했다.

혹시나 해서 당시의 사시(社是-2000년 9월 29일 '중앙일보의 길'로 바뀌었다)를 펴놓고 뚫어져라 들여다봐도 필자의 글에 사시와 어긋나는 대목은 없었다. 요컨대 "홍준표 전 의원을 비판하는 칼럼은 중앙일보에 실을 수 없다"는 뜻이었다. 사회 정의·당파초월·정론환기·민족의 목탁 등 바른 소리를 외치는 사시를 회사 스스로 어겨 가면서, 기자가 쓴 글을 정치적인 이유로 게재 거부하는 건 테러라고 보았다. 그만두고 나가라는 소리로 들었다.

1999년 3월 20일 사표를 썼다. 입사 이후 30년 4개월 20일이 되는 날 그랬다. 며칠 뒤 송 논설주간이 집에 찾아와 "함께 회사로 가자" 했으나, "칼럼이 게재되면 가겠다" 했다. 칼럼은 끝내 실리지 않았다. 다음 글은 1999년 3월, 중앙일보가 게재를 거부했던 필자의 칼럼 전문이다.

〈죄 없는 죄인·죄 있는 죄인〉

죄인 취급당하는 게 당당하고 자랑이 되기도 하던 시절이 있었다. 부도덕한 정권의 부당한 억압에 맞서는 일이 죄가 되던 때였다. 저항 인사들이 붙잡히지 않기 위해 숨어 다니면서도 수치를 느끼지 않은 것은 우선 본인들이 하늘을 우러러 한 점 부끄럼이 없는 데다. 죄가 없는데도 억울한 죄인으로 몰린 속사정을 많은 사람들이 알아줬기 때문이었다. 그 속사정은 바로 '부당한 정치권력으로부터의 핍박'이었다. 그래서였을까, '죄 있는 죄인'이 엉뚱하게도 정치적 박해의 피해자임을 주장하면서 '죄 없는 죄인' 행세를 하려 드는 '악용사례'까지 등장했다. 도망 다니던 일반 잡범이 '피신 중인 운동권'이라고 속이며 주민의 도움을 받는 일이 생기는가 하면, '문제'가 있어서 해직된 사람이 훗날 '5공의 피해자'라고 주장해 명예가 회복(?)되는 경우도 극소수였지만 실제로 있었다.
정치적 이유로 고초를 겪었다고 하면 사람들은 사실 관계가 규명되기 이전이라도 관대히 대해줬다. 우대하기도 했다. 수십 년간의 군사통치가 빚어낸 사회심리 현상이 그렇게 자리 잡았는지도 모른다. 분명한 범법 사실로 하여 벌금 500만 원의 유죄 판결을 받고 의원직을 잃으면서, 피를 토하듯 정치 보복임을 강조한 홍준표 씨의 경우도 바로 그 같은 풍조에 편승한 하나의 사례라고 보는 사람들이 적지 않다.

홍 씨는 대법원의 확정 판결 전날인 지난 8일 국회 본회의장에서 신상발언을 통해 자신은 편파 사정을 당했으며 자신을 마지막으로 더 이상의 정치 보복이 없기를 바란다고 목청을 높였다. 이튿날인 9일의 기자회견에서도 그는 사법의 칼을 빌린 이 정부의 결정으로 국회를 떠나게 됐다며 정치적인 박해에 의해 '죄 없는 죄인'이 되었음을 역설했다. 사실 그의 명예는 남다른 측면이 있다. 이른바 그는 '모래시계 검사'로 슬롯머신 사건을 수사하면서 대선배의 손목에 수갑을 채운, 추상같은 법 집행자요, 고결한 정의의 사도였다. 그게 트레이드 마크였다. 그런 그가 '죄 있는 죄인'이 되어서는 결코 안 될 일이었을 것이다. 그러나 홍 씨의 선거법 위반 사건 전말을 살펴보면 정치적으로 핍박을 당한 것처럼 느껴지는 부분이 별로 눈에 띄지 않는다. 1996년 4·11 총선에서 신한국당 후보로 당선된 후 그는 선거법 위반 혐의로 고발됐으나 검찰에 의해 불기소 처분된다. 유죄일 수 없으므로 재판에 부칠 필요도 없다는 것이었다. 그러나 그 불기소 처분이 부당하다며 당시 야당인 국민회의가 다시 재판 회부를 요구(재정 신청)하자 법원이 이를 받아들이면서 사태가 새로운 국면을 맞았다.

1997년 2월 21일, 한나라당의 전신인 신한국당이 집권하고 있을 때의 법원이 그렇게 홍 씨를 재판에 넘겼다. 따라서 이 대목도 정치 보복으로는 볼 수 없게 돼 있다. 오히려 검찰이 내린 당초의 불기소 처분이 야당의 주장대로 부당한 '정치적 특혜'였음이 입증됐을 뿐이다. 홍 씨의 혐의 내용은 '불법 선거운동 비용 2,400만 원'에 '선거운동 비용 허위지출 보고서 제출'까지 얹혀 있었다. 100만 원 미만의 벌금(80만 원)을 선고받아 의원직이 유지됐다 해서 흔히 형평성 문제를 제기하는 홍문종 의원의 혐의는 '불법 선거운동 비용 840만 원'과 '친목계모임에 양주 1병 및 3만 원 제공'이었다. 법조계에서는 불법비용의 규모도 그렇지만 홍준표 씨의 경우 법정에서 유죄임을 부인했던 완강함이, 유죄임을 시인했던 홍문종 의원과 비교됐을 것이라고 말하는 사람도 있다.

말하자면 '죄 있는 자의 무죄 주장'과 '죄 가벼운 자의 유죄 인정'의 차이도 있었으리라는 이야기다. 게다가 최근의 사법부는 이른바 '총풍' 관련 피고인들에게 보석을 허가할 정도로, '바람'을 타지 않는 것으로 알려졌다. 그런데도 홍 씨가 대법원의 확정 판결을 놓고 정치 보복이라며 승복하지 않는 모습을 보인 것은 '추상같은 법 집행자였던 사람의 거듭되는 준법 위반'이라는 지적이 있다. 총선 기간 중 선거법을 어긴 데 이어, 유죄 판결을 수용하지 않은 것이 두 번째 준법 위반이라는 것이다. '정치 보복'이나 '편파 사정'을 들먹거리기만 하면, 웬만한 과오는 물론 실정법 위반도 면죄부를 받을 수 있고 명예도 회복될 수 있다고 생각하는 풍조가 있는 듯하다. 그러나 악을 쓴다고 해서 죄 있는 사람이 죄 없는 사람이 될 수는 없다.

그렇게 될 가능성이 엿보이는 것만으로도 그건 건강한 사회가 아니다. 큰일 날 사회다. '정치 보복', '편파 사정', '명예 회복'……. 지금은 이런 말들의 제자리를 확실히 찾아줘야 할 때다.

이 이야기에는 에필로그가 있다. 필자가 중앙일보를 떠난 그해 9월, 중앙일보 홍석현 사장이 보광그룹 조세포탈 혐의로 구속된다. 바로 이어 중앙일보 김영희 대기자가 IPI(국제 언론인협회)에 도움을 요청하는 편지를 보냈다. 편지에서 김영희 대기자가 "1997년 대선에서 중앙일보가 이회창 후보를 지지했다"며 선거법 위반 사실을 실토한 것은 사실이었다. 그러나 터무니없는 거짓말을 섞어놓았다.

이런 얼토당토않은 대목이 있다. <김대중 대통령의 정치 기반인 전라도 출신의 직원 3명이 화를 내며 사임하면서 사태는 악화되었습니다. 이들 3명은 지역 차별을 받았다고 믿고 있습니다.> 전라도 출신 3명은 언론계에 알려져 있듯이 필자와 박준영 씨(현재 전남지사), 고도원 씨('고도원의 아침편지' 저자) 등을 지칭한다. 분명한 것은 3명 모두 '지역 차별을 받았다고 믿으면서 화를 내' 사임하지 않았다는 점이다. 대기자 김영희 씨가 곤궁한 처지를 모면해가기 위해 거짓을 말한 것이었다. 지역감정 조장이었다. 용서받을 수 없는 행패였다.

필자는 칼럼 게재를 거부하며 중앙일보가 내친 경우이고, 박준영 씨는 월간지 주간에서 광고부장으로 강등 전배 발령이 나자 신문사를 떠났다. 고 씨도 중앙일보의 대선 전략문건 유출 사건의 용의자로

마녀사냥 당하듯 몰려, 후배가 팀장으로 있는 부서의 차장으로 강등 발령이 나자 울면서 회사를 떠났다. 말하자면 3명 모두 회사 측이 사표를 내지 않고는 배겨낼 수 없는 구석으로 몰아넣은 것이었다. IPI의 서류철에는 지금도, 필자 등이 지역 차별을 받았다고 느끼며 스스로 사임했다는 '대기자 김영희 씨의 어처구니없는 편지'가 남아 있을지 모른다.

흔히들 소홀히 하는 '지기(知己)'는 역시 '지피(知彼)' 못지않게 중요한 덕목이다. 정직해야 할 '지기(知己)'를 외면해서는 안 된다. 자신의 처지를 합리화하기 위해 거짓을 조작하는 행태가 되풀이되어서는 안 된다. 새해엔 그렇게 바른 생각을 하는 사람들을 많이 만났으면 좋겠다.

2012. 01. 05.

이명박 정권은 이 나라 현대사의 시곗바늘을 거꾸로 돌려놓고는, '수난'과 '상실'의 고통을 질펀하게 깔았습니다. 등장하면서부터 그랬습니다.

국민의 정부와 참여정부를 거치면서 가까스로 본 궤도에 올랐던 민주주의는 산산조각이 났고, 부자 밀어주기로 분배정의가 실종되더니, 서민경제가 파탄의 외길로 내몰렸습니다. 민족의 생존문제가 걸린 남북관계마저도 MB정권은 갈등의 수렁에 빠뜨렸습니다. '당사자'의 역할마저 포기한 채, 국민을 불안의 늪 속으로 끌어들였습니다.

거짓과 위선의 정치판을 벌여 놓고 국민들에게 거듭거듭 좌절과 배신감을 안겨 주었으며, 4대강 사업 같은 터무니없는 특혜 토목공사를 벌여 이 땅 금수강산을 사정없이 망가뜨렸습니다.

무엇보다도 99% 민초(民草)들의 삶을 줄곧 외면한 것은 MB정권의 죄업입니다. 1% 특수층의 편안함이 MB정치가 가고자 한 목표였던 것으로 보입니다. 그것은 바로 사조직의, 사조직에 의한, 사조직을 위한 사설정치였습니다. 조폭 정치였습니다. 반드시 바른 평가가 뒤따를 것입니다. 그런 이야기들을 썼습니다.

항상 문제의 핵심과 본질을 보고자 했습니다. 그래서 조감(鳥瞰)하려 했습니다. 돋보기를 들고 현장에도 달려 가봤습니다.

한때 정치판에 발을 담근 '죄' 때문에 한동안 입 다물 수밖에 없었으나, 그런 필자에게 말을 할 수 있는 '마당'을 마련해 준 <프레시안>에 감사드립니다.

가족이 고맙습니다. 글을 쓰면서 꼬치꼬치 귀찮게 하는데도 늘 편안하게 응대해 준 박경희 씨·김태항 박사·장현철 씨·안순모 씨·정성영 씨에게도 감사함을 전합니다.

특히 변변치 않은 제자의 책에 머리말을 얹어주신 고3담임 양동식 스승님께 엎드려 큰절 올립니다.

2012. 6.

오홍근

빼앗긴 **이명박 5년**의 기록

그레샴 법칙의 나라

초 판 발 행 | 2012년 7월 5일
중   쇄 | 2012년 12월 1일

지 은 이 | 오홍근
펴 낸 이 | 채종준
펴 낸 곳 | 한국학술정보㈜
주   소 | 경기도 파주시 문발동 파주출판문화정보산업단지 513-5
전   화 | 031) 908-3181(대표)
팩   스 | 031) 908-3189
홈 페 이 지 | http://ebook.kstudy.com
E-mail | 출판사업부 publish@kstudy.com
등   록 | 제일산-115호(2000. 6. 19)

ISBN   978-89-268-3532-6 03340 (Paper Book)
          978-89-268-3533-3 08340 (e-Book)

이담 books 는 한국학술정보(주)의 지식실용서 브랜드입니다.